GLOBAL GOVERNANCE

グローバル・ガヴァナンス論

吉川元・首藤もと子・六鹿茂夫・望月康恵[編]

法律文化社

はしがき

　地球 (globe) は1つの星である。月面着理に成功した宇宙船アポロ11号から地球の姿が映し出されたとき，私は初めて小さな惑星の地球をみた。高校3年生の1969年のことである。私は，テレビ画面に食い入るように日本列島を探し，半信半疑で自分自身を探し求めた。その小さな星の上で人々は領土争いを行い，いがみあっている。地球上から戦争をなくし，平和で安全な人類共同体など夢物語なのであろうか。全地球上に共同管理と共同統治の仕組み，すなわちグローバル・ガヴァナンス (global governance) の構築の術はないのであろうか。

　およそ20年前まで，東西に分断された国際社会は国家の共治と統治の様式，すなわち国家ガヴァナンス様式の正当性をめぐって争った。その冷戦で人類は核戦争の危機，人類滅亡の危機に直面したほどである。冷戦が終結し，核戦争の危機がひとまず後退したとは言うものの，人間の安全の視点に立てば，冷戦後の世界に平和で安定した国際社会が到来したというわけではない。それどころか人類は新たに地球環境の危機に直面すらしている。そうとは言え，冷戦が終結し国際社会の分断が克服されると，国際政治，国際経済，国際法の諸領域が全地球大へ拡大するというグローバル化の動きが加速した。それに国家ガヴァナンスの模範としてのグッド・ガヴァナンスのグローバル化の動きが始まり，紛争後の平和構築，予防外交，移行期正義，グローバル正義，さらには人間の安全保障，保護する責任など人間の安全を中心に据えたグローバル・ガヴァナンスに向けた動きが力を持ってきた。

　本書は4部構成である。第Ⅰ部「グローバル化の基層」では，経済，政治，社会，法の各領域の国際化からグローバル化への進展を歴史的文脈の中で追いつつ，大筋を概観する。冷戦の終結によってそれまで東西に分断されていた国際政治場裏が壁が撤去され，それにインターネットの急速な普及によって時空が一気に短縮されたことで，グローバル化の波がそれぞれの領域にどのように押し寄せているのか。

第Ⅱ部「グローバル化と地域主義」では，地域別にグローバル化への対応の相違を明らかにする。グローバル化の進展が地域主義の動向にどのような影響を及ぼしているのであろうか。欧州・大西洋地域（欧州連合EUとNATO），中東（アラブ連盟），東南アジア（東南アジア諸国連合，ASEAN），中国・ロシア・中央アジア（上海協力機構，SCO），米州（米州機構，OAS），アフリカ（アフリカ連合，AU）の各地域およびそれを束ねる国際機構を中心に新地域主義の動向を探る。

　第Ⅲ部「トランスナショナル関係の新展開」では，グローバル化の進展とともに脱領域国家化，脱国民国家化に拍車がかかり，そのことで従来の国家中心主義の国際政治パラダイムが変容していく模様を明らかにする。台頭が著しいグローバル市民社会，それを縦横に貫くグローバル・ネットワークの諸相を明らかにするとともに，冷戦の終結後に始まる「新戦争」，国際テロリズム，そしてディアスポラ政治の諸相を明らかにする。

　第Ⅳ部「求められるグローバル・ガヴァナンス」では，グローバル・ガヴァナンスの形成が強く求められている種々の領域を，領域別に取り上げ，その実現可能性を探る。国連の人権ガヴァナンスの現状，武力・兵器のガヴァナンスの現状，森林と気候変動のガヴァナンスの現状，国際犯罪に関する法秩序のガヴァナンスの現状，さらには人間の安全保障ガヴァナンスの現状とその限界を明らかにする。

　グローバル・ガヴァナンスは，はたして実現可能であろうか。グローバル化の諸相と諸問題を明らかにすることで，本書がグローバル・ガヴァナンスの行方を考察するうえで，一助となれば幸甚である。

2013年8月29日

編者を代表して

吉川　元

目　次

はしがき

序　章　グローバル化とグローバル・ガヴァナンス ―― 1
1 　地球を語る（1）　　2 　グローバル化（2）　　3 　アナーキカル社会をどのように管理するか（4）　　4 　グローバル・ガヴァナンスの要請（8）

第Ⅰ部　グローバル化の基層

第1章　グローバル経済化 ―― 3つのトリレンマからのアプローチ ―― 14
1 　経済のグローバル化の影響にどのようにアプローチするか（14）　　2 　3つのトリレンマ（15）　　3 　3つのトリレンマからみた第二次グローバル化体制前（18）　　4 　3つのトリレンマからみた第二次グローバル化体制（21）　　5 　3つのトリレンマからみえる経済グローバル化の影響（24）

第2章　グローバル政治化 ―― 断片化するサイバースペース ―― 28
1 　つながる世界への期待（28）　　2 　ソーシャルメディアの衝撃（30）　　3 　公共圏再考（33）　　4 　双方向性を阻む断片化（38）

第3章　グローバル社会化 ―― 「世界」の拡大と秩序の普遍性 ―― 42
1 　グローバル空間の社会化をどう捉えるか（42）　　2 　地球規模の世界秩序（43）　　3 　規範の創造主体，波及主体，受容主体（46）　　4 　世界の構造的格差と規範の受容（50）　　5 　多元的グローバル社会の出現？（52）

第4章 グローバル法秩序化——国際法における普遍性の現在——55
　　1　国際法における普遍性 (55)　　2　国際刑事法と普遍性 (56)
　　3　冷戦後の普遍性Ⅰ——国際的刑事裁判所の創設 (58)　　4　冷戦後の普遍性Ⅱ——国内裁判所の普遍的管轄権 (62)　　5　冷戦後の国際社会と普遍性 (65)

第Ⅱ部　グローバル化と地域主義

第5章　NATOとEU——欧州の拡大——70
　　1　欧州安全保障を支える重層的構造 (70)　　2　「共同体構築」に向けた教育的プロセスの取り組み (71)　　3　拡大による「共同体構築」の試み (74)　　4　拡大後の「共同体構築」の試み (78)

第6章　アラブ連盟 (LAS)——中東・アラブ諸国の変容——82
　　1　中東におけるグローバル・ガヴァナンスの位相 (82)　　2　アラブ連盟の起源・設計・影響 (83)　　3　湾岸戦争 (1991年) 以降の政治環境の変化とアラブ連盟の改革 (88)　　4　地域主義とグローバル・ガヴァナンス (91)

第7章　東南アジア諸国連合 (ASEAN)——規範の制度化と課題——94
　　1　ASEANの地域主義の進展 (94)　　2　ASEAN憲章に基づく新しい制度と機能 (96)　　3　地域秩序構築におけるASEANの貢献 (97)　　4　民主化や紛争に対するASEANの機能と課題 (101)

第8章　上海協力機構 (SCO)——欧米との相克と協調——106
　　1　欧米に対抗する砦？ (106)　　2　「反米」声明後のSCO (108)　　3　問題領域の拡大 (111)　　4　アドバルーン的機構としてのSCO (114)

第9章　米州機構 (OAS)——米州再編とラテンアメリカの地域主義——118
　　1　ラテンアメリカと米州関係の変容 (118)　　2　冷戦と米州 (118)　　3　2つの地域主義の活性化——米州地域とラテンアメ

リカ地域(120)　4　新世紀のドミノ理論？——左派勢力の伸長と米国離れ(122)　5　反米による連帯の地域主義——ALBA(124)　6　リオ・グループの復権——CELAC(125)　7　西ラテンアメリカの「離米」の地域主義——太平洋同盟(126)　8　OASの行方(127)

第10章　アフリカ連合（AU）——オーナーシップのない紛争解決策——130
　1　アフリカとグローバル・ガヴァナンス(130)　2　アフリカ統一機構と地域紛争(131)　3　AUとソマリア内戦(133)　4　大国支配ではないグローバル・ガヴァナンスに向けて(137)

第Ⅲ部　トランスナショナル関係の新展開

第11章　グローバル市民社会——新たな世界政治空間の創出——144
　1　第二次世界大戦後の世界政治と世界経済(145)　2　戦後国家の戦略と国家の揺らぎ(147)　3　脱国家化する個人とグローバル意識の生成(148)　4　グローバル市民社会の展開(152)　5　国家，国際機構，市民社会の新しい関係(155)

第12章　「新しい戦争」と国家の破綻——————————159
　1　戦争の性格変化と国家の破綻(159)　2　「新しい戦争」とは何か？(160)　3　国家の破綻と武力紛争(163)　4　国家の破綻とグローバル・ガヴァナンス(167)　5　グローバル・ガヴァナンスと国家建設のジレンマ(169)

第13章　国際テロリズム——暴力のトランスナショナル化——————173
　1　テロリズムの現状(173)　2　国際テロリズムからグローバル・テロリズムへ(175)　3　ホームグロウン・テロのグローバル性(179)　4　テロ対策の進展と限界(180)　5　日本の取り組み(184)

第14章　ディアスポラ政治——————————————————187
　1　国民国家の擬制性とディアスポラ(187)　2　失地回復主義

（イリデンティズム）(188)　3　ディアスポラ政治 (191)

第15章　新しいパブリック・ディプロマシーの系譜 ―― 201
1　グローバル・ガヴァナンスとパブリック・ディプロマシー (201)　2　パブリック・ディプロマシーの系譜 (203)　3　新しいパブリック・ディプロマシー (204)　4　対テロ戦略としてのパブリック・ディプロマシー (206)　5　脱国家中心的なパブリック・ディプロマシー (208)　6　ソフト・パワーを超えて (211)

第Ⅳ部　求められるグローバル・ガヴァナンス

第16章　人権ガヴァナンス ―― 216
1　グローバル・ガヴァナンスと国連 (216)　2　国際人権レジームとグローバル人権ガヴァナンス (219)　3　地域的な人権レジームとグローバル人権ガヴァナンス (222)　4　グローバル人権ガヴァナンスを模索する非国家的行為主体 (226)　5　グローバル機構への転換を迫られる国連 (227)

第17章　兵器ガヴァナンス ―― 230
1　ガヴァナンス，ルール，支持 (230)　2　大国主導による兵器ガヴァナンスの発展 (231)　3　冷戦終焉とレジームの増加 (233)　4　人道規範の強まり (234)　5　NPT体制の揺らぎ (237)　6　混迷する兵器ガヴァナンスの行方 (239)

第18章　地球環境ガヴァナンス ―― 244
1　問題の所在 ―― 地球環境の危機とガヴァナンスの欠如 (244)　2　気候変動ガヴァナンスの現状と課題 ―― その改善に向けて (247)　3　森林ガヴァナンスの現状と課題 (251)　4　グローバル・タックスの可能性 (254)　5　今後の展望 ―― 鍵となる資金調達 (255)

第19章　平和構築と移行期正義 ―― 258
1　問題の所在 (258)　2　グローバル・ガヴァナンスを推進す

るリベラル・ピースビルディングの視点 (259)　　3　リベラル・ピースビルディングの視点からみえてくる平和構築の本質的課題 (262)　　4　平和構築の一部に位置づけられた移行期正義 (263)　　5　移行期正義をめぐるリベラル・ピースビルディングの課題 (265)　　6　平和構築になじみにくい移行期正義の本質 (269)

第20章　戦争犯罪と国際法─────272

1　グローバル・ガヴァナンスと国際刑事司法 (272)　　2　グローバル・ガヴァナンスにおける国際犯罪への対応 (274)　　3　国際的な刑事裁判所 (276)　　4　法と秩序の変容と限界 (278)

第21章　「人間の安全保障」の危機と「保護する責任」──286

1　「保護する責任」が提起する構造的問題 (286)　　2　「保護する責任」の国連体制における位置づけ (288)　　3　グローバルな秩序の権力性と暴力性──方法と主体をめぐる問題 (292)　　4　「人間の安全保障」が照らし出す主権国家体制の限界 (295)

終　章　グローバル・ガヴァナンスへの視座─────299

1　直面する危機 (299)　　2　混迷するグローバル・ガヴァナンスへの視座 (303)

索　引

序　章

グローバル化とグローバル・ガヴァナンス

吉　川　　　元

1　地球を語る

　冷戦期の国際社会は政治的に，経済的に，そして社会的に分断されていた。ところが冷戦が終結したことで状況は一変する。あたかも地球（globe）が1つの政治空間になったかのようである。冷戦の終結を機にグローバル化が加速し，グローバル・ガヴァナンスへの展望が一気に開けた感がする。突如として，全地球規模（グローバル）な問題が語られ，グローバル政治が語られ，そしてグローバル社会が論じられるようになった。1992年に地球環境開発サミット，93年に世界人権会議，94年に国際人口開発会議，95年に世界社会開発サミット，96年に世界食料サミットの開催に象徴されるように，90年代に入るとグローバル問題に関する世界規模の会議が立て続けに開催された。まさにグローバル化時代の幕開けである。

　確かに経済のグローバル化は誰の目にも明らかであろう。ボーダレス経済が語られて久しいが，いまや自由主義経済が全地球をほぼ覆った感がある。情報ネットワークのグローバル化も誰の目にも明らかであろう。一方，グローバル危機も広く認識されるようになった。森林破壊，地球温暖化，越境大気汚染といった地球環境問題の深刻化はもとより，国際テロリズム，疾病のグローバル伝染，麻薬密売・取引，貧困といった問題は，従来の国際政治の枠組みでは解決の目途が立たず，迫りくるグローバル危機に国際社会は手をこまねいている。さらに，人類は依然として核戦争の脅威に瀕している。冷戦の終結後にインド，パキスタン，北朝鮮が新たに核開発を行い，そしてイランがそれに続こ

うとしている。国家破綻もグローバル危機に拍車をかけている。国境の管理能力を喪失し，軍が分裂し統治不能に陥った破綻国家では，その地が海賊や国際テロリズムの温床となり，麻薬密売の基地と化している。

世界政府なき分権的な国際社会にあって，大国主導かつ主権国家代表による国際統治は限界に直面している。人々が経済的に繁栄し，しかも安全に生きていくには，グローバル課題に対処すべく全地球的な規模の行政と管理の仕組み，さらには全地球規模の民主的な統治制度が求められている。こうして地球共同管理，すなわちグローバル・ガヴァナンスの仕組みが模索されるようになった。グローバル化の進展で地球は1つに結ばれようとしているが，その地球上に近い将来，豊かで平等で，そして安全なグローバル社会の実現の見通しは立つのか。果たして政府なき国際社会で，グローバル・ガヴァナンスの実現は可能であろうか。それはどのような方法で実現できると考えられようか。

本章では，これまで国際社会で試されてきた国際統治の足跡をたどりつつ，グローバル・ガヴァナンスに向けての現状と課題を提起する。

2　グローバル化

グローバル・ガヴァナンスを議論するに当たり，その議論の前提となる2つの概念，すなわちグローバル化とガヴァナンスの2つの概念を考察することから始めよう。まずグローバル化とは何か。国境を越えて地球大に財・サービス，資本，思想，情報の相互依存関係が網の目のように張り巡らされ，地球人アイデンティティが形成され，地球が1つの共同体に発展した状態をグローバリズムと呼ぶとする。そうしたグローバリズム状態に向かう過程がグローバル化である。つまりグローバル化とは，地球上のある地域で発生する出来事が，国境を超えて他の地域や人々にそれまでに増して影響を及ぼすほどに相互依存関係が全地球大に進展する過程である。それは，国家単位で営まれていた政治，経済，社会，文化が国境を越えて全地球大に拡大するという意味で越境化であり，脱領域化である。越境化，脱領域化が進めば，国家を基本単位とするこれまでの社会共同体の営みは，グローバル政治，グローバル経済，グローバル文化，そしてグローバル法・規範へと発展していくことが予想される。

ところでグローバル化を促進する主たる要因は，大量輸送手段の発達，および情報・通信手段の技術革新である。産業革命を契機に大量輸送手段が発達し，財・物資および人の大量かつ安価で，しかも迅速な輸送や移動が可能になり，その結果，経済の相互依存関係が進展した。20世紀に入るといったいどれだけ時空が短縮されたことだろうか。シベリア鉄道の開通（全線開通1916年）によってモスクワとアジア（極東）は２週間で結ばれることになった。1930年代，北米航路の浅間丸は横浜とサンフランシスコの間を13日かけて航行したものである。そして1960年代後半にはジャンボジェット機の就航によって空路の大幅時間短縮が進み，今では飛行機でアジア，ヨーロッパ，アメリカの各地域の主要都市が，いずれも半日で結ばれるようになった。

　一方，情報・通信手段の技術革新は，政治・社会空間のグローバル化，そして思想や人々のアイデンティティのグローバル化を促進させる要因である。技術革新によって思想伝播に要する時間が著しく短縮され，今では地球の裏側の出来事を瞬時にしていとも簡単に知ることができるようになった。かつては人間が紙媒体で思想や情報を運ぶ時代であった。それがラジオ，電話，テレビ，ファクシミリなどの情報・通信手段の技術進歩によって情報の大量かつ即時普及が可能になった。20世紀末には世界各地でCNN，BBCといった衛星放送が受信できるようになり，また衛星版新聞の普及，電子メール，インターネットの普及によって，今や地球大の情報ネットワークが形成された。グローバル化傾向の中で，相互依存に一層の弾みがつき，加えて多国籍企業のグローバル展開で，自動車，電子機器，飛行機に至るまで，今や純国産品はあり得ない時代になった。ローズクランス（R. Rosecrance）が論じるように，国家の実像は今では国家の頭脳と手足が世界各地に分散している「ヴァーチャル国家」である（Rosecrance 1999）。もはや主権国家，領土国家，および国民国家を特徴とする近代国家像を描くことができないほどに越境化と脱領域化が進んでいる。

　国際社会に，統一された政府はない。国家主権が大幅に削減されて，ヴァーチャル国家化が進み，しかも国際関係の行為主体が多様化するなか，越境化する諸問題，さらには深刻化するグローバル危機に国際社会はいかに対処すればよいのか。人類共生のための仕組みをどのように創造していけばよいのか。

3 アナーキカル社会をどのように管理するか

(1) ガヴァナンスとは

　すっかり日本語として定着した感のあるガヴァナンス (governance) ではあるが，そもそも古代ギリシャ語に由来するガヴァナンスとは，本来，舵取り，あるいは操舵することを意味し，そのことからガヴァナンスとは統御すること，または統御されている状態を含意するようになったという（渡辺・土山 2001：99；遠藤 2010：3-4）。民主国家であれば，司法，行政，立法の三権分立の体制が整備されており，紛争解決の仕組みがあり，安定した統治制度が確立されている。しかしながら国際社会にあっては，三権分立どころか，統治機構そのものが未発達であり，それ故に，これまで国際紛争はしばしば武力解決を目指す戦争へ発展していった経緯がある。統治制度が未発達な国際社会の現実は，多文化，多文明が併存し，共同体意識が未発達なことから，それを国際社会と呼ぶことが適切であるかは疑わしい。

　それでは国際社会とは何か。英国学派の始祖の1人，ブル (H. Bull) は『国際社会論——アナーキカル・ソサイエティ』において国際社会が成立するには，国家集団の間に社会としての一定の利益と価値が共有され，共通目標が認識され，規則によって相互関係が規律されており，共通の国際制度を機能させることに共に責任を負っているとの了解が成立していなければならないと論じている。国際社会の目標には，第一に，主権国家から構成される国際システムの維持，第二に，国家の独立と対外主権の維持，第三に，国際平和の維持，そして第四に，暴力の規制，条約など取り決めの遵守，および国家財産，領土，管轄権など所有の安定，の4つの基本目標がある。そして共通目標を達成するために国家の行動を律する原則，および定型化された国家の行動様式を定め，そして国際社会の目標の実現を実効的なものにするために国際制度を設立し，これによって国際秩序が維持されるものと考えられる。これが，ブルが呼ぶところの「アナーキカル社会」である（Bull 1995：3-21, 51）。

　ブルが論じるように，国際社会とは，主権国家から構成される「国際」秩序と規範から成る社会である。今日，グローバル・ガヴァナンスが論じられるよ

うになる背景には，先述の通り，冷戦の終結を機に世界が1つの社会共同体へ向かいつつあるとの希望が湧いてきたことと同時に，グローバル化する諸問題に対して，現在の国際政治の仕組みでは対応しきれないという危機認識の広がりがあった。国家の変容とともに国際政治体系が変容しつつあることで国際社会はその構造の手直しが求められているのである。

（2） 国際社会の組織化

問題解決能力の限界を露呈している今日の国際社会は，政府なき国際社会であり，基本的にはアナーキカル社会である。とは言え，これまで分権的な国際社会を管理し統制しようとする試みがあった。その方法とは，権力の国際化であり，大国有利の国際平和秩序の形成による国際統治の確立である。

ナショナリズムが高揚し，戦争の機械化が進み，そして君主制から民主制へ漸次進む19世紀後半になると，かつてのローマの平和 (Pax Romana)，イギリスの平和 (Pax Britannica) のように大国が単独で世界を統治することができるような時代ではなくなった。国際統治を確立するには，大国が統治を行うために国際的に正当化された権力行使の仕組みを創らねばならない。実際に国際統治に必要な権力を提供し，国際秩序を形成していくのが時の大国である。歴史家カー (E. H. Carr) は『危機の二十年』において，功利主義哲学者によって考案された「最大多数の最大幸福」「利益一致の説」を用いて大国の利益を国際社会の「共通利益」に巧みに仕立てあげる大国主導の国際統治の仕組みを解析している。国際政治を主導する国家群がその優越的な地位および国益の保全ならびに権益維持に有利な国際秩序を形成するには，主導的な国家群と他の国々との間に平和維持に向けて利益の一致を見出し，そして諸国を従わせるような国際行動規範を確立せねばならない。世界を統制しようとする支配的国家は，すべての国は「平和」維持において一致した利益を持ち，平和を撹乱しようとする国家は理性も道義もない邪悪な国家である，とみなす。そして大国の既得権の保全に有利な国際秩序を維持するために用いられるのが「国際平和」「国際社会の一致団結」「集団安全保障」などのスローガンである (Carr 1964：41-62, 85-88)。

国際統治を実現するには，単に権力の国際化のみならず，経済，文化，法律

など諸分野を国際化することによって，安定した国際秩序を構築せねばならない。それが，主導国がかかげる国際主義の原則にのっとって行われる国際社会の組織化の試みである。国際主義とは，諸国家の関係を国家相互間の協調や交流によって再構築しようとする理念，運動，制度などを意味する。これまで国際主義には，国際文化交流の推進による文化国際主義，国際関係を法的に律することを目指す法的国際主義，また世界貿易の促進を目指し，相互依存の経済共同体を追求する経済国際主義，そしてカント（I. Kant）以来の権力政治に起因する国家対立を克服するために権力の国際化を目指す平和国際主義の動きがあった（入江 1998）。

　国際主義というものは大国が主導する，アナーキカル社会の国際組織化の原理でもある。欧州で国際関係が緊密化する19世紀中葉から国際問題の解決のために国際会議が開催されるが，国際会議が継続的に開催されるようになるとそれは次第に常設事務局を備える国際機構へと発展していく。通信，郵便，度量衡など機能主義的な領域で国際機構が創設され，国際法（万国公法）が整えられ，欧州列強を中心に自由主義と民主主義を基調とする国際社会の組織化が始まっている。

（3）　国際政治体系のグローバル化

　ところで19世紀半ばまでは世界各地で地域特有の国際秩序があり，西欧の一角に西欧国際政治体系があった。西欧を発祥の地とし，主権国家，領域国家，そして国民国家を属性とする西欧国際政治体系は，どのようにして今日のようなグローバル政治体系へ発展してきたのであろうか。西欧国際政治体系は，欧州国際社会を中心にした帝国主義時代，第二次世界大戦後の脱植民地化の時代と重なる冷戦期，そしてグローバル・ガヴァナンスが語られるようになる冷戦後の現代，の3つの段階を経て今日に至る。

　第一段階は，西欧国際社会が軍事的に優勢になる19世紀末から第二次世界大戦が終結する1945年までの帝国主義時代である。欧州国際社会において，国際法が発達し，自由主義的な国際政治秩序が形成され，経済活動の自由や人の国際移動の自由が保障され，キリスト教文明を基調とする欧州国際社会が形成された。この時代は，西欧の膨張により非西欧世界が征服される帝国主義時代で

ある。帝国主義時代にはガヴァナンスに関する国際主義は「文明基準」とも呼ばれ、そうした国際基準を受け入れることを「西欧化」と呼ばれた (Gong 1984)。日本のように首尾よく西欧化し、欧州国際社会への参加を認められた国は数少なく、非西欧世界の大半は植民地支配下に入った。そうしたなか、第一次世界大戦の後に国際平和と安全保障に関する初の国際機構である国際連盟が誕生する。それは集団安全保障体制を軸とした権力の国際化の試みであった。しかしながら、ロシア革命以来、欧州国際社会にイデオロギー対立が発生し、欧州国際社会は分断され、ついには第二次世界大戦へ突入したのである。

第二段階は、第二次世界大戦後から1991年までの冷戦期である。冷戦期には、アジア・アフリカ諸国の独立によって西欧国際政治体系はグローバル政治体系へ発展する。この時代は国連を中心にさまざまな国際機構を通した多国間主義時代に入る一方で、主権平等、内政不干渉および人民の自決権の原則にのっとり、国家統治の仕組み、すなわちガヴァナンスが国際社会で問われることのない「消極的主権」国際秩序が形成される時代でもある (Jackson 1990：32-49)。かつての文明基準はなくなり、国際社会で国家のガヴァナンスが問われることのない時代に入った。同時に、欧州を中心に国際政治の舞台では、欧州の東側にはソ連主導のプロレタリア国際主義を基調とする社会主義諸国から成る東側陣営が成立し、欧州の西側と北アメリカにはアメリカ主導の自由主義と民主主義の諸国から成る西側陣営が成立し、東西両陣営の間で主権国家モデルの正当性を競うイデオロギー対立が続いた。

特に西側諸国では相互依存関係が深化し、国家中心主義的な国際関係は次第に溶解していく。それまでの国家中心主義の国際政治の舞台に、国際機構、国際NGO、多国籍企業といった非政府アクターが加わり、内政と外交の区分が一層不明瞭になり、しかも政治の経済化、経済の政治化といった現象が生じたからである。しかしながら、こうした現象はパワー、勢力均衡、軍事バランスといった従来の権力政治の概念では説明しきれず、それ故に1960年代になって相互依存という新たな表現が編み出されたのである (鴨・山本 1988：3-7)。西側陣営内では、国際NGOが担い手となるトランスナショナル関係が進展していったことにも注目したい。1960年代から70年代にかけて、経済、政治、文化、イデオロギーなどの領域でトランスナショナル関係が進展し、グローバル市民

社会の萌芽が見られる（吉川 2003）。この時代には世界各地で地域主義の波が起こり，欧州共同体（EC），東南アジア諸国連合（ASEAN），アフリカ統一機構（OAU）など主として経済・社会領域で地域の国際組織化が始まっている。経済のボーダレス化による国内政治経済と国際政治経済の相互依存関係が進展するにつれて，地域レベルでの協力が不可欠になったからである。

4　グローバル・ガヴァナンスの要請

（1）　人間の安全保障

　冷戦の終結を機に西欧国際政治体系のグローバル化は，次の第三段階，すなわちグローバル・ガヴァナンス時代へ入る。1989年に東欧の民主革命が起こり，続いて東側陣営の中核をなしていたワルシャワ条約機構（WTO）およびコメコン（COMECON）が解体され，91年についにソ連が崩壊したことで冷戦が終結する。東側陣営の崩壊は国際社会の分断時代の終わりを告げるものであり，それは西側諸国に共通する価値，規範，制度のグローバル化時代の幕開けを意味した。

　東西イデオロギー対立の国際政治構造の崩壊がきっかけで西欧諸国の民主的なガヴァナンスのグローバル化が始まったことは容易に説明がつくであろう。しかしながら1990年代に入りグローバル・ガヴァナンス論が展開されるようになる背景には，別の2つの要因を指摘せねばならない。従来型の2国間外交または多国間外交の国際政治では，あるいは主権国家代表の国際機構では，グローバル危機への対応能力に限界があることが明らかになったことが一因である。加えて，政府が国民の安全を保障し得ない場合，人間の安全をいったい誰が保障するのかという難題が浮上してきたことが，もう1つの要因である。

　なかでも人間の安全保障問題は従来型の国家中心主義の国際統治の限界に目を向けさせることになる。そもそも現実の国際社会で安全保障が意味するところは，主権国家の独立と領土保全を外敵から守ることにあり，それが国家安全保障政策の最重要目標であった。ところが20世紀後半に展開された東西イデオロギー対立の下では，国家安全保障の内実は，事実上，国家体制の安全保障の次元に転化していった。一方，植民地から独立した諸国は，政権の維持と領土

保全に汲々とし，そこで語られる安全保障とは，もっぱら政権の安定の保障，さらには現政権の統治体制の国内支持および国際承認を求める国家体制安全保障を意味した。その結果，統治基盤が脆弱な社会主義諸国や途上国では，国家安全保障が反政府主義者や反体制派の人々の弾圧の口実に利用され，人権はおろか人民の生命の安全までもが脅かされたのである。一連の民主化の波の結果，明るみになったことであるが，20世紀を通して社会主義国や開発独裁の途上国では戦争犠牲者を上回るほどの政府による民衆殺戮，政治的殺戮が発生している（Rummel 1994; White 2012; Kiernan 2007）。

ここに至ってグローバル危機への対処という喫緊の課題に加えて，貧困問題を含め人間の安全保障に資するようなグローバル・ガヴァナンスの必要性が広く認識されるようになる。しかしながらグローバル・ガヴァナンスの実現には，少なくとも次の2つの課題が横たわっている。第一に，国家が依然として領域の統治の基本的な政治単位である以上，人間の安全保障を含めグローバル安全保障の実現であり，第二に，グローバル市民社会の形成，およびグローバル正義の実現である。

（2） グローバル安全保障

帝国主義時代には，欧州国際社会の一員に認められるには，先に述べたように文明基準に基づいた西欧化が求められた。しかし，冷戦終結後のグローバル化時代に入ると，民主主義，法の支配，および人権尊重を核にするグッド・ガヴァナンスがグローバル基準として問われるようになる。なぜグッド・ガヴァナンスがグローバル基準になりつつあるのであろうか。それは，第一に，人権尊重と民主主義の関連性が発見され，民主主義が人権の尊重，さらには人間の安全保障の所与の条件であると考えられるようになったことと関連している。第二に，民主主義の実現が国内武力紛争の予防の手立てとみなされるようになったことと関連している。民主国家では紛争を平和的に解決する仕組みが整備されているが，非民主国家では紛争はしばしば武力紛争に発展する傾向にあるからである。そして第三に，民主主義が開発の与件であると考えられるようになったことと関連している。かつて近代化論では開発の結果，民主化が始まるとの議論を展開していたが，今や民主主義が開発の前提条件であると考えら

れるようになり，そのことから先進諸国が民主化を条件に開発援助を行うようになった。こうしてグッドガヴァナンスは人間の安全保障に資するのみならず，国内政治の安定に，さらには国際平和に貢献するとみなされるようになり，グローバル平和のイデオロギーになったのである。

　冷戦の終結後に加速化するグローバル化は，安全保障概念の転換を迫り，その結果，包括的安全保障，共通の安全保障，人間の安全保障，グローバル安全保障といったさまざまな安全保障概念を創出することになる。国連は，鋭意築きあげてきた主権平等と内政不干渉を基調とする国際関係秩序の再編に乗り出した。ガリ国連事務総長（当時）がまとめた報告書『平和への課題』（1992年6月）における，それまでの国連が築き上げた国際関係秩序を根本から覆すかのような次の一説に注目したい。「絶対的かつ排他的な主権の時代は過ぎ去った。その理論は結局，現実に合致しなかった」。それと同時に，各国の指導者に対して「良好な国内統治（good internal governance）」の必要性を説き，国連が国際安全保障において中心的役割を担うために，予防外交，平和創造，平和維持，および紛争後平和構築といった新たな活動への取り組みを提言している（United Nations 1992: para.17）。1994年には国連開発計画（UNDP）は「人間の安全保障」への取り組みを提唱している。福祉と平等，および自由を全地球規模で実現しようとする国際社会の試みは人間の安全保障論，さらにその延長にある国際社会の「保護する責任」論の展開へと続くが，こうした安全保障観の変容は，人間主体のグローバル安全保障への転換の一環に位置付けられよう。

　イデオロギー対立から解放された地域では，地域機構を通じて地域安全保障の再編が始まっている。欧州では欧州安全保障協力会議（CSCE）は欧州安全保障協力機構（OSCE）へ，アフリカではOAUがアフリカ連合（AU）へと，国際機構の名称を改め地域ガヴァナンスの担い手になった。アジアでは21世紀初頭からASEANが安全保障共同体創造に取り組み始めた。特に欧州ではOSCEが中心となってグッドガヴァナンスの普及による安全保障共同体創造が始まっている（Baylis 1998；吉川 2000）。それにNATOは東方拡大を行い，EC/EUも東方へ拡大し，域外へは共通外交・安全保障政策を展開し始めた。

　安全保障のグローバル化の動きは，新たなグローバル安全保障活動の展開につながった。グッド・ガヴァナンスの国際正当性を付与する役目を担う国際選

挙監視，市民社会形成の一環にあるNGO設立への国際資金援助，体制の移行期国への民主制度の建設支援，平和構築への組織的援助，さらには予防外交など，グローバル安全保障活動は，地域によって程度差こそあれ，今や全地球大で展開され，日常化している。

（3） グローバル社会正義

　冷戦の終結を機に欧米的な価値・規範のグローバル化が始まり，「グローバル社会」を語る空間が生まれたとは言え，そのグローバル社会の現実はいまだに国家中心主義であり，貧富格差があまりにも大きい社会である。特に市場経済のグローバル化によって国家間の貧富格差は拡大傾向にあり，それに加え，近年，国際テロリズム，自然環境破壊などグローバル危機は深刻化する一方である。グローバル危機の諸問題は，今日の国際社会の構造に起因するものであり，それだけにこれらの問題の克服はグローバル社会正義の問題として捉えられるようになった。

　世界の貧困問題に対応すべくグローバル正義論を展開したミラー（D. Miller）は『国際正義とは何か』において，「グローバル正義」とは，もともと分配的正義を意味する国内社会正義を全人類について問い直し，全人類の平等を実現しようとするものであると論じる。国際社会は人間の基本的ニーズを満たさないほどの極度の貧困から人々を救済する責任を負わねばならず，人間の最低限の基本的人権の保障，すなわち「グローバル・ミニマム」を実現するのがグローバル正義であると述べている（Miller 2007）。

　かつて国際社会で語られた正義とは，大国主導の国際秩序へ挑戦する単独主義または複数国による国際秩序の改編に向けての挑戦的なスローガンであった。しかし，東欧の民主革命に伴う体制移行期の正義，あるいは武力紛争後の平和構築で語られる正義の根拠は，国際人道法，国際人権法であり，裁きの舞台として戦争犯罪法廷や国際刑事裁判所が設立されるようになった。そのことからも明らかなように，今や国際正義とは，国際社会共通の法と規範に基づくグローバル正義実現の営みに発展している（吉川 2013）。

　政府なき国際社会にグローバル・ガヴァナンスは実現するであろうか。グローバル経済の諸問題の管理と紛争解決はどこまで可能であろうか。グローバ

ルな貧困対策やグローバル社会福祉対策に必要な資源はどこから捻出するのか。民主化を拒む国が多々あるなか，人間の安全保障を軸にグローバル安全保障をどのように構想すればよいのか。そもそも人間の安全保障と国家安全保障の相克は克服されるのであろうか。さらには国際政治のアクターが多様化し，多元化するなか，グローバル市民社会の民主的な政治参加と利益調整の仕組みをどのようにして構想すればよいのか。

〔参考文献〕

Baylis, John (1998) "European Security in the post-Cold War Era: The Continuing Struggle between Realism and Utopianism", *European Security*, No.3, Autumn. pp.14-27.

Bull, Hedly (1995) *The Anarchical Society: A Study of Order in World Politics*, London: Macmillan Press (second edition).（ブル，ヘドリー (2000)『国際社会論──アナーキカル・ソサイエティ』臼杵英一訳，岩波書店）

Carr, Edward Hallett (1964) *The Twenty Years Crisis 1919-1939*, New York: Harper&Row.（カー，E. H. (2011)『危機の二十年──理想と現実』原彬久訳，岩波書店）

Gong, Gerrit W. (1984) *The Standard of Civilization in International Society*, Oxford: Clarendon Press.

Jackson, Robert H. (1990) *Quasi-states: Sovereignty, International Relations and the Third World*, Cambridge: Cambridge University Press.

Kiernan, Ben (2007) *Blood and Soil: A World History of Genocide and Extermination from Sparta to Darfur*, New Haven: Yale University Press.

Miller, David (2007) *National Responsibility and Global Justice*, Oxford: Oxford University Press.

Rosecrance, Richard (1999) *The Rise of the Virtual State*, New York: Basic Books.

Rummel, Rudolph J. (1994) *Death by Government*, New Jersey: Transaction Publishers.

United Nations (1992) *An Agenda for Peace: Preventive diplomacy, peacemaking and peacekeeping*.（A/47/277-S/24111）

White, Matthew (2012) *The Great Big Book of Horrible Things: The Definitive Chronicle of History's 100 Worst Atrocities*, New York: W. W. Norton.

入江昭 (1986)『二十世紀の戦争と平和』東京大学出版会

遠藤乾編 (2010)『グローバル・ガバナンスの歴史と思想』有斐閣

鴨武彦・山本吉宣編 (1988)『相互依存の理論と現実』有信堂

吉川元 (2000)「OSCEの安全保障共同体創造と予防外交」国際法外交雑誌98巻6号, 95-122頁

吉川元 (2003)『国際関係論を超えて──トランスナショナル関係論の新次元』山川出版

吉川元 (2013)「正義と国際社会」国際政治171号, 1-14頁

渡辺昭夫・土山實男編 (2001)『グローバル・ガヴァナンス──政府なき秩序の模索』東京大学出版会

第 I 部

グローバル化の基層

第1章

グローバル経済化
―― 3つのトリレンマからのアプローチ

藤田　泰昌

1　経済のグローバル化の影響にどのようにアプローチするか

　1980年代以降，資本や物の国境を越えた移動が急速に進んだ経済のグローバル化は，国際社会にどのような影響を与えているのだろうか。数多くの先行研究によって，経済のグローバル化が金融政策，財政政策，税制などにおいて政府の自律性を奪うか否かに関する論争が展開されてきた[1]。こうした経済グローバル化をめぐる論争には，2つの限界がある。1つは，グローバル化は国家横断的な現象であり，かつ時系列で展開されてきたにもかかわらず，多くの研究は現代の国家間比較に重点をおいてその影響を分析している点である。もう1つは，グローバル化の下で政府が直面する政策選択を経済分野における二者択一（たとえば自由化か否か，財政支出削減か否か）の問題として捉える傾向が強い点である。だが，政策選択を二者択一とすることや，分析対象を経済分野に限定するのは分析上の前提であって，それが唯一の見方であるわけではない。このような先行研究の間隙を埋めるために本章では，経済のグローバル化の影響に対して，共時的比較（国際比較）ではなく時系列比較を通じて，そして二者択一ではなくトリレンマの視角からアプローチしていく。

　時系列比較として本章は3つの時期を取り上げる。①第一次世界大戦前の第一次グローバル化体制，②第二次世界大戦後の埋め込まれた自由主義体制，③1980年代以降の第二次グローバル化体制である。自由主義的体制と一括されるこの3つの体制には多様性があることをトリレンマの視角から明らかにする。

　トリレンマとは3つの選択肢から同時に2つしか実現できないような状況を

指す。本章では3つのトリレンマに着目する。①資本移動の自由，安定的な為替レート，自律的なマクロ経済政策からなる「経済的トリレンマ」，②経済のグローバル化，民主主義，国家主権からなる「政治的トリレンマ」(Rodrik 2011：200-205)，そして本章が新たに提示する③財政負担の小さな社会，格差の小さい社会，生き方・文化の多様な社会からなる「社会的トリレンマ」である。

この3つのトリレンマに着目することによって，グローバル化が迫る選択を異なる側面から，しかも互いにリンクした形で理解することができる。経済的トリレンマは，経済のグローバル化がもたらす経済政策の選択を明らかにする。政治的トリレンマは，経済のグローバル化が政治体制に関するどのような選択を迫るのかを示す一方，社会的トリレンマは，経済のグローバル化が社会に関するどのような選択を迫るのかを明らかにしてくれる。すなわち経済のグローバル化の影響は，経済分野に限らないことが明らかになるだろう。

次節では，経済のグローバル化の影響を把握するための視角として，3つのトリレンマについて説明する。続く第3節と第4節では，3つのトリレンマの視角から，先述の3つの時期（第一次グローバル化体制，埋め込まれた自由主義体制，第二次グローバル化体制）を検討していく。最後に第5節で本章のインプリケーションについて述べることにする。

2　3つのトリレンマ

(1)　経済的トリレンマ

経済のグローバル化は各国にどのような選択を迫るのか。経済学の分野では有名な国際金融のトリレンマがある。資本移動の自由，安定的な為替レート(固定為替相場制度)，そしてマクロ経済(金融)政策の自律性の3つは同時に実現できない，というものである。本章では，これを経済的トリレンマと呼ぶ。安定的な為替レートは貿易の活発化や国内物価の安定にとって重要であり，資本移動の自由は資本の最適な配置をもたらすと考えられるために経済成長にとって重要であり，そしてマクロ経済政策の自律性は各国経済の好不調を調整するために重要である。だがこの3つのうち1つは諦めざるを得ない。

この3つを同時に実現できないことを確認しよう。たとえば固定相場制を維

持しつつ，金融引き締め（自律的な経済政策）を行ったとしよう。このとき，もう1つの目標である資本移動の自由を同時に実現することはできない。もし，資本の移動を諦めれば，金融引き締めによる金利上昇が総需要を抑制する結果，当初の目標を達成する。だが，もし資本移動の自由を許すと，金融引き締めによる高金利は国外からの資金流入を招くため，結局，金利は国際水準まで引き戻されてしまう。このように，安定的な為替レートと自律的な経済政策を望むならば資本移動の自由を諦めねばならないし，安定的な為替レートと資本移動の自由を望むならば自律的なマクロ経済政策は困難なのである。

（2） 政治的トリレンマ

政治的トリレンマは，経済のグローバル化，民主主義，そして国家主権の3つからなる（Rodrik 2011）。経済のグローバル化は経済発展にとって望ましく，政治体制として人々の意思が反映される民主主義は望ましく，そして各国のことは当該国で自律的に決定できるという点で国家主権は望ましい。だがこの3つを同時に達成することは困難である。

まず経済のグローバル化と民主主義を望むなら，国家主権を維持することはできない。グローバル化された経済とは，モノやカネの移動が自由な状態であり，それには規制や税制などがどこでもあまり変わらないような環境が必要である。ゆえに，世界全体がアメリカ合衆国のような連邦制となり，政策は統一される。人々の意思を反映させる世界単位での民主主義は可能かもしれないが，従来のような国家主権は失われることになる。

次に，経済のグローバル化とともに国家主権も望むのであれば，民主主義は諦めざるを得ない。グローバル化された経済では，各国はグローバル市場から資本や貿易をひきつけるために，緊縮的な金融・財政政策，柔軟な労働市場，民営化といった政策を採用することになる。経済的トリレンマに反して，実は安定的な為替レートを諦めたとしても，資本移動が自由な体制の下では自律的なマクロ経済政策は困難なのである。国内選好（民主主義）を反映したマクロ経済政策を各国がとろうとしても，為替レートの効果などを通じて無効化されてしまうからである。それゆえ，各国のマクロ経済政策は国内からの要請以上に，国外との調整を重視した政策となる。

図表1-1　3つのトリレンマにおける選択

経済的トリレンマ	資本移動の自由	安定的為替レート	マクロ経済政策の自律性
政治的トリレンマ	経済のグローバル化	民主主義体制	国家主権
社会的トリレンマ	財政負担の小さな社会	格差の小さな社会	生き方・文化の多様な社会

出典：筆者作成

したがって，もし政治的民主主義と国家主権の維持を望むなら，経済のグローバル化を一定程度以下に抑える必要がある。これは後にみるように第二次世界大戦後の経済体制（「埋め込まれた自由主義体制」）であった。

このように，経済的トリレンマが示すグローバル化による自律的なマクロ経済政策の制限は，民主主義あるいは国家主権の実質的な制限につながっている。その意味で，政治的トリレンマは経済的トリレンマと深い関係にあると言える。

（3）社会的トリレンマ

経済のグローバル化と，それに伴う経済的トリレンマや政治的トリレンマでの選択は，社会的には何を意味するのだろうか。これを理解する視角として，本章は社会的トリレンマという新しい視点を提示する。

社会的トリレンマは，財政負担の小さな社会，格差の小さな社会，そして生き方・文化の多様な社会の3つからなる。この3つの目標は，基本的には望ましいものと言えよう。財政負担の大きな社会とは税負担が大きな社会であることを意味するから，財政負担の小さな社会は大きな社会よりも望ましいだろう。また，（所得や公共サービスの利用可能性などの）格差の小さな社会は，格差の大きな社会よりも好ましいだろう。そして，生き方・文化の多様な社会は，生き方・価値観が単一の社会よりも選択肢が多いという点で望ましいと言えるだろう。ここで言う生き方・文化とは，たとえば，都会で仕事に追われる日々の代わりに比較的高い所得を得る生活か，それとも地方で時間のゆとりを重視した日々を送る生活か，あるいは時代に沿った経済効率の良い生き方・生活様式を送るのか，それとも農業や伝統を踏襲した生き方・生活様式を送るのか，

といったことを意味する[2]。したがって生き方の多様性のない社会とは，たとえば，社会のすべての成員に都会人のように働くことや時代に沿った生き方を求めるような社会である。しかし，これら3つを同時に実現することは難しい。

　まず，財政負担の小さな社会と格差の小さな社会を実現しようとする場合，生き方・文化の多様性は低くなる。伝統や地域文化を重視する生き方は生産性で劣る傾向にある一方，財政負担が小さな社会とは所得再分配に使える財政余地が少ないことを意味するからである。したがって財政負担が小さな社会で格差をなくそうとすれば，すべての人々に同様の生き方が求められることになる。次に，格差の小さな社会と生き方の多様な社会を目指す場合，財政負担の小さな社会は困難である。生き方が多様でなおかつ格差も小さくするには，地域間財政移転が必要だからである。そして最後に，財政負担の小さな社会と生き方の多様な社会を実現するためには，格差の小さな社会を断念せざるを得ない。

　こうした社会的トリレンマにおける選択は，経済的トリレンマや政治的トリレンマと深くかかわっていると推測できる。経済のグローバル化（≒資本移動の自由）が，経済的トリレンマにおけるマクロ経済政策の自律性を，政治的トリレンマにおける民主主義政治あるいは国家主権を断念せざるを得ないことを前節までに確認した。このことは，社会的トリレンマにおいて財政負担の小さな社会を選択せざるを得なくさせるからである。

　本節では，経済・政治・社会の面で，われわれがどのような選択に直面しているのかをトリレンマの視角から理論的に確認した。このトリレンマの議論に基づいて3つの時期を概観することで，グローバル化の影響を経験的にみていこう。

3　3つのトリレンマからみた第二次グローバル化体制前

（1）　第一次グローバル化体制

　20世紀末以上にグローバル化が進んでいたとも評される第一次世界大戦前のこの時期，各国は正統派自由主義（orthodox liberalism）を志向し，国内経済社会の安定よりも対外的な経済関係を重視していた。このことは資本移動規制を行

わず，国際通貨システムとして金本位制を採用していたことに表れている。

金本位制とは，金が硬貨として鋳造され，紙幣の場合には金への兌換（＝交換）が公定レートで保証される体制である。したがって，自国経済の不況によって通貨が下落している場合にも，自国通貨の価値の維持（＝対外的な経済関係）のために緊縮的な金融政策をとることになり，国内の不況（＝失業など）をさらに深刻化させることにもなった。[3]

このように国内経済社会の安定を度外視しても自由主義的経済体制を維持する状況は，ポランニー（K. Polanyi）が『大転換』で「埋め込まれていない経済秩序」と名付けた体制であった。第一次世界大戦前の金融政策の第一目標は金本位制の維持であり，国内の経済活動や物価水準の安定のための手段として中央銀行の政策を考えることなど受け入れられなかったのである（Ruggie 1982：389）。

しかしこのような体制を維持することは，第一次世界大戦そして民主化や労働組合の台頭を経て困難となった。経済的に豊かでない人々の選好が政策に反映されるようになり，大量の労働者を犠牲にして国際収支を安定させるような政策をとることは困難になったからである（Rodrik 2011：43；山本ほか2012：99）。

すなわち第一次グローバル化体制下では，経済的トリレンマにおいては，資本移動の自由と安定した為替レートを実現する代わりにマクロ経済政策の自律性を諦めるという選択を行っていたことになる。他方，政治的トリレンマにおいては，経済のグローバル化と国家主権維持を実現し，民主主義は考慮されていなかったと解釈できる。それゆえ，第一次世界大戦などを経て諸国が民主化されると，金本位制は崩壊せざるを得なかった。そして社会的トリレンマにおいては，金本位制（≒財政負担の小さな社会）維持を第一目標とすることで格差の小さな社会を断念していた（問題視されなかった）のである。

（2） 埋め込まれた自由主義体制

ラギー（Ruggie 1982）によれば，戦後の国際経済体制は，国内経済の安定を優先しつつ国際経済の自由化を目指すという意味で「埋め込まれた自由主義」体制であった。第二次世界大戦後のいわゆる国際通貨基金（IMF）／関税および

貿易に関する一般協定（GATT）体制は，国内政治社会の安定（経済成長，物価安定，完全雇用）を第一に考え，その範囲で可能な自由化を徐々に進める体制であり，自由主義的体制の構築を最優先とするものではなかった。

国際金融体制として金ドル本位制を採用し，各通貨はドルに対して為替レートを固定させるよう義務づけられ，ドルは金に連動された。ただし戦前の金本位体制とは異なり，国内経済社会を犠牲にしても守るべきレートではなく，調整可能な固定相場制とされた。メンバー諸国が一時的に経常赤字になったときにはIMFが短期的出資を行い，「基礎的不均衡」となった諸国には平価（為替レート）変更を認めた。さらに為替レートの変動をもたらす資本移動はそもそも規制された。すなわち，急激な不況や大量失業を伴うような国内社会の安定を避けるための調整方法が用意されていたのである。

また国際貿易体制でも，GATTを通じて加盟国間の無差別自由貿易が目指されたが，農業や繊維産業などの自由化対象外となる例外セクターが少なからず認められ，また仮に自由化で合意したセクターであっても，急激な輸入急増ひいては国内の失業を招く場合には，緊急避難的な保護主義的政策が認められた。さらに，貿易自由化などのグローバル化によって雇用が不安定になるのを防ぐべく，財政支出が行われた（Cameron 1978）。

したがって埋め込まれた自由主義体制とは，経済的トリレンマの観点からは，資本移動の自由の断念によってマクロ経済政策の自律性と安定した為替レートを手に入れていたことがわかる。他方，政治的トリレンマからみると，民主化や労働組合の台頭を経験した先進諸国は，民主主義と国家主権を確保する代わりに，経済のグローバル化を諦めたことになる。そして社会的トリレンマでは，格差の小さな社会と地域文化の多様性を重視する代わりに，財政負担の小さな社会を諦めていたと理解できる。貿易自由化などによる雇用・賃金格差を抑えるために政府支出が容認されたことは格差の小さな社会に，農業セクターなどの保護主義政策や財政支出は文化の多様な社会の維持につながっていたのである。

4 3つのトリレンマからみた第二次グローバル化体制

1980年代以降，先進諸国が資本移動や国内金融市場の自由化を行い，さらにGATT東京ラウンドおよびウルグアイラウンドでの貿易自由化合意を実施した結果，第二次グローバル化は急速に進んだ。これにより，各国は3つのトリレンマにおける新たな選択を迫られることになる。その影響をみていくために，ここでは主に欧州債務危機を取り上げる。欧州債務危機は通貨統合を選択した帰結である一方，通貨統合という選択はグローバル化する経済（通貨の乱高下）への対応策でもあったからである（Henning 1998）。

(1) 欧州債務危機

(i) **欧州債務危機とは何か**　欧州債務危機は，ギリシャの国債の債務不履行が疑われたことに端を発する。2009年10月に同国で政権交代が起こった際，前政権が財政赤字額を偽っていたことが明らかになり，債務不履行が疑われることとなった。その後，ポルトガル，スペイン，イタリアなど南欧諸国の国債にも債務不履行の疑いが広がったことで，当該諸国の国債金利が急上昇するとともに，当該諸国の国債を抱える欧州諸国の銀行の経営も疑われることとなり，欧州全体の金融システムを揺るがす事態となった。さらには欧州の輸入急減による世界各国の輸出減退は，世界全体の経済成長にも暗い影を落としている。欧州連合（EU）諸国やIMFなどの国際機関からの緊急融資や南欧諸国の緊縮財政などを通じて事態の鎮静化を図っているが，2013年8月時点においても欧州金融市場は予断を許さない状況が続いている。

(ii) **欧州債務危機の原因は何か**　なぜ，このような事態が発生したのか。経済的トリレンマの視角からみると，通貨統合参加諸国は資本移動の自由と安定した為替レートを選択して，自律的なマクロ経済政策を断念したことを意味するはずだった。しかし実際に南欧諸国はマクロ経済（財政）政策の自律性を放棄せず，赤字を累積させる財政政策をとった。ここに危機の原因の1つがある。

だが，南欧諸国の政府に責任を負わせるだけの議論は一面的に過ぎる。そこには1999年に誕生した統一通貨ユーロによってもたらされた，より構造的な原

因があるからである。すなわち，もともと物価（賃金）上昇率が高い南欧諸国にとって，通貨統合とは，自国の通貨切り下げという手段を完全に失うことを意味するものでもあった。通貨切り下げという手段を失った南欧諸国が赤字を累積させなかった場合には，（後述するように）大きな所得格差や失業率を経験していただろう。実際，少なからぬ経済学者は，通貨統合が実現する前からその問題点を強調していた (Feldstein 1997；八代：1995, 204-208)。

(iii) 解決策とその意味　ではどうすれば今回の欧州債務危機を防げたのか。最適通貨圏の理論によれば，①各国の経済構造（GDP構成や貿易相手など）が類似している，②労働移動が頻繁である，③各国間の財政移転が機敏である，④物価や賃金調整が柔軟である，といった条件が整っていることが通貨統合の成功には必要である。だが①はもちろん，主権国家である以上②や③も困難である。さらに④の物価・賃金調整も非常に困難である。南欧諸国がユーロ加盟で失った通貨切り下げは，国民全体の賃金水準を一斉に引き下げることを意味する。それにより，輸出競争力の維持が可能になり，経常収支なども持続可能な水準に保つことができる。したがって通貨の切り下げができないなら賃金を下げなければならないが，その実施はきわめて難しく，ましてや賃金引下げを国全体で一斉に行うことなど不可能に近い。残る選択肢は，財政赤字で雇用や賃金を維持するか，緊縮財政による失業増大・格差拡大を受忍するかのどちらかである。前者を採用していたのが債務危機前の南欧諸国であり，後者を「採用」しつつあるのが債務危機発生後ということになる。「危機が起こる前から後者の政策をとっていれば」というのは政治を無視した議論であり，賃下げや大きな政府支出削減はどのような国でも困難なことである（たとえばMoravcsik 2012：60）。

すなわち通貨統合によって，3つのトリレンマにおける以下のような選択に直面していることがわかる。経済的トリレンマからは，資本移動の自由と安定した為替レートを選択すれば，マクロ経済政策の自律性を諦めることになる。それにもかかわらず，その自律性を放棄しなかったことが欧州債務危機の一因だった。政治的トリレンマからみれば，（欧州単位での）経済のグローバル化を実現するために，民主主義あるいは国家主権を諦めなければならなかった。だが，いずれも放棄できなかったために，南欧諸国が経常赤字や財政赤字を累積

させることとなり，欧州債務危機をもたらしたのである。最後に社会的トリレンマからみると，財政負担の小さな社会，格差の小さな社会，あるいは生き方・文化の多様な社会のいずれかを諦めることを欧州は求められていると理解できる。債務危機を防ぐには，欧州はたとえば以下の３つのうち１つを受け入れなければならなかったのである。①通貨統合が南欧諸国にもたらす苦難を認識して，ドイツが財政負担を引き受ける（財政負担の小さな社会の断念），②輸出競争力も財政赤字の余地も南欧諸国が諦めて格差拡大を容認する（格差の小さな社会の断念），③南欧諸国の人々がドイツ人のような生産性の高い生き方・働き方を受け入れる（各国の地域に根差す生き方・働き方の多様な社会の断念）。

欧州債務危機後の情勢は，トリレンマの３つの選択肢のいずれも諦めなかったこれまでの影響が累積した結果，本来なら②か③だけを容認すれば良いはずが，②も③も容認することを迫られていると解釈できる。EUなどが南欧諸国に度重なる増税および政府支出削減を求め，特にギリシャには労働市場改革，週６日労働の容認，残業時間の制限緩和まで求めていることは，南欧諸国が生き方・文化の多様性を許容しない社会を求められていることを意味している。

（２）　先進諸国全般にみられる社会的トリレンマ

欧州のように通貨統合を選択しなければトリレンマと無関係でいられる，というわけではない。前述のように，資本移動の自由化を採用すれば，変動為替相場制の下であってもマクロ経済政策の自律性を奪われるからである。第二次グローバル化が先進諸国全般にどのような影響を与えているかについて，社会的トリレンマに絞って，財政負担，格差，生き方・文化の順に検討しよう。

財政支出に対するグローバル化の影響をめぐる議論においては，（1980年代までとは異なり）特に1990年代以降，グローバル化（貿易や投資）にさらされている国ほど財政負担の大きな社会を選択することは困難になっていることが明らかにされている（Jahn 2006；Busemeyer 2009）。

格差については，スペンス（Spence 2011）が，貿易や投資の自由化で労働集約型雇用が新興国に流出した結果，米国の低学歴層に失業や低賃金がもたらされていることを明らかにしている。1980年代にはその影響を否定していた経済学者も，グローバル化が所得格差に影響していると認めるようになった

(Krugman 2007)。

　そして，生き方・地域文化の多様な社会の維持が困難になっていることも先行研究から示唆される。地方分権化に関する先行研究をまとめた森川 (2012：17-19) によれば，地域間での再分配が困難になったために地方分権化が進められ，それがさらに地域間の格差拡大をもたらしているという。地域間の格差拡大を抑える手段は財政移転か人口移動（生き方の変更）である。だが経済グローバル化などにより財政支出は困難になってきているとすれば，残された手段は人口移動（生き方の変更）しかない。地域の人々が都会のように働くか，あるいは都会に移動すれば地域間格差は消滅する。だがそれは，生き方・地域文化の多様な社会ではなくなることを意味するのである。

　たとえば地方の農業を生業とする生き方・伝統的文化を残すことには，少なくとも従来は一定の理解があった (宇沢 2000：52-55)。また，いわゆる「SATOYAMA イニシアティブ」などは，このような考え方が依然として一定の理解を得ていることを示している。それは，農耕などを通じて人間が自然環境に長年かかわることによって形成・維持されている二次的自然環境が，経済のグローバル化などにより危機に瀕しているとして，地域の伝統・文化の価値と重要性を訴えるものである。このような動きは，政府財政縮小や貿易自由化によって伝統的な生き方や地域文化の継承が困難になっていることの反動と捉えることができる。

　以上のように，第二次グローバル化によって，欧州外においても社会的トリレンマにおける厳しい選択を迫られていることが示唆された。大きな財政支出・地域間財政移転を選べない状況において，格差の小さな社会あるいは生き方・地域文化の多様な社会のいずれかの断念を迫られているのである。

5　3つのトリレンマからみえる経済グローバル化の影響

　本章は，経済のグローバル化の影響によってどのような選択を迫られているのかについて，経済的トリレンマ，政治的トリレンマ，そして社会的トリレンマという3つのトリレンマから説明を試みた。その検証のために，3つの時期（第一次グローバル化体制，埋め込まれた自由主義体制，第二次グローバル化体制）の

図表1-2 何を断念するか

	経済的トリレンマ	政治的トリレンマ	社会的トリレンマ
第一次グローバル化体制	マクロ経済政策の自律性	民主主義	（格差の小さな社会）
埋め込まれた自由主義体制	資本移動の自由	経済のグローバル化	財政負担の小さな社会
第二次グローバル化体制	マクロ経済政策の自律性（＋安定的為替レート）	民主主義or国家主権	格差の小さな社会or生き方・文化の多様な社会

出典：筆者作成

比較を行った。その結果，グローバル化体制にあるか否かで，経済・政治・社会の各分野において異なる選択を迫られていることが明らかになった。

第一次グローバル化体制下では，経済的トリレンマにおけるマクロ経済政策の自律性を，政治的トリレンマにおける政治的民主主義を，そして社会的トリレンマにおける格差の小さな社会を諦めていた（問題視していなかった）ことを確認した。埋め込まれた自由主義体制下では，経済的トリレンマにおける資本移動の自由を，政治的トリレンマにおける経済グローバル化を，そして社会的トリレンマにおける財政負担の小さな社会を諦めていた。最後に近年の第二次グローバル化体制下では，欧州債務危機などの概観を通じて，経済的トリレンマにおけるマクロ経済政策の自律性の断念を迫られていること，それはすなわち政治的トリレンマにおける政治的民主主義あるいは国家主権の断念，ひいては社会的トリレンマにおける格差の小さな社会，あるいは生き方・地域文化の多様性の断念を求められていることを確認した。

最後に，本章の議論が持つ2つの示唆に触れることにしよう。いずれも，本章が先行研究とは異なるアプローチをとったがゆえに得られた示唆である。1つは，従来の財政負担か格差かといった二者択一の捉え方は，政策選択に際して誤った判断基準であるかもしれないということである。たとえば，仮に財政負担の小さな社会と格差の小さな社会を両立させた国があったとしても，それは生き方や地域文化における多様性を失った結果である可能性を看過しているからである。

もう1つは，昨今のグローバル化を捉える方法についてである。第二次グローバル化は第一次グローバル化と何が違うのか，という点はよく議論される

ところだが，特に社会的トリレンマは第二次グローバル化で顕著に現れるようになった。確かに，第一次グローバル化体制下でポランニーが気にかけていたのは経済的弱者であった。だが，たとえば経済全体に占める政府支出額などを考えれば当時のそれは今日の比ではないし，完全雇用が公的な政策目標として全面に掲げられるようになったのは，ベヴァリッジ（W. H. Beveridge）の『自由社会における完全雇用』（1944）を経た第二次世界大戦後のことであった。戦争，民主化，そして埋め込まれた自由主義体制を経ることで，財政負担は大きく，格差が小さな社会になったからこそ，社会的トリレンマが顕在化するに至ったのである。すなわち第二次グローバル化の特徴や影響を把握するためには，当該時期（の資本移動量など）だけを観察してもわからないことを示唆する。グローバル化のインパクトを把握するためには，その文脈や背景が重要なのである（Pierson 2004）。

＊本章に対して建設的なコメントを下さった草野大希氏にこの場を借りて御礼申し上げます。

【注】
1) この論争について紹介した邦語文献として，ティベルジアン（2003）。
2) 地域ごとの生き方の多様性を地域文化と呼ぶことが妥当なことは，国連の専門機関・ユネスコによる文化の定義からもわかる。「文化的多様性に関する世界宣言」において「特定の社会又は社会集団に特有の精神的，物質的，知的，感情的特徴をあわせたもの」であり，また「芸術・文学だけでなく，<u>生活様式</u>，共生の方法，価値観，伝統及び信仰も含むもの」（下線は筆者による）とする。
3) 世界大恐慌の主因は，マクロ経済政策の自律性を許さない金本位制にあった（Krugman and Obstfeld 2009：514）。

〔参考文献〕
Busemeyer, Marius R. (2009) "From Myth to Reality: Globalization and Public Spending in OECD Countries Revisited", *European Journal of Political Research*, 48 (2), pp.455-482.
Cameron, David (1978) "The Expansion of the Public Economy: A Comparative Analysis", *American Political Science Review*, 72 (4), pp.1243-1261.
Feldstein, Martin (1997) "The Political Economy of the European Economic and Monetary Union: Political Sources of an Economic Liability", *Journal of Economic Perspectives*, 11 (4), pp.23-42.
Henning, Randall (1998) "Systemic Conflict and Regional Monetary Integration: The Case

of Europe", *International Organization*, 52（3）, pp.537-573.
Jahn, Detlef（2006）"Globalization as 'Galton's Problem': The Missing Link in the Analysis of Diffusion Patterns in Welfare State Development", *International Organization*, 60（2）, pp.401-431.
Krugman, Paul（2007）"Trade and Inequality, Revisited", 15 June 2007.（http://www.voxeu.org/index.php?q=node/261, last visited 15 August 2012）
Krugman, Paul and Obstfeld, Maurice（2009）*International Economics: Theory & Policy, 8th edition*, Boston: Pearson Education Inc.
Moravcsik, Andrew（2012）"Europe after the Crisis", *Foreign Affairs*, 91（3）, pp.54-68.
Pierson, Paul（2004）*Politics in Time*, Princeton: Princeton University Press.
Rodrik, Dani（2011）*Globalization Paradox: Why Global Markets, States, and Democracy Can't Coexist*, Oxford: Oxford University Press.
Ruggie, John Gerard（1982）"International regimes, transactions, and change: embedded liberalism in the postwar economic order", *International Organization*, 36（2）, pp.379-415.
Spence, Michael（2011）"The Impact of Globalization on Income and Employment", *Foreign Affairs*, 90（4）, pp.28-41.
宇沢弘文（2000）『社会的共通資本』岩波書店
ティベルジアン，イヴ（2003）「国際資本移動——国際資本移動と国内政治」河野勝・竹中治堅編『アクセス国際政治経済』日本経済評論社
森川洋（2012）『地域格差と地域政策——ドイツとの比較において』古今書院
八代尚宏（1995）『対外摩擦の政治経済学』日本評論社
山本吉宣ほか（2012）『日本の大戦略』PHP研究所

第2章

グローバル政治化
── 断片化するサイバースペース

三上　貴教

1　つながる世界への期待

　インターネットはその草創期から世界をつなぐ画期的なメディアとして注目されてきた。日本におけるパイオニアの1人である村井純は，その特徴を国という概念と切り離されて発展してきたことに注目し，これによる新しい地球社会の創造を示唆していた（村井 1995：6, 195）。政治制度に関連しても「みんなが公平に意見が言えて，その意見が流通するという仕組みができてくるわけですから，この技術は直接民主主義に結びついていくのではないかという議論がたくさん出ています」（村井 1995：200）と大転換の可能性に言及していた。

　民主主義の観点からより専門的な指摘としては，ハーバーマス（J. Habermas）が提起した熟議民主主義の手段としてインターネットが有効で，公共圏の創設にも力あるメディアであるとの期待もあった（Gimmler 2001：31-33）。インターネットは情報へのアクセスを平等にし，相互作用を促進して政策決定への積極的参加を可能にする。それによりNGOなどの市民組織が公的な討論の場を創出するだろうとの指摘であった。

　既存のメディアとの対比においても，インターネットの利点が強調されていた。伝統的メディアや政党が世論を歪めて生成してきたのに対して，インターネット上の議論には強制もなく，言論の自由が行き渡り，利益によって歪められることもなく，情報は自由に発信され受信されている（Savigny 2002：5）。

　本章の筆者もかつて，インターネットに牽引される情報革命が一足飛びに地球レベルの公共圏を創設するまでには至らずとも，公的機関の透明性，説明責

任を高め，参加を促す制度が整えばグローバルな民主主義の導き手となる可能性があることを述べた（三上 2003：47）。

このように政治的変革を含めた世界をつなぐ強力な道具としてインターネットは注目されたが，同時に急速に進むグローバル化のエンジンとして位置付ける議論もあった。著名なアメリカのジャーナリスト，フリードマン（T. Friedman）は，グローバル化の典型としてトヨタの高級車ブランドであるレクサスを例示し，固有土着のアイデンティティをオリーブの木に表象させた。その著作のなかで勢いのあるグローバル化の背景に，インターネットが驚くほどの勢いで世界を結びつけていることを指摘した。「インターネットは強大な万力と化して……（中略）……グローバル化システムを挟み込み，どんどん締め付けていって，きのうよりもきょう，きょうよりもあしたというように，世界をますます小さくし，ますます高速化している」（フリードマン 2000：188-189）。フリードマンにとってグローバル化は良いも悪いもない。それは不可避であって，選択できる余地は，早くにそれに乗るか，あるいは乗り遅れるかの二者択一である。

地球が小さくなれば当然に摩擦が生じる機会も増えようが，インターネットによって公共圏的場におけるコミュニケーションが本当に可能になったのであれば問題はない。自由闊達な討議が展開されて，摩擦があろうともむしろそれゆえに意思決定に参加した実感を多くの人々にもたらすであろうとの期待もあった。最近では，インターネット上に従来のWWW（ワールド・ワイド・ウェブ）や電子メールにとどまらず，ブログやツイッター，フェイスブックに代表されるソーシャルネットワークが急速に拡張している。こうしたネットワークによって新たな革命すら引き起こされたとする見解も存在する。

次節では，ツイッター，フェイスブックを中心に，その増大を高く評価する議論と，逆にそれに対する懐疑的な意見を検討する。なおこれ以降，インターネットを介してさまざまな情報のやり取りにより生成される場をサイバースペースと呼ぶことにする。またインターネットについて，必要に応じて第1世代と第2世代に分けて論ずる。第1世代はWWWや電子メールに代表される，次の第2世代の主役が登場する前の段階を指す。第2世代はブログ，ツイッター，そしてフェイスブックに代表される，「不特定多数の人々（や企業）を受動的なサービス享受者ではなく能動的な表現者として認めて積極的に巻き込ん

でいくための技術や情報やサービス」(梅田 2006：120) が形成され，使用されるようになった段階を指す。本章の目的は，サイバースペースにおけるネットワーク化の進展が，国内レベルからグローバルに及ぶ政治的空間に，いかなる影響をもたらしうるものかを検討することにある。

2　ソーシャルメディアの衝撃

（1）　肯定的な見解

　WWWよりもより簡単に，誰でも自由に日々の出来事，思いをサイバースペースに綴っていける道具がブログである。梅田はこれを称して，「総表現社会」の出現と記した (梅田 2006：13)。ブログに顕著なことは，公に伝える発信情報の私小説化とも言える事態の発生がある。どこどこで何を食べた，という記録が写真入りで掲載される。その食事内容がユニークであるとか，盛り付けられた食事の色合いが食欲をそそるなどといった，日常の記録が膨大に発信されている。

　しかしこうした個人の発信は公共の討論を豊かにしていると言えるのだろうか。政治に引き寄せて言えば，民主主義的な基盤足りうるコミュニティの形成に役立っているのだろうか。ブログからその後さらにツイッター，フェイスブックへと展開する第2世代インターネットの動きを肯定的に捉える意見をまず紹介しておく。

　津田はツイッターやフェイスブックをソーシャルメディアと呼ぶ。そしてそれは，人が行動する際にモチベーションを与えてくれるもの，背中を押してくれるメディアだとする (津田 2012a：42)。そしてそれによる変革を津田は「動員」の革命であると主張する。ソーシャルメディアは「リアルタイムに伝えることで，共感・協調がリンクしていき，オープンで誰もが参加可能にして，その全てのプロセスを見せることで興味を喚起して，具体的行動に走らせる」(津田 2012a：190) のだという。「アラブの春」はこうした動員の革命の具体例として挙げられている。

　あるいは，日本国際政治学会のニューズレターにおいて西谷 (2012：1) は，社会的不正義の是正を大目的としつつ，ソーシャルメディアを活用して緩やか

に連携しながら、デモ等の分散的な活動を展開している社会運動をグローバル・ジャスティス運動として紹介する。そこでの参加者と抗議の及ぶ範囲は多様性と開放性が高く、新しい公共性を創出しようとする緩いネットワークの側面も強いとしている。「アラブの春」はその劇的形態であり、より大きな歴史的流れのなかでは、ウェストファリア体制の限界が露呈するなかでの新たなグローバル秩序構築の模索の1つとして捉えられている。

　池内 (2012) は、その論稿に「IT化を進めた独裁政権が落ちた罠」との副題を付すように、エジプトのムバラク (H. Mubarak) や、チュニジアのベン・アリ (Z. Ben Ali) の独裁政権が懐柔策としてとってきたIT化が自らの追放につながった様を簡潔に紹介している。「ムバラク政権打倒の発端は、1月25日に行われた警察の拷問に反対するフェイスブック上のデモの呼びかけだった……（中略）……SNS（筆者注：Social Networking Service, ソーシャル・ネットワーキング・サービス）を若い世代が使いこなしたエジプト革命は、現地で『1月25日若者革命』、世界でも『フェイスブック革命』と呼ばれ強い印象を与えた」(池内 2012：78)。さらに池内は「今回はフェイスブックだけでなく、ツイッターやユーチューブも連動し、政府の情報統制の裏をかき、圧倒した。……（中略）……現在では、今回の革命で起きたように、インターネットと携帯電話、衛星放送がシームレスに連動している」(池内 2012：79) ことの影響力に興奮を隠さない。

　動員の革命、グローバル・ジャスティス運動、フェイスブック革命等々、いずれの呼び方にせよ、これらの論者は、一国の政治さらには世界秩序そのものをも揺り動かす甚大な影響力の存在をこのメディアの成長のなかに見ている。

（2）　懐疑的な見解

　しかしこうしたツイッター、フェイスブックについて、懐疑的な見方が存在していることも看過できない。錦田は「社会運動において情報技術は、各地域の文脈に基づいて利用されるのであり、これを無視して一律に技術がもつ効力を語ることはできない」(錦田 2012：175) と主張する。「『アラブの春』は情報技術を手にした若者が、中東アラブ地域で突如起こした新たな動きのように報じられることが多い。しかし個別の運動に注目すると、それらは既存の問題意識

や，従来の抵抗運動に根ざしていることが多く，インターネットはそこに有用な道具を提供したに過ぎない」(錦田 2012：184)と続ける。変革のうねりは新しいメディアの登場とは無関係に存在していたとの指摘であり，フェイスブック革命に対する冷めた分析の1つとなっている。

また木村も「ジャスミン革命やエジプト革命が，デジタルネイティブたちのフェイスブック，ツイッター活用により成し遂げられたというのはあまりに短絡的な議論である。……(中略)……当たり前のことだが……(中略)……長年にわたる独裁体制，言論弾圧，権力乱用，汚職，腐敗に対する強い市民の憤りがあったからこそである」(木村 2012：29)と述べている。情報を流通させたのは，実は「口コミ，衛星テレビ，携帯電話である」(木村 2012：32)との指摘は，ツイッター，フェイスブックを相対化していて，津田，池内と対照的である。

(3) 公共性の視点から

評価が分かれるフェイスブックやツイッターをどう捉えたら良いのか。特に民主主義との関連でこれらをどうみるべきなのだろうか。津田の言う通り，確かにこれらは同じ考えの仲間を動員することに優れている。デモという行動に導く力も持っているだろう。しかしツイッターに発信される情報がごく少数の人々の共感しか得られない場合はどうなるだろうか。動員に至らないとき，それには耳を傾ける必要もなく，議論する対象ともなりえないのだろうか。ここには参加というよりも疎外を惹起しかねないリスクがある。ソーシャルメディア上のコミュニケーションは俊敏性に優れ，反射神経の良い人に向いている。しかし世のなかの問題は一瞬に判断して行動に移せば良いほど単純なものばかりではない。また争点が複雑であれば，真剣な熟慮と議論を重ねなければ合意点に到達することなどできない。

本来のさまざまな社会的争点の議論の場はどこにあるのだろうか。民主主義社会であればそれは議会ということになろう。しかし近時の日本政治が経験しているように，政局と呼ばれる権力争いに終始して，本来の議論の場が機能しているようには見受けられない。確かに国会の改革も待ったなしの課題である。仮に改革が進んで実りある議論が展開されるとしても，それに関心ある国民が国会の議事録を国会図書館などでつぶさに閲覧することは想定し難い。サ

イバースペース上の情報公開が進み，こうした国会審議などの様をうかがい知るためにインターネットは革命的に優れている。また検索機能も充実して，さまざまな意見を収集する場としても有用である。今や政治的情報を国民に知らせる手段として第1世代インターネットは，新聞，テレビに劣らず重要なメディアになっていると言って，過言ではないだろう。

　他方，ツイッターやフェイスブックはどうだろうか。津田は「われわれの手元には世界をより良く変えていくためのツールが多数存在」(津田 2012a：240)すると記す。ここでのツールとは，典型的にはツイッター，フェイスブックが想定されている。だが，その「より良く」という時の価値判断は何に依拠しているのであろうか。ある人々にとって原発ゼロは疑いなくより良い社会のための選択肢であろう。しかし別のある人々にとっては，これは電力不足を惹起する最悪の選択の1つとして認識されている。民主主義社会の複雑な政治的争点に関して，人々はより良いという価値判断を，この刹那的意見の発信ツールの参加者にのみ委ねているわけではない。

3　公共圏再考

(1)　サイバースペースと公共圏

　こうしたツイッター，フェイスブックに対する180度異なる評価の相違はどこから来るのだろうか。それは民主主義的な意思決定に対するイメージ，あるいはそのどの段階に着目するかの違いによってもたらされていると言えよう。換言すれば，政治に関連するサイバースペースが公共圏足りえているかどうかの見方によって，極端に異なる評価が生まれている。

　公共圏についてはハーバーマスの議論を確認しておく必要がある。ハーバーマスによれば正統性の源泉は協議にあり，正統な決定とは，万人の意思を代表するものではなく，万人の協議の成果である(ハーバーマス 1994：xxiv)。また「《政治的公共圏》は，国民からなる公衆が行う討議をつうじた意見形成や意思形成が実現しうるためのコミュニケーションの条件を総括するものであり」(ハーバーマス 1994：xxx)，「市民的公共性は，一般公開の原則と生死をともにする」(ハーバーマス 1994：116)，と記している。つまり民主主義を支える土台

として，情報の公開性，積極的参加をあげ，協議というプロセスを重視している。

ここでの前2者，つまり情報の公開と積極的参加に着目するならば，WWWで情報の公開性は飛躍的に高まり，ツイッターで積極的な参加の機会は確かに増大した。21世紀を前に書かれた論文でボーマン（J. Bohman）は，地球的な民主主義は，地球的機構に対してさまざまな社会集団が自由にアクセスできることを保証する体制からはじめなければならないことを指摘していた（Bohman 1999）。インターネットは，人々が自国政府，他国政府，諸国際機関の情報に容易にアクセスすることを可能にした。同じ趣旨で筆者も，インターネットこそは地球的公共圏の創出の可能性を持つことを主張した（三上 2003）。

しかしハーバーマスのいう協議のプロセスについてはどうだろうか。公共圏に関して花田は，それは意見をめぐるコミュニケーションのためのネットワークであり，そのなかでコミュニケーションの流れはフィルターにかけられ，総合化され，結果としてテーマごとに束ねられた公論へと濃縮されるものとして捉える（花田 1999：5）。またこれを，協議に基礎を置く民主的政治としてみる（花田 1999：15）。それに基づいて第2世代インターネットであるツイッター，フェイスブックに関して言えば，それらは発信された情報を濃縮し，公論へと促す道具ではない。協議がそのなかで活発に展開しているとは言えないからである。

（2） グローバル・ガヴァナンスとサイバースペース

インターネットが公共圏を創出することに力があるとみなせる理由は，それが情報の公開を促し，意見表出の物理的，時間的制約を縮減して政策決定者に意思や意見を容易に届けられるネットワークとしての性質に存する。そしてそうした公共圏が地球大に拡大されたならば，グローバル・ガヴァナンスを創出する道具となることにも期待が寄せられる。

国際政治学の泰斗であるコヘイン[1]（R. O. Keohane）は，「グローバリゼーションにはかならず軋轢が伴いますから，効果的なガヴァナンス[2]（統治）が必要になりますが，そのための効果ある制度の構築と維持は難しい問題」（コーヘイン 2004：244）だとする。相互依存状況が進む国際社会において，制度は必須のも

のであるとみるコヘインは「制度は搾取と抑圧も生み出すということ……（中略）……これをガヴァナンスのジレンマ」（コーヘイン 2004：246）と呼んでいる。ここでコヘインはこの打開策のために，ハーバーマスやダール（R. Dahl）を援用しつつ「強制や意見操作，あるいは物質的な制裁によらずに理性に基づいて相手側の心を変えることである。現実に，説得するとなると，この理想以上にずっと複雑である。しかし，私はこの理想に向かって進むことが，部分的にグローバル化された世界が受け入れるガヴァナンスのために重要なことだと思う」と記している。さらに具体的にコヘインは，説明責任，参加，そして説得の重要性を強調する。「ガヴァナンスのジレンマ」を認識しつつも，制度は必須で，そこに求められるのは「率直なコミュニケーションと理性的な説得に基づく自主的な協力が合法的なプロセスとしてもっとも強力な保証となると思う」（コーヘイン 2004：268）と述べる。この2000年の論文においてインターネットに関する言及はないが，説明責任，参加にインターネットが効果を発揮することは明らかである。しかしながら，サイバースペース内のコミュニケーションが率直であるとしても，理性的な説得を指向することは容易ではない。現実のネットの世界には，誹謗，中傷，捏造，欺瞞が渦巻いている。コヘインの議論に基づいても，ガヴァナンスに対するインターネットの二義性は払拭し難く残る。

（3） インターネット有害論

　民主主義との関連で，むしろインターネットは有害であるとの主張も展開されている。『You Tube民主主義』を著した河内は，インターネットは民主主義を悪くしかねない，とするアメリカ・コロンビア大学ノーム（E. Noam）教授の見解を紹介している（河内 2008：43-44）。そこで提示されているインターネットに関するいくつかの問題点を抜粋して挙げておきたい。
　①すべての参加者が聞くことより語る方にエネルギーを使う傾向がある。
　②インターネット交信では量が問題になるから質に転化させる機能がない。
　　自分たちの意見を多数にするために議論を単純化させ，過激にする傾向がある。
　③インターネットには多様な意見を調整する機能が働かない。

④直接参加というが，首相にメールを送ってもせいぜい，自動化された反応があるだけ。そこで量に頼ることになるが，この繰り返しは送り手，受け手双方をシニカルにする。結局，手書きの手紙が一番有効という皮肉な結果となる。

⑤インターネットに社会を動かす力があるのは事実。しかし，これは過激な革命にも結びつく。民主主義には，一種の不変性，不活性も必要だ。

本来意思決定に手間も時間もかかる民主主義的プロセスのなかで，格段に速く異議申し立てを表明できる媒体は利点もあると同時に，不適合性も露呈しうる。こうした問題が湧出する可能性は，大澤も指摘するところであった。「インターネットの夢を語る時に……（中略）……知的なスーパーパワーになるということを言う人がいるが，実際はそうならないだろう。……（中略）……データが多すぎて実際には処理できない」（大澤 2000：141）。確かに情報の洪水のなかでおぼれかけているような事例が数多くある。さらに大澤は「民主主義は通常は間接的に代表を選ぶという方法でしかできなかった。その代表性の有する間接性・不透明性ということが技術的に克服されたとき，理想的な直接民主主義が出てくるかといえば，逆に，共同体の同一性も個人の同一性も限りなく分解されてしまう民主主義そのものの自己否定がもたらされるのではないだろうか」（大澤 2000：143）とまで述べる。ここには間髪おかない表出がむしろ民主主義を弱めかねない，との懸念が示されている。

（4） インターネットと新聞

同じ論文で大澤は「新聞を読むのは，市民であり，公衆である。つまり，新聞を読むことは何を意味するかというと，ある地域の片隅に住みながら，日本中あるいは世界中で起きていることを知ることができる。すべての情報を獲得し，それに対して反省的に考察し，自覚的な判断を持つことができる知性をもった市民になるわけである。つまり，新聞の読者は，近代的な主体なのである」（大澤 2000：139）と新聞を高く評価する。

またパットナム（R. Putnam）も新聞の購読を重視する。彼は市民共同体における市民性は，第一義的に公的諸問題への積極的参加を特徴としていて「公共問題への関心と公衆への帰依が，市民的徳の決定的な標識である」（パットナム

図表 2-1　新聞とインターネットに接触している人の割合（年代別）　（％）

	新　聞		インターネット	
	接触者	非接触者	接触者	非接触者
15-19歳	62.3	36.8	91.9	5.4
20歳代	70.7	28.7	93.7	4.7
30歳代	78.7	19.7	88.6	10.2
40歳代	90.9	7.7	81.6	15.9
50歳代	94.7	4.9	63.9	33.7
60歳代	94.3	4.7	33.1	61.6
70歳代	96.1	3.2	16.7	76.9

出典：日本新聞協会（2012）『2011年全国メディア接触評価調査報告書』16頁に基づき筆者作成。なお無回答は割愛している

2001：105）と捉え，その際に，新聞購読は地域社会の問題に対する市民的関心の目安であり，新聞購読率を市民共同体を測る尺度とさえしている（パットナム 2001：112）。あるいは，ベネット（S. Bennett）等も，新聞を含めた読書の習慣と，政治参加，民主主義的市民性との関係について明らかにし，よく読む人ほど政治的関心が高いことを実証的に明らかにしている（Bennett et al. 2000）。

　ここで気になる指摘がある。津田の「情報リテラシーが高い層は，新聞やテレビといった既存の伝統的マスメディアに否定的な人が多いとも言われる」（津田 2012b：5）との1節である。大学生の就職活動とフェイスブック利用の現状について調べた石田も，ソーシャルメディアについて「10代で71.7％，20代で63.9％と若年層ほど利用率が高い」（石田 2012：15）と指摘している。同時に，実はこの年代ほど新聞との接触率が低い（図表2-1参照）。

　民主主義を支える市民の育成にとって新聞が果たす役割は大きいと捉えられてきた。他方でソーシャルメディアに接する若者たちは，他の年代にくらべて新聞を読まない傾向が顕著に表れている。ここに第2世代インターネットであるフェイスブック，ツイッターが，公共圏をむしろ背景に追いやる蓋然性を示唆する現象が表出している。

4　双方向性を阻む断片化

　ツイッターは世界を断片化こそすれ，対話にも討議にも適していない。ツイッターではサイバースペースに発信された情報に対して，「返信」機能を用いて反応することができる。しかしそれに対して最初の発信者は呼応しなくても全くかまわない。その気楽な任意性がこのメディアの利点の1つである。つぶやきのような1つの発信について，その当事者とは別の第三者が「リツイート」の形で伝え広げることもできる。この機能によって大規模な動員が可能になっている。動員する力があっても，それは既存のあるものに抗議することが主で，そこに新たな何かを作り上げることには適していない。なぜならつぶやき合いを超えた双方向の議論，あるいは対話さえも成立していないからである。

　断片的な参加は横溢している。民主主義の充実にとっては市民からの声が皆無である状況よりはるかに良い。しかし民主主義の深化のためには，国家と国際社会を問わず，断片的な情報を受信しつつ，それに媚びることなく，公共的な議論を積み重ねていくことが肝要である。その際に従来から枢要な役割を担ってきたのが新聞であった。新聞とソーシャルメディアがトレードオフの関係にあるとすれば，ツイッター，フェイスブックの隆盛は民主主義にとってマイナスの要因と言えるだろう。

　若者は情報リテラシーが高いと津田は言う。大学生の行動様式を見ても，スマートフォンを活用して，頻繁にサイバースペースに接している。しかしたとえばWWW上のホームページから情報を得ようとするとき，若者たちは政治とかかわる公的なそれにどの程度アクセスしているのだろうか。『平成24年版情報通信白書』によれば，インターネットを介して公的機関にアクセスする個人の割合が，デンマークやノルウェーは80％に近い比率であったのに対して，日本は18.9％に過ぎず，調査対象の18カ国のなかでは最下位であった（総務省 2012：39）。

　ではたとえばツイッター参加者の関心領域がどこにあるかと言えば，高い順に「コンピュータやインターネット」「旅行・レジャー」「飲食，グルメ」「健康・美容」「映画」「音楽」「料理」「ファッション」と続き（金 2010：151），公的機関

とは縁遠い。

　このように見てくると，ツイッター，フェイスブックが公共圏の創出や，ガヴァナンスの構築に有益な役割を果たしうるかどうかについて，結論としては，貢献することは困難との見方に至らざるを得ない。ツイッターはワンフレーズの羅列である。直観的な賛成，反対を引き出すには優れた道具である。しかし誰も1週間前のつぶやきを話題にすることはなく，即時的反応，行動を促す傾向も強い。

　かつて小泉政権の時代に，ワンフレーズポリティクスを難じていたメディアが，今はツイッターやフェイスブックが「双方向性」であるとして高く評価している現実もある（『朝日新聞』2012年12月6日社説）。しかしその双方向性はどのような性質のものなのだろうか。インターネットの掲示板について三野はこう評した。そのユーザーは自分と意見を同じくする者の掲示板を見る。それは「公共圏が有している『対話』と『合意形成』の機能を損なう恐れがある……（中略）……なぜなら「『多様な言論に触れる』機会を減殺する」（三野 2003：223-224）からである。同様に木村も，ツイッターは「従来のオンラインコミュニケーション空間の特徴である『場』，会話の『キャッチボール』というメタファーを解体する」（木村 2012：205）と手厳しい。

　第2世代インターネットであるツイッターやフェイスブックが，新聞やテレビといった既存のメディアと相乗的に使われることも散見される。新聞各社はこぞってツイッターを用いて速報的に発信し，フェイスブックのアカウントも保持している。テレビではさらに積極的に，NHKの「NEWS WEB24」は番組内でツイッターによる視聴者からの情報をほぼリアルタイムで積極的に画面に表示している。これらをメディアの重要な融合の動きとして捉える主張もある（遠藤 2010：125）。しかし一見双方向的にみえるこれらの使われ方も，討議とは程遠く，公共圏に欠かせない熟議からも隔絶している。フェイスブックに対して，戯言の羅列，虚構のともだちが増殖しているだけであるとの評もある（堀田 2012：427）。

　政権に復帰した安倍首相は，いわゆるぶら下がりという記者との会談を行わないと発表した。代わりにフェイスブックで情報を発信するという。また読者もそれを「いいね！」と評して，さらにコメントを寄せることもできる。しか

しそれはいわば「みかけの双方向」に過ぎない。なぜみかけなのかを上で論じてきた。コヘインがいうグローバル化をめぐる「ガヴァナンスのジレンマ」も，「みかけの双方向」では決して克服できない。

【注】
1） Keohaneは通例，コヘインと表記されるが，参考文献掲載書の表記ではコーヘインとされている。
2） 出典訳書のなかではガバナンスと表記してあるが，意味内容が同じであることから，本章全体の語句の統一を優先して，ガヴァナンスと表記した。

〔参考文献〕
Bennett, Stephen Earl *et al.* (2000) "Reading's Impact on Democratic Citizenship in America", *Political Behavior,* Vol.22, No.3.
Bohman, James (1999) "International regimes and democratic governance: political equality and influence in global institutions", *International Affairs,* Vol.75, No.3, July.
Gimmler, Antje (2001) "Deliberative democracy, the public sphere and the internet", *Philosophy & Social Criticism,* vol.27, no.4, pp.21-39.
Savigny, Heather (2002) "Public Opinion, Political Communication and the Internet", *Politics,* vol.22, No.1, pp.1-8.
池内恵 (2012)「『フェイスブック革命』中東を動かす大旋風」週刊東洋経済2012年3月31日号，78-79頁
石田秀朗 (2012)「フェイスブックが大学生の採用活動にもたらす変化」紀要：奈良文化女子短期大学43，11-23頁
梅田望夫 (2006)『ウェブ進化論――本当の大変化はこれから始まる』筑摩書房
遠藤薫 (2010)「『ネット世論』という曖昧――〈世論〉,〈小公共圏〉,〈間メディア性〉」マスコミュニケーション研究 77号，105-126頁
大澤真幸 (2000)「電子情報社会の主要な論点」山崎正和・西垣通編『文化としてのIT革命』晶文社
河内孝 (2008)『You Tube民主主義――メディア革命が変えるアメリカの近未来』毎日コミュニケーションズ
木村忠正 (2012)『デジタルネイティブの時代――なぜメールをせずに「つぶやく」のか』平凡社
金正則 (2010)『ツイッター社会進化論』朝日新聞出版
コーヘイン，ロバート・O. (2004)「部分的にグローバル化された世界のガバナンス」幸野良夫訳，猪口孝編『国際関係リーディングズ』東洋書林
総務省編 (2012)『平成24年版情報通信白書』ぎょうせい
津田大介 (2012a)『動員の革命――ソーシャルメディアは何を変えたのか』中央公論新社
津田大介 (2012b)『ウェブで政治を動かす！』朝日新聞出版

錦田愛子 (2012)「パレスチナにおける社会運動とインターネット利用——二〇一一年『アラブの春』とフェイスブック上での抗議運動の展開」地域研究 (京都大学地域研究統合情報センター) 12 (1)

西谷真規子 (2012)「グローバル秩序構築におけるトランスナショナル社会運動の課題」日本国際政治学会ニューズレター No.133 (2012年9月30日発行)

パットナム, ロバート・D. (2001)『哲学する民主主義——伝統と改革の市民的構造』河田潤一訳, NTT出版

花田達朗 (1999)『メディアと公共圏のポリティクス』東京大学出版会

ハーバーマス, ユルゲン (1994)『[第2版] 公共性の構造転換——市民社会の一カテゴリーについての探求』細谷貞雄・山田正行訳, 未來社

フリードマン, トーマス (2000)『レクサスとオリーブの木——グローバリゼーションの正体』東江一紀・服部清美訳, 草思社

堀田佳男 (2012)「フェイスブックが『消滅』する日」文藝春秋9月号, 426-432頁

三上貴教 (2003)「情報革命とトランスナショナル関係論」吉川元編『国際関係論を超えて——トランスナショナル関係論の新次元』山川出版社

三野裕之 (2003)「第15章 電子民主主義の可能性」鶴木眞編『コミュニケーションの政治学』慶應義塾大学出版会

村井純 (1995)『インターネット』岩波書店

第3章

グローバル社会化
――「世界」の拡大と秩序の普遍性

岡部　みどり

1　グローバル空間の社会化をどう捉えるか

　国際関係がもっぱら力の関係だけでなく一定の社会的秩序を伴うものでもあるという考え方は，古くから存在する。しかしながら，そのような社会的秩序を伴う国際関係，つまり「国際社会」を1つに束ねる法（ルール），習慣や価値観の総体――本章ではこれを「規範」と包括的に捉える――がどのようなものなのか，また，どのように維持され，機能しているのかということについての一致した見解はいまだに存在しない。これは，国際社会の安定に寄与するのはどんな規範なのかという実証の問題であるだけでなく，そもそも国際社会の安定のために規範が世界規模において常に必要，という規範の本質への問いでもある。近代主権国家システムを前提に置くものとしての秩序を要件とする国際社会の存在をきわめて明確に肯定したブル（H. Bull）も，「そのような近代主権国家システムが全世界の人々の社会生活を規定するような単一の秩序を備えた社会と移行しつつあるのか」，「そのような全世界を包摂するような社会への移行が人類の平和を担保するために『そもそも望ましいのか』」と疑問を投じている（ブル 2006：31）。

　ブルの問題提起は，国際社会がその起源であるヨーロッパの国際関係だけでなく世界規模の国際関係においても存在するかどうかということ，換言すれば，「国際社会」が「世界社会（あるいは「グローバル社会」）」に近づくかどうかということについての議論を啓発するものである。それは地理的な拡大の可能性についてだけでなく，連帯（あるいは多元主義の克服）の前提となる社会的・文

化的要素についての検討を必要とするものである。それらは，①（ヨーロッパに端を発する）国家間システムから生み出される秩序や規範が地球大の規模においても成り立つのか，もし成立するとすればそれはどのような形態において可能となっているのか，②文字通り地球規模で行われる現代の越境的な取引において，その前提とされる規範を取引の当事者（国家主体のみならず非国家主体）はどのように創り出し，また受容しているのか，③地球規模という意味における世界を統制する秩序の維持と個人の保護や福利厚生の充足は両立するのか，という3つの問いである。

この3つの問いは，国際社会や世界社会における規範についての多くの論考においてこれまで扱われてきた課題でもある。本章は，その一部を取りあげつつ，今後の研究動向を展望する試みである。

2　地球規模の世界秩序

国際社会は「（国家間）の相互関係において，それらの国々自身が，共通の規則システムによって拘束されており，かつ，共通の諸制度を機能させることに対してともに責任を負っているとみなしているという意味で——一個の社会を形成しているとき」に存在するとあるように，ブルは，国際社会を構成する秩序や規範を一義的には主権国家システムのなかに見出している（ブル 2006：14）。また彼は，「主権国家から成る社会」としての国際社会が存在するのは，「一定の共通利益と共通価値を自覚した国家集団」が，「共通の規則システムによって拘束されており，かつ，共通の諸制度を機能させることに対してともに責任を負っているとみなしている」ときであるとも述べている（ブル 2006：14）。

ブルが言及する「共通の利益」や「共通の価値」を理解するためには，文化的要素，それもその動態的側面についての多面的な把握が必要となる。ブルは，ヨーロッパ（の内部）に共通する文化や文明を起源とするプーフェンドルフ（S. Pufendorf）やヘーレン（A. H. L. Heeren）の理解を発展させ，国家主権の相互承認，内政不干渉，合意の遵守，武力行使の際の一定の制限への妥協，国際的な制度（国際法等の手続き形式から外交上のプロトコル，その他の一般的な法の原則や慣例など）の受容などといった国家の行動様式を，価値や利益の共有に耐えう

るものとして示した（ブル 2006：14-15）。このような共有の対象の範囲は，主権国家システムの構成単位としての国民国家（nation-state）の成熟，2度の世界大戦とそれを前後して行われた植民地化と脱植民地化，冷戦構造の成立と崩壊といった世界の変遷のなかで，民主主義や自由主義，民族自決，人権の尊重や法の支配などといった概念を段階的に付随しつつ拡大していった。

　冷戦後の世界においては，ブルが想定していたような冷戦構造下における国際秩序とは，必ずしも一致しないような世界秩序の展望が見出せる。これは，たとえば，「『英国学派（English School）』の主張はヨーロッパ中心主義的である」というような，一般に見受けられる批判とは一線を画すものである（Buzan 2004：16）。現代の主権国家システムが中世的秩序に代わるものとしてのヨーロッパ的な秩序を伴い成立したというブルの主張は，冷戦後の世界においても十分に説得的である。またブルが見出した国際秩序は，彼が前提においた二極構造という国際環境の枠にとどまらず現在においても存在するという観察が誤りであるか，と言うと，むしろそれを肯定する事例の方が多いかもしれない。しかしながら，ブルは，ヨーロッパ的な秩序が地球大の国際社会（ブルのいう「世界社会」）の秩序としてそのまま受け入れられるべきであるとは主張していない。むしろ，ブルは，ヨーロッパ文化圏ではない文化圏に属する新興国や途上国（「第三世界」）の世界観をも積極的に包摂することこそが，秩序に基づく地球規模の社会の安定に寄与すると考えていた（ブル 2006：378-379）。後付けに考察するならば，ブルは「世界社会」創生のシナリオを見誤っていた。彼は，西洋的な価値観を基礎におく中央統制的な全世界的構造が出現する可能性を否定していたのである（ブル 2006：365）。これは，東西イデオロギー対立の存続を前提としつつ，理想主義的な世界政府観に対してなされた批判であった。確かに，冷戦終了によって二極構造が消滅した今日の世界において，カント（I. Kant）が想定したような，内在的な人類共同体の受益者とその妨害者との間のイデオロギー上の衝突は起こりそうにない。また，革命的な国際社会の（世界社会への）転生というシナリオも非現実的である。しかしながら，主権国家システムを存続させるための最低限の共通利益や共通価値を担保するに徹するものとして想定されていたはずであろう秩序や規範の構成要素は，近代文明の発達という名の下に，次第に西洋的な付加価値をたずさえながら膨れ上がり，世界を「発展」

させるための規範として定着しつつある。これこそがまさに現代世界のひとつの側面である。つまり、民主化や（経済）自由主義、法の支配、人権尊重や民族自決などといった西欧起源の価値観が世界の「進歩」を促すための「普遍的」基準として提示され、その「進歩」を世界のすべての国家が目標とするように要請されているという意味において、冷戦後の世界は一体化しているのである。

　このことは、規範の波及が特に実施されるときに何らかの力を伴うということとかかわっている。覇権国や覇権的な力の存在との関連において特にリアリストからなされている指摘とも関連する（ブル 2006：xi）。たとえば、ブザン（B. Buzan）はこの点を問題視する。ブザンによると、ヨーロッパ的価値観に基づく規範がグローバルな規模における普遍的規範と同一視されるに至った現状においては、グローバル社会の下位レベルにおける多様な発展は、相対的ではなく絶対的な優劣の基準に沿って評価される可能性が高い。つまり、そのような発展は、ともすると、「ヨーロッパ＝普遍」的規範との不和を生じさせ、グローバルな規模における国際社会の発展を腐敗させ、対立を引き起こす可能性を含む（Buzan 2004：17）。また、とりわけ個人に対する取り扱いに関しては、一元的な規範を擁するアプローチや政治思想が支配的となる。たとえば、人権を下支えする原則は、それが自然法を起源とするものであれプラグマティックな根拠づけによるものであれ、普遍的でなければならないというものになる（Buzan 2004：17）。さらに、ブザンの主張を敷衍すれば、越境的な取引において齟齬が生じた場合には、しばしば第三者的な機関としての国際機構による仲裁が行われるが、その裁定の基準となるのは先進国の、あるいは「ヨーロッパ的」な起源を持つ基準である場合が多い。たとえ途上国の便宜を図るための規範が存在しても、それは、途上国が十分に発展するための「暫定措置」とみなされる。

　秩序や規範の普遍性と力との関係は、明示的に観察できる場合とそうでない場合がある。前者は、冷戦後の世界における米国の対外戦略が「帝国」というモチーフで表現される場合である。また、旧宗主国と旧植民地間、先進国と発展途上国間の構造的な関係を国際協調の枠組みのなかに見出す考察のなかにも頻繁に見受けられる（Hurrel 2005：33-58）[1]。

　他方で、このような力関係がきわめて見えにくい場合もある。これは、とき

として間主観性の再検討を要する複雑な問題となる。なぜなら，一般に普遍性を十分備えていると考えられている規範が，実は全世界に共有されていない場合もあるからである。これまで，先進国による自由主義，民主化を条件とする途上国支援は，必ずしも支援先の経済成長や政治的安定をもたらしたわけではなかった。また，民族自決や法の支配，人権の尊重を全うするための紛争への介入がさらなる衝突や対立の引き金となることもあった。このことは，これまで一般的には，普遍的なものとされる規範の受容側の体制の問題として説明されてきた。そのような説明の根底には，「世界に波及する（ヨーロッパ発祥の）規範は十分に普遍的であり，それは平和と安定，成長を促す媒体であるはずである。したがって，それらの規範の波及の結果，ある国や地域に不具合が生じたのであれば，それはその国や地域が責められるべき問題である」という発想があった。

　このような発想の多くは，しばしば，特定の国家だけでなく，国連をはじめとする非国家主体が提唱するグッド・ガヴァナンスの実践において，また，民主主義の世界規模への伝播の可能性についての思想的な論争のなかにみてとれる[2]。ここで問題なのは，世界規模に一定の規範が通用するという指摘そのものではなく，そこで適用するとされる規範の性質や機能についての検討がほとんどなされていないということである。もっとも，このように指摘しつつ，本章は，受容側の問題，つまり，十分に民主化されない国内政治体制や法の支配の不徹底が紛争や低い経済成長の原因であるとする理解を真っ向から否定するものではない。より厳密には，それぞれの変数の間の因果関係を明示することが本章の目的ではない。むしろ，本章で指摘したいのは，世界の進歩の度合いを測る尺度として起用されているはずの規範の普遍性が，もはや当然に共有されるべきものとしては認識されなくなりつつあるという現状である。この点を詳らかにするために，次項では，まず，既存の実証分析の結果に散見される国際関係の行為主体と規範との関係について検討する。

3　規範の創造主体，波及主体，受容主体

　普遍的であるとみなされていた規範がもはや共有されなくなりつつあるとい

う見解をとるとすれば,次に,無政府状態であるグローバル社会における規範がいかに存在しているかが問われることになろう。ここでは,規範を生み出す行為主体(創造主体)と規範を波及させる行為主体(波及主体)についてまず検討する。創造主体と波及主体について検討する際,それらを各々独立したものとみなすことは重要である。すなわち,ある行為主体が世界政治の文脈において規範を普及させる能力を持つことの証明をその行為主体の性質のみに依拠して行うことは十分に説得的であるとは言えない。たとえば,規範を対外的に波及させる力を有する行為主体としての欧州連合(EU)についての最近の研究において,マナーズ(I. Manners)は「規範力(normative power)」の源泉をEUそのものの起源——EUが,今日の欧州基本権憲章にうたわれているような法の支配,民主主義,人権尊重の理念にのっとって設立していること——においているが,仮にEU加盟国の行動を制約するものとして規範が一定の役割を果たしていたとしても,そのことが当然にEU域外世界の行為主体の行動を拘束するとまでは言えない(Manners 2002 : 235-258)。これは,力を関係性の概念において理解すれば明らかである(Dahl 1957 : 202-203)。つまり,マナーズが指摘するEUの規範力は,それを受容する側の行為主体の行動の変化によって初めて追認できるのであり,それが叶わない状態において「力を有する」と論証することには限界がある(Manners 2002 : 248-252)[3]。もし規範の波及が,それに与する行為主体の何らかの力を伴ってはじめて正当化されるのならば,その正当性は,規範を受容する主体との関係において理解されなければならない。つまり,規範の創造は一方的にはなされず,常に受容側の反応を考慮したものでなければならないのである。

　このような観点から,世界政治における規範の浸透を誰がどのように行っているか,という問題を取り扱う際にさらに問われるべきは,世界政治において誰が民主的責任(democratic accountability)を負っているのかということである。この問題は,モラヴチック(A. Moravcsik)が指摘するように「現代における主要課題」の1つであるが,その「現代的」なるものの意味するところは,無政府状態における統制のあり方そのものについてというよりも,むしろ,ある一定の規範や価値観(ここでは民主主義)が世界の安定的統制のよりどころとして妥当かどうかがはかられている点だと言えよう(Moravcsik 2004 : 336)。

グラント（R. Grant）とコヘイン（R. O. Keohane）は，「代表性」という観点から世界政治における民主的説明責任の問題を指摘する。ある行為主体が権力を持ち，それを行使することができるのは，その当該行為そのものについての正当性に加えて，その関係におけるすべての当事者による，権威の正当性についての一般的な承認が前提となる場合である（Grant and Keohane 2005：29）。これは，国内政治においては，選挙などによって選ばれた人や政党が主権を委任されるという，参加型また代表型の制度およびメカニズムの存在によって確認されうる。しかしながら，世界政治の舞台においては，当然のことながらそのような制度やメカニズムは存在しない。したがって，人々は景気が悪いからといって世界銀行や国際通貨基金の執行部役員のリコールをすることはできないし，紛争から逃れたいからといって国連事務総長選挙に直接投票することもできない。連邦主義者がかつて期待したような越境的な政治空間を可能にするようなトランスナショナルな共同体はいまだもって非現実的であり，それゆえ，少なくとも代表性の観点からは，規範の波及主体（'power-wielder'）が受容主体側からの権力行使への正当な委任を受けた主体であるとは説明され得ない。
　このように限界を示したうえで，グラントとコヘインは，世界政治における行為主体の説明責任は，明確に定義づけられた「グローバルな公衆（global public）」という存在に依存しないものとして捉えられるべきだと主張する（Grant and Keohane 2005：34）。つまり，世界中のすべての人々の直接参加や，すべての人々からの権力の明示的な委任という段階を前提としなくても，世界政治における民主的な説明責任の所在は看取できるというものである。彼らは，代表性に基づく民主的説明責任に代わるものとして，国際機構によるリーダーシップ，国家の国際機構への（マルチラテラルな制度を通じた）統制，法や市場への信任，国際機構相互の監視，そして，公衆からの評判（public reputation）という観点からの国際社会における評価といった多様なメカニズムを駆使することで，世界政治における説明責任を果たすことは可能であると述べる（Grant and Keohane 2005：36）。
　これらの複数のメカニズムを組み合わせることで何が追求されるかと言えば，それは世界政治をより良い方向に導こうとする意思であり，そのよりどころとなる規範の普遍性や正当性は肯定されている。そして，その規範の正当性

は，国連憲章などの明示化された法規範だけでなく，社会的な価値観などによっても裏付けられうるとされる。この明示的な規範と黙示的な規範の共通点は，規範そのものの本質というよりも，むしろそれに基づく実践の評価に照らして（あるいは，実践によって生じうる世界の改善を見越して）規範の正当性が図られるという考え方にある。この共通性への認識は重要である。なぜなら，世界政治における進歩が仮に目指されているとして，他方で，その進歩を目指すべく規範を掲げ，普及させることができるのは，ある一定の力を備えた行為主体であるからである。つまり，ある規範が普遍性を持つと認識されることと，それが政治的実践の場において適用されることは同義ではなく，さまざまな規範のなかでなぜ特定の規範が選択され，特定の対象（国，地域，人，イシュー等）に適用されるのかということを明らかにするためには，その適用を可能にした行為主体の力について考慮する必要がある（Archibugi 2004：439-440）。

　一例として，NGOなどによる社会的圧力の（しばしば意図せざる）乱用の可能性についての見解がある。グラントとコヘインは，石油大手シェルが所有するブイ「ブレント・スパー」の撤去計画に対して1990年代半ばにグリーンピース（Green Peace）を中心に展開された大規模な抗議行動を例に挙げる。グリーンピースは，シェルによる海洋汚染について数値をあげつつ批判した。ところが，ここでグリーンピースがあげた数値は，実際よりもはるかに大きなものであった。この事実が後日明るみに出たものの，一連の抗議活動の影響を受けたシェルは撤去計画の変更を余儀なくされただけでなく，国際的な信用回復のための多大なコストを払う犠牲を負った（Grant and Keohane 2005：38）。

　グリーンピースの例は，NGOが規範の創造主体だけでなく波及主体としても十分な力を備えていることを意味している。それだけではなく，このような力を持つNGOの行動が，大企業の営利活動の行き過ぎを抑えるというだけでなく，国際的な環境保全を達成するという目的に照らしてみても十分に正しい行動であったのかどうかという問題を含んでいる。環境を守るために結果として嘘の情報を流したということが，規範的な観点から正当な行為とみなされるのかどうかという問題である。グラントとコヘインは，説明責任という観点からこの問題を捉えた場合，第三者による「チェック・アンド・バランス」に相応するメカニズムとして，前述の多様なメカニズムを組み合わせた世界政治の

統制が可能であるとみる。しかしながら，特定の規範を掲げた行為主体の行動が最適な結果を生むかどうかを図るには，行為主体間の力関係の計測だけでなく，その規範の受容が受容主体側の不必要な損失を伴わずに行われるかどうかという側面の推測も同時に行う必要がある。彼らが提示する組み合わせのメカニズムは，予見可能な安定的なものとみなすにはさらに精緻化が必要である (Grant and Keohane 2005：40)。

他方で，規範の正当性を，創造主体・波及主体・受容主体間の相互作用の結果であるとする考え方によると，行為主体間の摩擦や衝突は不可避なものとなる。しかしながら，実際にはそのような摩擦や衝突が生じることは当然とされず，良い規範への遵守が徹底されないという倫理的基準で判断されることが多い。この背景には，力の競合を不可能にするような構造的な問題がある。

4　世界の構造的格差と規範の受容

世界における構造格差と言えば，まずもって想起されるのは南北間の経済格差であるだろう。アジアやアフリカの多くの国々が抱える累積債務の問題は貿易によって解消することができず，その主な原因は先進国による搾取の構造にあるという指摘は，マルクス主義に基づくものであれ違うものであれ，今日の世界においていまだ重要な指摘であるように思われる。他方で，今日では，グローバル化が厚みを増した結果，途上国で起こる事象が，途上国自体の経済停滞や政治・社会不安などの悪循環を生むにとどまらず先進国におけるセキュリティ上の問題を引き起こす事態に至っている。大気や海洋の汚染など，国際公共財としての環境をどのように共同で保護するかという問題，爆発的な人口増の結果，生まれた国で生活できなくなった人々がさまざまな媒介を通じて先進国へ移動し，定住を求めていることに先進国がどう対処するかといった問題などはその端的な例である。また，紛争やテロリズムの対象は，近隣の途上国だけでなく欧米諸国や日本など先進国や国際機関にまで向けられるようにもなっている。これらの多くの現代的課題への対応の1つが，先進国による「規範に基づく統治」であるように思われる。

「規範に基づく統治」に対して，その受容主体側が対抗しうる力はきわめて

小さいと想定される。なぜなら，先進国が掲げる規範は，受容を期待されている側にとっても絶対的な基準であるとみなされているからだ。非欧米世界は，民主主義，（経済的）自由，法の支配，人権尊重などを達成することに欧米諸国が見出す倫理的価値を真っ向から否定するような代替的価値観を提示することに成功していない。普遍性に代わるものとしての多元性は見出されていない。欧米流ではない独自の成長モデルがあるという主張でさえ，民主主義や人権尊重という言葉をそもそも使用している時点で既に，ヨーロッパ起源の秩序や規範から離れたものではありえないのである。たとえば，アフリカ諸国が目指しているのは民主的な政治体制や自由貿易を通じた国家の発展とその結果としての国民の福利厚生である。アフリカの多くの国において，地元のNGOが政府と対抗するのではなく，政府を支援する組織としての存在意義を見出しているのはこのためである（Godsäter and Söderbaum 2010：148-162）。

　むしろ，非ヨーロッパ世界において存在している多元性は，ブルの示すところのヨーロッパ的秩序のなかにある。つまり，今日一体化する世界においては，既存のヨーロッパ発祥の秩序に拮抗する，あるいは代替するものとしての価値が提示されているのではなく，既存の秩序に常に拘束されないための選択肢として多元性が生き延びている。

　このような理解は，規範を「遵守しないこと」をどのように捉えるかという観点から浮き彫りになるものである。出入国管理を例に取り上げてみよう。多くの途上国出身者の移住目的先とされている欧米諸国は，健全な出入国管理こそが一体化する世界における移民問題の解決につながるとして，途上国における出入国管理体制の充実を求めている。それに対する途上国側の回答は，出入国管理の健全化は図られなければならないが，その充実のための資源が不足しているというものである。つまり，規範を遵守しないのではなく，遵守する能力が不足しているのだという主張である。

　このような「能力不足」への対応としてグローバル・ガヴァナンスの存在意義が図られるわけであるが，途上国が「能力不足」であるとの盲目的な理解が，グローバル・ガヴァナンスの試みを形骸化させる危険性もある。たとえば前述の入管分野における取り決めは概して条約や了解覚書（MOU）などの形をとることが多く，それらは，当事国の国内法制化へのプロセスを監視するまでの拘

束力を持ち得ない。また，国際NGOなどによる提言も実効性に乏しい。これは途上国の選択の結果としてというよりも，先進国による配慮が結実した形である。

しかしながら，能力不足であるはずの途上国は，同時に，先進国に比べて，個人が公的な市民権をはるかに獲得しやすい国々でもある。たとえば，アフガニスタン出身者は，米国でグリーンカードを取得するよりもずっと簡単にパキスタン政府が発行するパスポートを取得できる（Sadiq 2009：31-56）。この背景には，国籍を取得すること，あるいはそれに準じた市民権を獲得することについての，欧米世界の価値観とは大きく異なる価値観がある。しかしながら，国籍や市民権を獲得する手続きや，獲得の結果としての個人の属性や権利についての対外的了解は，欧米世界との「共通の利益」や「共通の価値」に基づく秩序にのっとったものとなる。前述の例に即して言えば，アフガニスタンの一部の人々は，自身がアフガニスタンの国籍を保持したままでいるよりも，パキスタンやインド，マレーシアの国籍を取得した方が欧米世界との接触が容易になることを知っている。彼らにとっては，国籍変更は目的ではなく，手段に過ぎない。

多元性を通じた普遍性の選択は，国家の行動でもある。たとえば，アフリカ諸国には地元に根付く組織，国際的な組織を含め多くのNGOが存在する。アフリカ諸国におけるNGOの研究における批判の多くは，「NGO＝市民社会」は政府に対抗するアクターであるという前提においてなされており，それはアフリカにおけるNGOの活動の実質を説明するためには適切でないという指摘がある（Godsäter and Söderbaum 2010：148-150）。つまり，NGOは政府に対抗する存在としてだけでなく，政府の活動を支援したり補助したりする存在，欧米の価値観を普及させる存在など多様な役割の総体として把握されるべきだという考え方である。これは，アフリカ諸国における国家主権の問題についての既存の研究の蓄積に照らして興味深い指摘である。

5　多元的グローバル社会の出現？

ヨーロッパに端を発する国際社会の世界規模への拡大は，おそらくブルが想

定していたよりもはるかに速いスピードで進んでいる。また，多元性は一元的な普遍性に対抗する行動の準拠としては現れず，むしろ普遍性を尊重する行動を選択するための手段として非欧米文化圏に提示されている。グローバル・ガヴァナンスが追求するような世界の一体化を阻むものは，アジアやアフリカ諸国の能力不足の問題ではなく，能力不足という選択肢を可能にする秩序のメカニズムであるだろう。

その意味で，当の欧米諸国にとっては，文字通りヨーロッパ的価値観は普遍的価値観と同義であり，他の手段に代わる余地がないという点では非欧米諸国よりも不利なのかもしれない。メイオール（J. Mayall）が示すような「ナショナリズムへの回帰」がブルが提示した国際社会に代わる国家間の結びつきの形態となるのかはいまだ定かではない。

他方で，選択肢があるということは必ずしも非欧米諸国の絶対的な優位性を保障するものではないことは言うまでもない。国家が多元性を選択する背景には先進国との間の埋められない格差がある。その反面，普遍性の追求を国際社会が監視することによって救い出される人命もある。多元性と普遍性の選択についての最適な組み合わせは，グローバル・ガヴァナンスの実践の段階において逐一検討される必要があるだろう。

少なくとも明らかなことは，世界の一体化が物理的に進行することで，秩序を構成するさまざまな要素についての再検討が求められているということである。規範をめぐる先進国と途上国の相互関係は変化しており，既存の力関係だけでは理解することが難しくなっている。越境的なヒト・モノ・カネの移動の密度がかつてないほど高まっている昨今においては，世界における構造的な不平等や不公正について考えるとき，国家のあり方（構成員，力の源泉など）を問い直してみるというような視点が新たに必要となるのかもしれない。

【注】
1）　グローバルな規模の国際関係を階層化（stratification）の視点から捉える分析のなかに散見される。また，世界システム論などマルクス主義に依拠する国際関係観は，分析の単位を国家に限定していない（むしろ越境的な階級を単位とする）ものの，格差構造と力の関連についての示唆を含むものであるとも言える。
2）　この点は，グローバルな規模における立憲主義（Global Constitutionalist）の立場をと

る論及においてとりわけ顕著である。
3) マナーズは死刑廃止のアジェンダをEU域外諸国との交渉において提示するときを例に挙げて規範力の有効性を主張している。しかしながら，実際にEUが交渉にあたったすべての相手国が死刑廃止を実行したわけではなく，マナーズ自身も「大局的な観点（broad perspective）」からの言及にとどめている。
4) ここでは，ナイキが1990年代に行っていたとされる労働搾取が国際NGOなどにより批判され，その結果同社が労働管理体制の変更を余儀なくされたケースが挙げられている。
5) 「保護する責任」に関する議論のうち特にその正当性を肯定する議論の多くはこの視点に立っているものと考えられる。

〔参考文献〕

Archibugi, Daniel (2004) "Cosmopolitan Democracy and its Critics: A Review", *European Journal of International Relations,* 10 (3).
Armstrong, David *et al.* eds. (2010) *Civil Society and International Governance: The role of non-state actors in global and regional regulatory frameworks,* Oxon: Routledge.
Buzan, Barry (2004) *From International to World Society? English School Theory and the Social Structure of Globalisation, Cambridge*: Cambridge University Press.
Dahl, R. (1957) "The Concept of Power", *Behavioural Science,* 2: 3, July.
Godsäter, Andréas and Söderbaum, Fredrik (2010), "Civil Society in Regional Governance in Eastern and Southern Africa", in Armstrong, David *et al.* eds. (2010) *Civil Society and International Governance: The role of non-state actors in global and regional regulatory frameworks,* Oxon: Routledge.
Grant, Russel and Keohane, Robert O. (2005) "Accountability and Abuses of Power in World Politics", *American Political Science Review,* 99 (1).
Hurrel, Andrew (2005) "Power, institutions, and the production of inequality", in Barnett, Martha and Duvall, Robert eds., *Power in Global Governance,* Cambridge: Cambridge University Press.
Manners, Ian (2002) "Normative Power Europe: A Contradiction in Terms?", *Journal of Common Market Studies,* 40 (2).
Moravcsik, Andrew (2004) "Is there a "Democratic Deficit" in World Politics? A Framework for Analysis", *Government and Opposition,* 39.
Sadiq, Kamal (2009) *Paper Citizens: How Illegal Immigrants Acquire Citizenship in Developing Countries,* Oxford: Oxford University Press.
藤原帰一 (2002)『デモクラシーの帝国——アメリカ・戦争・現代世界』岩波書店
ブル，ヘドリー (2000)『国際社会論——アナーキカル・ソサイエティ』臼杵英一訳，岩波書店
メイヨール，ジェームズ (2009)『世界政治——進歩と限界』田所昌幸訳，勁草書房

第4章

グローバル法秩序化
——国際法における普遍性の現在

洪　恵子

1　国際法における普遍性

　冷戦の終結後，国際的活動がより活発になり，多くの国際的なルール（条約やソフト・ロー）や（国際裁判といった）制度が生み出されている。こうした潮流に対して，国際法学の立場からは単に個々の法規則の解釈を行うだけではなく，国際法の法としての統一的理解が試みられており，「国際法の分断化（fragmentation）」や立憲主義といった概念をキーワードとして盛んに議論されている（後掲の奥脇，最上の論文を参照）。ただし国際法学がこうしたいわば総論的検討を行うのは，言うまでもなく，冷戦終了後に初めて行われたことではない。伝統的にはこうした問題は国際法の普遍性（universality of international law）の検討を通じて議論されてきており，今日でもこの視点から現代的特徴を分析する立場が有力である（その代表として後掲のSimma，奥脇の論文を参照）。そこで本章でもグローバル法秩序化という問題を冷戦後の国際法における普遍性（universality）の意義を再検討することによって考察することにしたい。

　まず国際法の普遍性という場合に，どういう意味での普遍性のことを示すのかを明らかにしておく必要があるだろう。ノルケンパー（A. Nollkaemper）は普遍性を3つに区別して説明している（Nollkaemper 2012：580-581）。第一は妥当範囲（適用範囲）についての普遍性である。国際法は地球上のすべての国家に開かれている普遍的な法の体系であり，新しい国家にも自動的に拘束力を持ちうる。国際法の適用範囲が地球規模であるということは，一部の地域に妥当する地域的国際法の存在とは矛盾しない。地域的国際法を含んで，法の体系として

国際法が存在すると考えるのである。こうしたいわば形式的な普遍性のほか，第二に，国際法の普遍性はより実体的な内容を意味する場合もある。すなわちすべての国家とすべての人類を統制する共通の価値があるという信念をもとに，すべての国家に拘束的な権利または義務の総体，公序 (public order) があると考える立場である。この第二の意味での普遍性は内容について普遍性を考えるのであり，国際社会 (international community) という観念を基盤としている。こうした意味での普遍性はすべてが実定法上の規範として存在しているのではなく，国際法の強行法規 (*ius cogens*) や対世的義務 (*obligation erga omnes*) といった概念で表現される範囲でのみ実定法化されている。第三に，より過激な (radical) 普遍性の概念が第二の類型から導かれる。ここでは普遍性という言葉はすべての人類，真の国際法の主体である個人を含み，国際法はそれらに権利を与え，また拘束するということである。この意味の普遍性においては国際社会は国家のみならず，必然的に個人が構成員である。

　とりわけ冷戦後の国際社会においては，第二および第三の類型の普遍性が意味する内容をいかに実定法化できるかが，特に国際犯罪の規制を舞台として大きな展開をみせた。このようなことから，もとより国際法の普遍性についてはさまざまな視点から検討されうるが，本章では特に国際刑事法における普遍性に焦点を絞ってその現代的意味と課題を明らかにしていきたい。以下，まず国際刑事法において普遍性がどのような意義を持つのかを明らかにしたのち（第2節），具体的に普遍性を実定法化していく努力を，国際社会の刑事裁判所としての国際的刑事裁判所の設立という視点から（第3節），次に各国の国内裁判所が国際社会のために行動するという視点から検討する（第4節）。最後に結論を述べる（第5節）。

2　国際刑事法と普遍性

　冷戦後の国際法学において顕著な出来事の1つは国際刑事法の興隆である。[1]
国際刑事法とは行為の一定のカテゴリー（戦争犯罪，人道に対する犯罪，集団殺害犯罪，拷問，侵略，テロ行為）を措定し，そのような行為を行った個人に刑事的責任を負わせることを意図して定立された国際的なルールの総体を示す。こう

したルールはそうした犯罪的行為を訴追しまた処罰するように国家に対して権限を与えたり，義務を負わせたりする。また国際刑事法はそのような犯罪の嫌疑をかけられている者を訴追し裁判にかけるための国際的裁判所における国際的な手続きを統制するルールでもある（Cassese 2008：4）。こうした国際刑事法という分野のそもそもの成立に関して「普遍性」は大きな影響を与えてきた。特に第二の意味での普遍性とそれに基づいた国際社会全体の価値と法益の主張であり，第三の意味での個人の国際法上の法主体性の主張である。

つまり普遍性を「国際社会には人類に共通の価値がある」と理解する場合，国際社会の共通の根本的価値・国際社会の公益を侵害する行為として国際法上の犯罪という概念が（国内法上の犯罪とは区別されて）成立する。さらにその国際法上の犯罪に関する刑事責任の追及に関する法規は個別に発展してきた（自国の法益を保護するための）国内刑事法ではなく，国際社会の法である国際法でなければならず，刑事責任を明らかにするプロセスである裁判も国家の司法機関である国内裁判所でなく，特別のレジーム（国際裁判所）である必要があることになる（Kress 2006：561）。このように国際法上の犯罪とその規制に関する法分野である国際刑事法の成立基盤には普遍性が顕著にみてとれる。

しかしこうした普遍性を強く主張する法分野が実定法として確立することは，主権の尊重を最重要の原則とする現在の国際社会においては当然のことながら容易ではない（Crawford 1995：406-407）。事実，国際法上の個人の刑事責任という概念は古くから論じられてきたものの，実際に「国際社会の名において」個人に刑事責任を問うことができたのは，第二次世界大戦後のドイツと日本に関する国際軍事裁判が初めてであった。その後およそ48年間にもわたってこうした国際刑事裁判，つまり国際社会全体の法益の存在を前提とし，その国際社会全体の法益を侵害した個人に対する国際法の直接適用とその制度化は，理論的には議論され続けたものの，国家実行としては一切行われることがなかったのである。冷戦終結頃までの国際犯罪の規制に関する国家実行では，国際法規範を国内法体系のなかで実現する国内法を制定して，その国内法を適用することによって国際法上の犯罪が結果的に規制されることを目指す方法論が主流であった（山本 1991：12-13）。

しかしこのような時代においても普遍性は全く姿を消していたわけではな

い。国際テロ規制の条約体制では，裁判権の間隙から容疑者が刑事手続きから免れることを防ぐために，条約が規制の対象とする犯罪を行った容疑者が自国で発見された場合は，自国で訴追するかあるいは身柄を請求してきた国に引き渡すか，そのどちらかの措置をとらなければならない (aut dedere aut judicare) ことを義務づけたものもある（例，1971年航空機の不法奪取に関するハーグ条約）。犯行地（属地主義），容疑者または被害者の国籍（属人主義），国家的利益（保護主義）にかかわりなく，身柄を自国で発見した国は身柄の拘束という事実のみで刑事管轄権を行使することを義務づけられた。これは普遍主義 (universality principle) に基づく刑事管轄権であり，行われた犯罪が諸国の共通利益を害するもの（つまり特定の国家ではなくて，国際社会にとっての犯罪）であるがために，国家はこうした例外的な刑事管轄権の行使を認められたのである[2]。

3　冷戦後の普遍性 I ——国際的刑事裁判所の創設

（1）　進展の背景と成果

　前節で検討した国際犯罪の規制に関する国際刑事法の基本的な姿勢は冷戦終結前後から大きく変化した。その大きな理由の1つは冷戦終結前後に東ヨーロッパの体制変革や旧ユーゴスラヴィア社会主義連邦共和国（以下，旧ユーゴスラヴィア）での内戦の勃発など，国際政治上の大きな変動に対して，国際社会が国連を中心として関与する姿勢を強めたことであり，なかでも国連安全保障理事会（以下，安保理）の活動が活発化したことが挙げられる。ここではまず国際的刑事裁判所（国際組織としての刑事裁判所）の発展を検討しよう。

　まず活発化した安保理の行動のなかでも1993年に安保理が旧ユーゴスラヴィアの崩壊に伴って生じた武力紛争における重大な国際人道法違反を処罰するために国際的刑事裁判所，旧ユーゴスラヴィア国際刑事裁判所 (ICTY) を設立したことは，引き続く20年間にもわたる国際的刑事裁判所の発展のきっかけとなった。ICTYに引き続いて翌年にはルワンダについて，同じく安保理の憲章第7章に基づく決議（決議955）でルワンダ国際刑事裁判所 (ICTR) が設立された。その後も安保理は国連憲章第7章に基づいて設定された暫定統治機構のなかで行われる刑事裁判を支援したり，シエラレオネ（2002年）やレバノン（2007

年)と協定を結んで，特別な国際的刑事裁判所を設立したりした(シエラレオネ特別裁判所，レバノン特別裁判所)。また総会の主導ながら，2000年カンボジアについても国連が支援した特設の裁判所を設けることが合意された(カンボジア特別法廷)。

　こうした安保理の活動に刺激を受け，国連総会において長らく停滞していた(条約に基づいて設立される常設的な)国際刑事裁判所(ICC)の設立の動きも一気に加速した。1994年に国際法委員会(ILC)は国際刑事裁判所規程案(最終草案)を国連総会に送り，その4年後の1998年にはローマにおける外交会議において，国際刑事裁判所規程が正式な国際条約として締結された(ローマ規程)(洪 2011：509-528)。さらにその4年後の2002年にローマ規程は必要な批准数を得て発効した。日本は2007年に加入した。

　ではこれらの国際的刑事裁判所の創設は普遍性の実現の担い手としてどのように評価できるだろうか。国際的刑事裁判所は(レバノン特別裁判所を例外として)すべて事項的管轄権の対象は国際法上の犯罪であり，この点では相違がない。しかし特設された裁判所はすべて，特定の時期に特定の領域的範囲のなかで行われた国際法上の犯罪を対象としているのに対して，ICCはローマ規程の発効後は，地球上のどこで行われた犯罪であっても，ローマ規程上の条件を充たせば管轄権を行使できる。その仕組みは次の通りである。まずローマ規程では，管轄権の前提条件として，ローマ規程という条約の締約国になる国家はその第5条に規定する犯罪(コア・クライム)(集団殺害犯罪，人道に対する犯罪，戦争犯罪，侵略犯罪)についてICCが管轄権を行使することを受諾すると規定する(第12条1項)。さらにコア・クライムが世界のどこかで行われた場合，犯行地または犯人の国籍国の同意があればICCの管轄権が行使される(第12条2項)。換言すれば，犯行地または国籍国が反対している場合であっても，ICCが犯人の身柄を確保することができれば，裁判が行われうるのである。ICCの設立過程での議論では，ICCの管轄権行使は犯行地や国籍国の「両方の」同意を必要とするという意見も有力であった点から考えると，ICCの管轄権の普遍性に関しては有利な規定になっているのである。さらにローマ規程では安保理が国連憲章第7章に基づく決議によって事態をICCに付託することが認められていることも，普遍性の観点からは重要である(第13条[b])。この場合は，犯行地も国籍

国もそのどちらもローマ規程の締約国でない，つまりICCの管轄権行使に同意がない場合であってもICCは管轄権を行使することができるからである。

（2） ICCの普遍性の限界

しかしICCの管轄権の普遍性（いかなる場所で行われた場合であっても，誰が行ったとしても，コア・クライムについてはICCが管轄権を行使するという意味での普遍性）はいくつかの異なる次元において限界があることが指摘できる。第一に他の国際法上の規範との抵触から生じる限界である。第二にICCの管轄権の行使についての，特にアフリカ諸国からの反発である（稲角 2012：195-222）。

第一の限界，すなわち国際法上の他の規範に関しては免除（immunity）の問題が最も重要である。ここでいう免除とは慣習国際法上発展してきたルールであり，厳密には2種類の内容がある。第一は犯罪の成立に際して，一定の公的な地位がある場合はそれを抗弁として用いることができるというものである。つまり公的資格で行った行為について個人として刑事責任を問われない（責任を問われるのは所属している組織・公務員の場合は国家である）。他方でこうした犯罪の成立の次元ではなくて，犯罪を訴追・審理する段階で外国の裁判権に服することを免れるという意味での免除がある（手続的免除）（洪 2005：123-128）。第一の意味での免除について，こうした免除は国際法上の犯罪の訴追には認められるべきではないということは長年主張されてきた。なぜならば国際法上の犯罪の訴追の典型例の国際軍事裁判所が示す通り，国際法上の犯罪はその性質上，一国の政府の高官によって行われることが多く，国家の行為であるとか国内法上に基づく抗弁を認めないことこそが有効な訴追には不可欠であると考えられたからである。そこでICCでは，公的資格はいかなる場合にも刑事責任から免れさせる効果を持たないと定め，こうした国際法上の免除をローマ規程の明文で否定した（第27条1項）。さらにローマ規程は第二の手続的免除も否定した（同条2項）。しかし手続的免除の否定についてはその範囲について争いがある。つまり第27条2項が手続的免除を否定しているといっても，それは締約国には拘束力があるとしても，非締約国には拘束力はない。そうだとすると問題となるのは，安保理の国連憲章第7章に基づく決議による事態の付託の場合である。安保理による付託の場合は非締約国に対してもICCの管轄権行使が認め

られるが,このことを免除の否定という関係でどう考えたらよいのだろうか。ローマ規程の非締約国であってもいったんICCの管轄権行使が開始されたらローマ規程の免除の否定のルールに拘束されるのだろうか。実際にこの問題はICCの実務でも懸案となっている。すなわちICCは安保理の付託を受けてローマ規程の非締約国であるスーダンやリビアにも管轄権の行使を行っているが（スーダンについて2005年安保理決議（1593），リビアについて2011年安保理決議（1970）），スーダンについては現職の大統領であるバシール（O. H. A. Al-Bashir）を起訴したからである。このことはスーダン政府の強い反発を引き起こしたのみならず，アフリカ連合（AU）もICCを批判している。

　アフリカ諸国は当初ICCに対して好意的な国が多かったが，近年アフリカ連合とICCとの関係は大きな対立を抱えている。2012年9月現在，ICCに付託されている事件の領域国はウガンダ，コンゴ民主共和国，中央アフリカ共和国，スーダン，ケニア，リビア，コートジヴォアール，マリであり，すべてアフリカ大陸の国である。アフリカ諸国といってもアフリカ大陸のすべての国がすべての事例においてICCに対して反発しているわけではないが，安保理による付託（スーダン，リビア）と検察官の自己の発意による捜査によるケニアについては，AUとして安保理がローマ規程第16条に基づく手続きの停止をICCに対して要請することを求めているし，リビアについてはICCから容疑者と特定された者が［ICCではなく］リビアで訴追されることを支持している（Jalloh *et al.* 2011：5-9）。ICCの予審裁判部は2011年の決定で，バシールは免除を有していないし，ローマ規程の締約国はもとより非締約国もバシールの免除を認めるべきでなく，身柄の引渡しなどICCの要請に協力すべきだという判断を示した（ICC-02/05-01/09, 12 December 2011）。しかしこの決定についても，ローマ規程上の免除の放棄の規定になぜローマ規程の非締約国が拘束されるのかを十分に説明していないと批判が強く，実際にAUもその後もさらに反発を強めているのである。AUの批判は上述の免除の問題にもかかわるが，同時にICCの管轄権行使の対象が地球の一部の地域に集中しており，集中する理由が十分には説得力がないということがICCの普遍性にとっての第二の限界を示している。

　こうした実定国際法上の問題のみならず，そもそも価値観の違いに基づく対立からくる限界も指摘できる。つまり国際刑事管轄権の普遍性に対する第三の

限界として，ICCのような普遍的な法の適用を目指した裁判所ではなくて，各国の国内社会の実情に合わせた正義（local justice）を重視する立場からの批判が挙げられる。何が犯罪であるかは犯行地の社会と規範が決めることであり，刑事裁判はまず犯行地の社会と文化を尊重するものでなければならず，また被告人の人権保障よりも被害者の救済に何よりも役立つものでなければならないという考え方である。これは冷戦以後に勢いを増した移行期の正義（transitional justice）の考え方に影響を受けている立場であり，実際に国連は国内法や現地の人材を尊重した裁判所も特設している（いわゆるハイブリッド裁判所（東ティモールのディリ特別裁判所，コソヴォの特別パネルなど））（洪 2012：29-54）。移行期の正義の進展も国際社会の要請であるが，国際刑事管轄権の普遍性が発展するためには大きな障害となりうることに留意する必要がある。

4　冷戦後の普遍性 II ──国内裁判所の普遍的管轄権

次に国際刑事法における普遍性の進展のもう1つの方向を検討しておこう。それは特別なレジーム（国際的刑事裁判所）を作るのではなくて，各国の国内裁判所が国際社会の一員として（自国の利益とは別に）国際社会の法益を守るためにどのような役割を果たせるのかという視点からの普遍性の追求である。これも冷戦終結後の国際社会で大きな問題となったことの1つである。

（1）　国内法の適用準則としての普遍主義の発展

ある行為が行われた場合に，公権力（強制力）を背景として容疑者を特定し，裁判で事実を立証し有罪・無罪と刑罰の確定を行うことは国家の刑罰権の行使であり，主権の重要な側面である。国際法はこのような国家の刑罰権の行使にその国家との何らかの連結素を求めてきた。つまり国内法の適用準則として属地主義，属人主義，保護主義などとして整理されており，これらのなかでは属地主義が最も重要であることが認められている。ただしそうした連結素がない場合であっても公海上の海賊については例外的な管轄権行使が認められることがあり（普遍的管轄権 universal jurisdiction），また **2** で述べた通り，国際テロ規制の条約では外国人の国外犯に対する刑事管轄権の行使を義務づけた（普遍主

義)。これをその他の国際法上の犯罪にも拡大し，さらに犯行地や身柄を拘束している国が訴追する意思がなければ，他の国が国際社会の代わりに訴追することができるという主張が行われるようになった。そのきっかけとなったのが1998年ピノチェト事件である。元チリの大統領で病気療養のために英国に滞在していたピノチェト (A. Pinochet) に対して，スペインの予審判事は国際刑事警察機構を通じて身柄の逮捕およびスペインへの引渡しを求める請求を伝達した。引渡しにかかわる犯罪は拷問，人質奪取，殺人などであり，多くはチリにおいてチリ人に対して行われた犯罪であった。つまり（外国人の国外犯に対する）普遍主義に基づいてスペインは刑事管轄権の行使を行い，その実現のために英国に対して引渡しの請求を行ったのである。このスペイン法の普遍主義とそれに基づく普遍的管轄権の行使に関して重要なことは，伝統的には身柄を拘束している国 (*forum deprehensionis*) がその事実を根拠として普遍主義の主張を行ったのに対して，スペインの場合は身柄はまだ自国にない状態で (*in absentia*)，請求を行った点である。結局，英国上院（最高裁判所）の決定では拷問禁止条約上の拷問について引渡しは可能であると判断されたが，内務大臣はピノチェトの高齢を理由にスペインへ身柄を引き渡さず，ピノチェトはチリに帰国した（洪 2000：9-15）。したがって実際にスペインで刑事裁判が行われることはなかったものの，たとえ一国の元国家元首であっても処罰から逃れることはできないという，これまでのいわゆる「不処罰の文化」(*impunidad*) から決別する行動であると国際社会の一部からは高く評価された。

　こうした普遍主義の拡大の主張は次にベルギー法に基づいて行われた。すなわち2000年ベルギーの予審判事は，ヌドンバシ (A. Y. Ndombasi) に対して，1949年ジュネーヴ条約・追加議定書の重大な違反を構成する犯罪および人道に対する罪の正犯又は共犯であるとの容疑で逮捕状を発行した。当時ヌドンバシはコンゴ民主共和国の外務大臣であった。逮捕状はピノチェトの場合と同じく国際刑事警察機構にも送付され，これを通じて国際的に伝達された。このベルギーの行動に対してコンゴ民主共和国は国際司法裁判所 (ICJ) に訴えを提起し，ベルギーに逮捕状の無効を命じる宣言を求める請求を仮保全措置の請求と共に行った（「逮捕状事件」）。さらにフランスはコンゴ共和国で行われた国際人道法の重大な違反に関連して，当時のコンゴ共和国のヌゲッソ (D. S. Nguesso) 大

統領などについて捜査を開始した。この場合は容疑者の引渡し請求ではないが，コンゴ共和国は強く反発し，2002年ICJに対してフランスの捜査および訴追の無効の確認・取消の請求を行った（「フランスの刑事手続事件」）。

こうしたスペイン，ベルギー，フランスといったヨーロッパの国の普遍主義の積極的な適用（普遍的管轄権）は上述の通り「不処罰の文化」を終わらせ，個人は国際法上の重大な犯罪を行ったのであれば，犯行地の国内法にかかわりなく，国際社会の一員として行動する他国の国内法によって刑事裁判が行われるべきだと考える立場からは歓迎された。[3] またこうした動きに刺激され，学界からも普遍的管轄権を積極的に評価する提案がいくつも行われた。代表的なものに「プリンストン原則（Princeton Principle）」（2000年）や，万国国際法学会（Institut du Droit international）の普遍的管轄権に関する決議（2005年）が挙げられる。さらに普遍的管轄権は国連の第6委員会でも，2009年（64会期）から正式な検討項目として議論が行われている（Agenda item 84）。

（2）　国内裁判所を通じた普遍主義の追求の限界

スペイン，ベルギー，フランスの「身柄が自国にない場合での普遍的管轄権」（universal jurisdiction *in absentia*）の主張はどう評価できるだろうか。まず理論的には，個別国家による普遍的管轄権の主張は，上述した通り公海上の海賊について認められてきたものである。その他の犯罪に拡大すべきという議論がこれまで全くなかったわけではないが，その場合の議論は「身柄を拘束している国」の裁判権をどのような場合に認めるのかという視点から議論されてきたものであり（洪 1998：153-165），身柄の拘束がない場合に普遍主義を行使することは伝統的な慣習国際法からは認められない。そうだとすれば，冷戦後には新しい慣習国際法のルールが生成しつつあるというべきであろうか。[4]

国家実行をみてみよう。ピノチェト事件，逮捕状事件，フランスの刑事手続事件のいずれの司法判断においても，身柄のない段階での普遍的管轄権の行使の国際法上の合法性という問題が直接に検討されたわけではないが，結果的に身柄のない段階で刑事管轄権を主張した国が実際に容疑者に対して刑事裁判を行うことができた例はない。また直接に回答を避けたとはいえ，たとえばICJの逮捕状事件判決では個別意見のなかで拡大された普遍的管轄権を許容する立

場がみられる一方で（ヒギンズ（R. Higgins），クジマン（P. Kooijmans），バーガンソル（T. Buergenthal）共同個別意見），ギヨーム（G. Guillaume）裁判長（当時）は学説と国家実行を詳細に検討してベルギーの管轄権行使を批判している。またアメリカの強い反対もあり，ベルギーはその後国内法を改正している。現在では身柄のない段階で普遍主義に基づく刑事管轄権の行使を行うことはできなくなっているし，スペインもより制限的な適用を行うようになっている（Cassese 2003：589-590）。学説については，一般に1990年代前半に比べると普遍的管轄権の適用に慎重な見解が多い（Jessberger 2009：555-558）。ただし依然として関心は高く，普遍的管轄権の対象となる犯罪や身柄がない段階で国家がどのような措置を取ることができるのかといった論点について熱心な議論が続いている。こうした個別の論点はそもそも普遍的管轄権の性質をどう考えるか（国際社会の公序を害する行為には国際社会が認めた管轄権が既に存在していると考えるのか，普遍的管轄権は条約または慣習法によって特別に認められると考えるのか）によって答えが異なるのであり，容易に収束はしないだろう。

5 冷戦後の国際社会と普遍性

　本章では冷戦が終了した後の国際社会で国際法にはどのような変化があったのかを普遍性をキーワードとして検討してきた。初めに述べた通り，冷戦後の国際社会では国際政治上の変動に伴って多くの新しい国際法上のルールや制度が作られるようになった。このような状況は，それまで実定法としては確立したとは言えない規範についても実定法化される機会が訪れたことを意味した。国際法の普遍性は長らく国際法学の重要なテーマであったが，普遍性を基礎とした規範であっていまだ実定法になっていなかったものが，冷戦の終結後，特に安保理の活動の活性化を契機として実定法化されるようになり，その動きが非常に活発だった分野が国際刑事法と呼ばれるようになった分野である。重大な国際法上の犯罪は国際社会が処罰すべきものと定めていると考え，したがって国際法を直接かつ一元的に適用するメカニズムがあるべきであり，それを具体化するものとしてのICCの設立や国際社会の一員として（犯行地ではない）国家が自国の管轄権を行使して処罰しようとする普遍的管轄権の発展は，普遍性

が推進力となった規範設定の典型例である。しかし本章で検討した通り，こうした普遍性の実定法化の進捗には当然のことながら限界もある。実定法になっていない規範が実定法になるためには，そのための制度化が進んでいる国内法体系に比べると，国際社会ではそのプロセスも一様でなく時間もかかるからである。ICC に対する批判や普遍的管轄権への慎重な姿勢が目立つようになった 2010 年代に入ってからは，こうした限界が顕著に表れているとも言ってよいだろう。

　ただしこのような限界はただちに国際法における普遍性の意義の低下を意味するものでないことにも注意しなければならない。つまり限界があることによって，国際法が法としての存在意義を確保しているとも言えるからである。たとえばノルケンパーは，ここ数十年の特にヨーロッパの政府と学者が，合法性（legality）ではなく正統性（legitimacy）の下で議論することで，実体的な普遍性（substantive universality）を拡大しようとしていることを問題視し，このことは国際法の法としての特殊性（specificity）を低下させると指摘している。国際法において，普遍性とはまず第一に地球上のすべての国家に対して適用される法体系（universal system）であることを意味することを考えれば，国際法の枠組みを正統性といった概念で相対化することは国際法が普遍的法体系として受け入れられてきた土台を壊すことにもなりうる。(Nollkaemper 2012 : 585)。このように普遍性は国際法を豊かにする一方で，その限界を示すことによって国際法が法であることを支えているのである。

【注】
1 ）　国際法上の犯罪の規制のための法規に関する実定法上の議論はおよそ 100 年前に遡ることができるが，国際刑事法という 1 つの分野として認識されるようになったのは比較的最近のことである。1991 年に出版された著作のなかで，山本草二は「国際刑事法（international criminal law）という独自の法分野が存在するかどうか，また存在するとしてその内容と機能をどのように解するかは，今日でも学説上論争が繰り返されている問題である」と述べている（山本 1991 : 57）。
2 ）　公海上の海賊については，普遍的管轄権の行使は海賊が行われる海域がどの国の領域でもないという事実からも正当化された（山本 1991 : 164 ; Butler 2000 : 355-357）。
3 ）　普遍主義に基づく刑事管轄権の行使を積極的に推進したのはヨーロッパの国々だけではなく，カナダも国際人道法違反に関する普遍主義を定めている（「人道に対する罪及

び戦争犯罪法」[Crimes Against Humanity and War Crimes Act, 2000] 6条)。
4) 普遍主義の適用は多数国間条約上の義務として行われる場合にはその具体的な態様にはいくつかの類型がある(洪 1998：165-182)。

〔参考文献〕
Butler, A. Hays (2000) "The Doctrine of Universal Jurisdiction: A Review of the Literature", *Criminal Law Forum*, Vol.11, pp.355-373.
Cassese, Antonio (2003) "Is the Bell Tolling for Universality? A Plea for a Sensible Notion of Universal Jurisdiction", *Journal of International Criminal Justice*, Vol.1, pp.589-595.
Cassese, Antonio (2008) *International Criminal Law* (2nd Edition), Oxford: Oxford University Press, p.4.
Crawford, James (1995) "The ILC Adopts A Statute For An International Criminal Court", *American Journal of International Law*, Vol.89, pp.406-416.
Jalloh, C. C. *et al.* (2011) "Assessing the African Union Concerns about Article 16 of the Rome Statute of the International Criminal Court", *African Journal of Legal Studies*, Vol.4, pp.5-50.
Jessberger, Florian (2009) "Universal Jurisdiction", in Cassese, Antonio ed., *The Oxford Companion to International Criminal Justice*, Oxford: Oxford University Press, pp.555-558.
Kress, Claus (2006) "Universal Jurisdiction over International Crimes and the Institute de Droit International", *Journal of International Criminal Justice*, Vol.4, pp.561-585.
Nollkaemper, André (2012) "Universality", in Wolfrm, Rüdiger ed., *The Max Planck Encyclopedia of International Law* Vol. X, Oxford: Oxford University Press, pp.580-586.
Simma, Bruno (2009) "Universality of International Law from the Perspective of a Practitioner", *European Journal of International Law*, Vol.20, pp.265-297.
稲角光恵(2012)「刑事司法を通じた新植民地主義――欧米諸国の普遍的管轄権に対するアフリカの反発」松田竹男ほか編『現代国際法の思想と行動Ⅱ環境，海洋，刑事，紛争，展望』東信堂，195-222頁
奥脇直也(2006)「国際法における普遍主義の潮流」上智法学論集49巻3・4号，5-16頁
奥脇直也(2012)「グローバル化時代における国際法――法の遵守と法化・分断化・立憲化の陥穽」松田竹男ほか編『現代国際法の思想と行動Ⅱ環境，海洋，刑事，紛争，展望』東信堂，405-440頁
洪恵子(1998)「国際犯罪規制における引渡・訴追義務の変化」上智法学論集41巻3号，147-182頁
洪恵子(2000)「国際協力における双方可罰性の現代的意義について(一)」三重大学法経論叢18巻1号，1-32頁
洪恵子(2005)「グローバリゼーションと刑事司法――補完性の原則から見た国際刑事裁判所(ICC)の意義と限界」世界法年報24号，109-139頁
洪恵子(2011)「国際刑事裁判所規程」村瀬信也・鶴岡公二編『変革期の国際法委員会』信山

社，509-528頁
洪恵子（2012）「移行期の正義と国際刑事裁判――国際刑事管轄権の機能変化」国際法外交雑誌111巻2号，29-54頁
最上敏樹（2012）「普遍的公権力と普遍的法秩序――国連安全保障理事会の決議および行動に対する司法審査について」松田竹男ほか編『現代国際法の思想と行動Ⅱ環境，海洋，刑事，紛争，展望』東信堂，371-404頁
山本草二（1991）『国際刑事法』三省堂

第Ⅱ部

グローバル化と地域主義

第5章

NATOとEU
―― 欧州の拡大

岩田　将幸

1　欧州安全保障を支える重層的構造

　第二次世界大戦後，繰り返される凄惨な戦争の原因そのものを除去しようとする構想の下，西欧諸国による統合の試みが開始された。それが今日の欧州連合（EU）の起源である。そして，西欧諸国が統合に邁進できる環境を形作ったのが，米国の関与を保証する北大西洋条約機構（NATO）という安全保障枠組みである。今日，西欧が安全保障共同体（security community）を築くに至った背景には，1) このようにNATOとEUを代表とする欧州諸機構の存在があった。
　欧州地域の一大特徴は，種々の国際機構が織りなす重層的構造である。それぞれの機構が独自の役割を担い，相互補完的な関係を築くことにより，安全保障共同体を支えている。簡潔に述べれば，規範・原則というソフト面から欧州安全保障を支える機構として欧州審議会（CoE）と欧州安全保障協力機構（OSCE），ハード面では，主に軍事面からそれを担保する機構としてNATOとEU（EUに機能統合された西欧同盟（WEU）を含む），主に経済面から支援を行う機構としてEUと欧州復興開発銀行（EBRD）などがある。欧州が今日の安全保障共同体を成功裏に築いた鍵は，こうした重層的構造に基づくアクターの多様性と安全保障イシューの包括性にあると言うことができる。
　冷戦終焉により，欧州は，東西分断を克服する機会を迎えた。中・東欧諸国は，こぞって「欧州回帰」を外交政策の至上命題に掲げ，具体的にはそれを代表するNATOやEUへの加盟を目指した。しかし，NATO，EUとも，厳格な基準に基づく制約的な加盟戦略をとっていた。したがって，両機構への加盟を

目指す中・東欧諸国は，それらが提示する加盟基準の達成に向かって，国内制度（少数民族の保護など）や対外政策（善隣友好政策など）の改革を進んで志向した。このように，NATOとEUは，平和・安定と繁栄を誇る磁極として中・東欧諸国を引き付け，改革を促進するための誘因となったのである。

しかしながら，NATOもEUも，もっぱら中・東欧諸国の自助的な改革努力に期待しただけではなかった。自ら支援の枠組みを提示しつつ，これらの諸国が加盟基準達成に向けた「学習」を行えるような教育的プロセスを用意していたのである。そして，その教育的プロセスの延長線上に，加盟のための最終判断である「テスト」が存在した。本章では，両機構の拡大戦略の基軸である，「学習とテスト」のメカニズムを中心とした教育的プロセスについて説明する。

また，NATOとEUの加盟基準は，機構の性質上それぞれ異なりつつも，統治の基本原則として「民主主義，人権，法の支配」を受け入れ，内部化させるということでは同様であった。したがって，本章では，NATOとEUの拡大がこれらの原則に基づく「共同体構築（community building）」を志向するものであり，よって西欧で築かれてきた安全保障共同体を拡大するという構想を基にするものであると論じる（Schimmelfennig 2003：73-76）。そして，両機構による教育的プロセスがいかに「共同体構築」という目標に寄与してきたかを明らかにする。本章では，以降，第2節で，NATOとEUが拡大に際して採用した教育的プロセスについて述べ，第3節では，両機構の実際の拡大を「共同体構築」という観点から説明する。最終の第4節では，拡大の後，欧州諸国がいかに「共同体構築」という目標を継続させようとしているかという展望を示す。

2 「共同体構築」に向けた教育的プロセスの取り組み

（1） 教育的プロセス

アドラー（E. Adler）は，教育的プロセスの手法として，セミナー外交と協調的安全保障のアプローチに着目している（Adler 1998：138-147）。まず，セミナー外交とは，外交関係者や専門家を対象とした研修会の開催をはじめ，各国からさまざまな分野を代表するアクターが直接的な対話や交流など相互作用の機会を持てるような場を設けることを指す。各国は，そこで共通の価値やルールを

確認でき，それに基づく協調的な問題の解決方法を共有できる。つまり，セミナー外交は，社会化のメカニズムを備えており，勧告や技術支援などを通じて共同体の規範やその効果的な履行方法を学習する機会を提供する。セミナー外交による教育的プロセスを代表するものにOSCEのフォローアップ会議や専門家会議があるが（吉川 2004：53-77），NATOによる軍の文民統制や透明性改善のためのプログラムでも取り入れられ，成果を挙げてきた（Gheciu 2005：979-1009）。次に，協調的安全保障とは，パートナー諸国との制度化された対話・協議を通じて対立要因を除去し，安全保障面での協力関係を増進させるという手法である。必ずしも組織的形態を伴わず，コンセンサスによる決定が重視される。この手法もまた従来OSCEで用いられてきたが，他の機構でも採用されるに至っている（Dunay 2009：75-77）。このように，他の諸機構に教育的プロセスの雛型を提供してきたOSCEの手法全般を，アドラーは「共同体構築モデル（community building model）」と呼び，教育的プロセスと共同体構築の関係を示唆的に説明している（Adler 1998：119-120）。

　汎欧州的なOSCEとは異なり，旧西側諸国からなるNATOやEUは，厳格な加盟資格の条件を課してきた。ただ，NATO，EUとも加盟基準を提示して審査を行うにとどまらず，加盟を前提した「教育的プロセス」を提供してきた。したがって，加盟希望諸国は，それが提供するプログラムや訓練に慣れ親しみ，学習して成果を示すことが求められる。そのために両機構ともさまざまな形で支援を行い，限定的な参加や実践的な訓練の機会も認めてきた。

　以下，これらの機構の教育的プロセスにおいて，「学習とテスト」のメカニズムが機能してきたことを説明する。「学習」とは，上述のセミナー外交や協調的安全保障などを通じて，加盟希望諸国が共同体における共通の規範や技術などを修得することを指す。「テスト」とは，加盟基準に照らして，加盟希望諸国の行う改革努力や成果が評価・審査されることを指す。NATO，EUとも，拡大に際して「学習とテスト」のメカニズムを機能させ，資格条件を満たすと判断した段階で正式な加盟国として迎え入れるという方法をとってきた。

（2）　NATO拡大にみる教育的プロセス

　NATOは，旧ワルシャワ条約機構諸国と安全保障問題を対話・協議する常

設フォーラムとして,1991年12月,北大西洋理事会(NACC,97年5月に欧州大西洋パートナーシップEAPCに改組)を設置した。さらに,94年1月,NATOは,主に加盟希望諸国との間で,平和のためのパートナーシップ(PfP：Partnership for Peace)と呼ばれる個別の軍事協力枠組みを設け,それらの諸国を指導・教育するプログラムを用意した。これらの枠組みは,NATO側にとって,その拡大を警戒するロシアに配慮を示しつつ(NACCとPfPにロシアは参加),一刻も早く安全の傘の提供を求める中・東欧諸国を宥める目的があった。他方,加盟希望諸国側にとっては,NATOから個別の助言や指導を受けるとともに,NATOとの合同演習や実戦部隊への参加を通して,そのルールや標準に合わせるべく実践的訓練を積む機会が提供されたことになる。実際,それらは中・東欧諸国にとって,意欲や努力,進捗の度合いをNATOにアピールする機会格好の場にもなったのである(Edmunds 2003：157)。このように,加盟希望諸国は,NATOとの安全保障協議や軍事協力を通じ,それが提示する加盟基準への適合を目指していた。

　こうした協調的安全保障の枠組みは,翻ってNATOに変質をもたらすことになった。軍事機構NATOの政治化が促され,「共同体構築」の一端を担う機構としての新たな役割が付与されたのである。NATOの「地理的な拡大」と「機能的な拡大」という並行した2つの拡大プロセスは,NATOの変質を最も雄弁に物語っている(広瀬 1999：111-125)。

(3) EU拡大にみる教育的プロセス

　EUは,1989年に,ポーランドとハンガリー向けの経済・技術支援プログラムとしてPHARE (Poland and Hungary Action for Restructuring of the Economy, 後に他の中・東欧諸国にも拡大),続いて91年には,独立国家共同体(CIS)諸国向けのプログラムとしてTACIS (Technical Assistance to the Commonwealth Independent States)を開始した。また,EUは,第三国と法的根拠に基づく「協定」という形で,協力関係の取り決めを行っている。一般的に,協定は,協力関係の広さや深さに基づき,貿易協定,協力協定,連合協定という段階に分けられ,EUとの関係の進展具合を示す目安となっている(Smith 2008：54-74, 111-167)。最後の連合協定のなかでも,中・東欧の加盟候補国とのそれは欧州協定と呼ば

れ，特別な意味合いを持つ。

　他方，こうした法的合意に基づく協定においては，具体的な支援の内容や通商上の特恵措置ばかりでなく，人権や民主主義に関する政治的コンディショナリティも盛り込まれる。したがって，協定の締約国は，人権状況やガヴァナンスの改善が要求され，協定内容への違反があるときは，支援や通商上の特恵措置の打ち切りという制裁が法的に下される。このように，協定の段階的格上げ方式，個別の協定における内容の具体性や法的性格および政治的コンディショナリティは，EUとの関係強化を望む諸国に対して，学習と改革努力を促すアメとムチとして機能してきた (Barnes and Barnes 2010：427-428)。

　中・東欧諸国からの強い要請に応える形で，EUは，1993年6月のコペンハーゲン欧州理事会で，欧州協定締約国に対して正式に加盟基準を提示した。この通称「コペンハーゲン基準」は，主に，①民主主義の定着 (政治基準)，②市場経済の機能 (経済基準)，③既存のEU法体系たるアキ・コミュノテールの義務受け入れ能力 (法基準)，の3つからなる。そして，この加盟基準を下敷きにして97年に発表されたのが「アジェンダ2000」である。「アジェンダ2000」では，加盟申請国と具体的な加盟交渉を開始するため，上述の加盟基準に基づき，国別審査が行われた。そして，欧州委員会から審査結果である「意見」がそれぞれ提示され，加盟交渉を開始するか否かが決定された。ただ，加盟交渉の開始は即加盟を意味せず，加盟申請国が指摘された課題に対し相応の努力を継続することが前提となっていた (小久保 1998：18-33)。

3　拡大による「共同体構築」の試み

(1)　NATOとEUの拡大に先立つ欧州審議会の拡大

　欧州審議会は，1949年5月に設立された，人権の尊重・民主主義・法の支配という西欧的な価値を基調とする国際機構である。欧州審議会では，民主主義が高度に発展した国家に加盟が限られ，民主主義や人権を否定する加盟国政府には断固たる措置がとられてきた。しかし，欧州審議会は，冷戦後，拡大方針を変え，加盟基準の「事前達成」ではなく，加盟時の改革姿勢を継続して「事後達成」することを条件に加盟を認めるようになった。

こうした拡大方針の変化は，欧州審議会が旧東側諸国を受け入れ民主化を積極的に支援することで，欧州全体を「民主的安全保障の一大圏とする」（1993年10月ウィーン宣言）という目標を新たに掲げたことに由来する（庄司 1996：427-431）。しかし，そのより大きな背景には，上述の西欧的な民主主義的価値が安全保障共同体の一員となるための前提条件であると，欧州諸機構間で共通認識されたことがある。実際，NATO，EUともそれを最重要の加盟条件に掲げているため，その本家たる欧州審議会への加盟は，「民主主義の証明書」として両機構への加盟に向けた第一歩になると認識されていた（栗栖 2000：130-132）。

　欧州審議会は，正式加盟に至るまでの研修期間として特別招待参加制度を導入した。この制度の下，加盟申請国は，「特別ゲスト」として議員総会本会議や一定の専門委員会に参加し発言できる（表決権はない）。その正式加盟には欧州人権条約の署名と批准が義務づけられているが，特別ゲストになるためにも，国際人権規約やヘルシンキ最終合意文書などCSCE/OSCEの採択文書の誠実な履行が求められる。そして特別ゲストとなるや，それらに照らして自国の人権状況が議事対象とされる。こうした研修期間を経て一定水準に達すると認められた特別ゲストは，正式な加盟国の地位に昇格できるのである。

（2）　NATOの拡大

　NATOは創設時から，「民主主義の諸原則，個人の自由および法の支配」を遵守すべき原則として掲げてきた。[2] 冷戦後の東方拡大に際しても，それらの原則を最重要の位置に置いている。しかし，NATOが実際に拡大に関する方針を明示し始めたのは，1990年代中盤になってからである。まず「NATO拡大研究（Study on NATO Enlargement）」（95年9月），続いて「加盟のための行動計画（MAP：Membership Action Plan）」（99年4月）を発表し，拡大に関する自らの取り組み，加盟条件，加盟のための受け入れ手順，新規加盟国の権利や義務などを明らかにした。なお，MAPでは，政治と経済，防衛と軍備，資源，安全（主に情報管理），法制度の5つの分野が対象となっている。

　1997年7月のマドリッド・サミットにおいて，ポーランド，チェコ，ハンガリーの加盟招聘が決定され，99年に初の東方拡大が実現した。[3] 2002年11月のプラハ・サミットでは，第二次東方拡大が決定され，新たに7カ国（バルト3国，

ブルガリア，ルーマニア，スロヴァキア，スロヴェニア）が加わることになり，04年には，NATOは26カ国体制となった。さらに，08年の4月のブカレスト・サミットで，クロアチアとアルバニアの加盟が決定され，09年には，28カ国へとさらなる拡大を遂げている。このように，欧州大陸の大部分を覆うまでに拡大したNATOだが，今後も門戸を開き続けると宣言している。

第二次東方拡大の年に発表された「NATO拡大を通した安全の促進と安定の拡大」という文書のなかで，当時のデ・ホープ・スヘッフェル（J. de Hoop Scheffer）事務総長は，今次の拡大が「平和，民主主義および共通の価値のうちにある，自由で統合された安全な欧州という，NATOの長期的な目標に向けた大きなステップとなる」と述べている。また同文書では，「同盟の拡大とは，欧州における安全かつ安定した地域の拡大である」と定義されている。これらは，NATOの拡大が「共同体構築」という目標に直結し，安全保障共同体の拡大に貢献するという前提の下で行われていることを示すものである。

NATOの場合，新規加盟国の受け入れは，防衛義務の拡張といった負担ばかりでなく，NATOの軍事的・戦略的な強化に貢献すると考えられている。よって，新規加盟国は，NATOの標準に則した能力強化や軍事作戦への部隊派遣など具体的な貢献が求められる。ただ，これらは，MAPで提示された基準やPfPの枠組みなどに基づき，加盟前から既に実施されていることである。

9.11同時多発テロ事件以降，国際的なテロリズムや大量破壊兵器の拡散が最も深刻な脅威と再認識され，欧州の内外で新たな軍事作戦が展開されるなか，新規加盟諸国にもより多くの貢献が期待されるようになった（Bugajski and Teleki 2005：102）。実際，これらの諸国は，NATOや米国主体の多国籍部隊に対して忠誠的に貢献しようとする姿勢を示している。しかし，「かつてのNATO」に安全の保証を求めようとした「新しいヨーロッパ」諸国にとって，これは運命の皮肉でもあった（Michta 2009：368）。

（3） EUの拡大

統合が経済分野のみならず，政治・社会分野まで広く及ぶEUの場合，軍事主体のNATOよりも，拡大がもたらすコスト負担とリスクの可能性は，市民生活や社会全般に直接影響すると考えられる。ゆえに，より慎重な交渉姿勢が

求められた (岩間 2006：22-23)。それが, EUの拡大がNATOのそれよりも遅れをとった理由の1つである。実際に, 農業補助金の予算 (共通農業政策), 地域開発 (構造基金など), 経済格差に伴う労働力の移動 (移民) などの問題では, 加盟国間で衝突が繰り返され, 交渉は難航を極めた (東野 2004：96-124)。さらに, 超国家機関を含むEUは, 統合の「深化」という命題を抱えるがゆえ, 「拡大」が「深化」を妨げてはならないという議論が常に付随した。

EUは, 先の「アジェンダ2000」の結果, 加盟交渉に入る第一陣の5カ国 (10カ国中) を決定した。しかし, その後, 第一陣諸国と残された第二陣諸国の分断が好ましくないとの観点や, 両陣営の諸国の差がその後の改革努力次第で縮小しているとの理由から, コペンハーゲン基準の政治基準を満たし, 経済基準を満たすために必要な措置を行う準備があると証明されたすべての加盟申請国との間で, 加盟交渉が開始される運びとなった。

このEUの拡大方針の変化には, コソヴォ危機という外的要因もあったと言われる。この危機を通じて, 欧州全域に長期的かつ主体的な安全保障メカニズムを構築する必要性が再認識され, 拡大プロセスを加速させることがその最も有効な手段と考えられるようになった (東野 2006：122-123)。2002年12月のコペンハーゲン欧州理事会では, 一挙に10カ国の新規加盟国 (バルト3国, スロヴァキア, スロヴェニア, チェコ, ハンガリー, ポーランド, キプロス, マルタ) の受け入れが決定され, 04年, EUは15カ国から25カ国へと拡大を遂げた。さらに, 07年には, ルーマニアとブルガリアを加え, 13年7月には, クロアチアを新たに迎え入れた。残るバルカン諸国に関しては, 加盟交渉が開始されているか (マケドニア, モンテネグロ, セルビア), 潜在的加盟候補国とみなされているかのいずれかである (アルバニア, ボスニア・ヘルツェゴヴィナ, コソヴォ)。

また拡大への趨勢が現実味を帯びていくなか, EUは, 欧州審議会同様, 「内なるテスト」, すなわち加盟国の資格停止処分に関する措置の制定に向けて動き出した。アムステルダム条約 (1997年) には, EUの共通価値を蹂躙した場合, 権利の資格停止の決定を行うという規定が盛り込まれている[7]。実際, オーストリアで国民議会選挙 (99年10月) の結果, 移民排除などを訴える極右政党の自由党が連立政権入りを果たしたときに, EUおよびEU諸国が示した拒絶的な反応は, EUが掲げる共通の価値を改めて浮き彫りにするものであった。

4 拡大後の「共同体構築」の試み

(1) 教育的プロセスの継続

　NATOとEUの「拡大の見込み」戦略は，教育的プロセスを経て加盟基準を事前達成することが前提となっている。しかし，現加盟諸国と加盟申請諸国の間に存在する格差ゆえ，現加盟国側が負うべきコストも，新規加盟国側が断行すべき改革努力も，相当に大きかった。両機構の拡大が，合理主義的な発想のみでは説明できないと言われるのはそのためである（遠藤 2004：11-15）。

　NATO，EUともに拡大を果たし，諸機構による「統合欧州」は一致をみつつある。NATOとEUという平和と繁栄の中心核の引き寄せる磁力が，支援とコンディショナリティというアメとムチの政策と相俟って周辺諸国に改革を促す効果作用には，かつてほど期待できなくなっているという議論が存在する（Dunay 2009：88-89）。あるいは「拡大疲れ」が，現加盟諸国と新規加盟諸国または加盟候補諸国の双方に存在するという議論も然りである（Rees 2011：104）。それでは，欧州地域のほとんどが諸機構によって重複的に覆われた今日，「共同体構築」の試みは，いかにして継続されようとしているのだろうか。

　冷戦後，最初に東方拡大に踏み切った欧州審議会の例は，加盟基準の事前達成に基づく教育的プロセスからの転換を示している。そこでは，内包することで，一層の社会化を促すことを意図する手法がとられるようになった（Schimmelfennig 2003：110-111）。実際，欧州審議会入りを果たすや，加盟諸国は，最も先進的な欧州人権条約の履行を遵守する責務に問われ，公的な監視の目に常時さらされる。そこで問題が指摘された場合は，即，報告や検証を行う義務がある。そうした義務が全うされない場合は，議員総会への参加停止や加盟資格の停止，除名などの制裁が待っており，加盟資格が剥奪される可能性すらある（庄司 1996：438）。このように，拡大後も「学習とテスト」のメカニズムは，事実上，継続して機能するのである。

　EUもまた，加盟国の資格停止処分を明文化し制裁措置を講じるなど，「学習とテスト」の機能を内部化させようとしている。NATOでは，資格停止処分は公的に存在しないものの（Reiter 2000：52-54），教育的プロセスの機能は加盟

後もさまざまな形で継続されている (Gheciu 2005：999, 1004)。ただ、EU, NATO とも厳格な加盟基準を公示しているとはいえ、実際、どの加盟国をいつ受け入れるか否かについては高度な政治的判断が現加盟諸国間で働いていたのも事実である (鈴木 1998：123-124)。よって、加盟後の教育的プロセスをいかに継続的に機能させていくかが、両機構にとって重要な課題となっている。

一般に、組織内部に取り込まれ、高度な相互作用を通じて社会化されたメンバーとなると、組織の原則や規範を無視した行動は困難になる。資格停止など組織から離脱を余儀なくされる場合は、生命線である相互依存の糸を断ち切られることを意味する。ましてや、遵守すべき原則や規範がその組織のみにとどまらず、地域すべての組織で共有され、さらにそれらの組織が相互に強い関係で結ばれている場合はどうであろうか。欧州地域には重層的な国際機構が存在し、共通の価値に基づいてそれぞれの役割にのっとった相互補完的な関係が築かれている。しかも、各機構は、独自の支援プログラムや教育的プロセスを備えている。このように、欧州諸機構が共同体を幾重にも内包することで、よりきめ細かな監視と支援の網の目が張りめぐらされるのである。

(2)　「拡大」の先にある「統合」

拡大は、組織の存在理由や目的にかかわる問題である。どの国を包括／排除するかは、組織のアイデンティティに触れる問題だからである (Sjursen 2007：1-2)。とりわけ、厳格な加盟基準を設定するのは、「われわれと同様の他者」を欲するがゆえであり、それはすなわち「われわれは何者か」という問題が「誰を受け入れるか」という問題を決定づけることに他ならない (Kydd 2001：806)。

NATOとEUが採用していた制約的な加盟戦略や拡大のための教育的プロセスは、「われわれのような」国家のみを迎え入れるということであった。それによってこそ、欧州諸国は、国民国家モデルを超えるような実験的な統合の試みを継続的に前進させられるからである。また、欧州地域において、ほぼ同時期に行われた各機構の拡大は、重層的な国際機構が互いに支え合うという欧州独自の構造的特長を抜きにして説明はできない。NATOとEUをはじめとする欧州各機構の拡大において共通して問われているのは、人智を尽くして築いてきた平和・安定と繁栄を誇る安全保障共同体を掘り崩すことなく、いかに安定

的に欧州地域全体へと拡げていくかという歴史的試みなのである。

【注】
1) 本章では,「安全保障共同体」を次のように定義する (Deutsch et al. 1957: 129; Adler and Barnett 1998: 30-31)。安全保障共同体とは, 国家間の関係に変化が生じたとき, その解決に平和的な方法が用いられるという確信が共有されたトランスナショナルな地域である。それは, 高度な相互依存の進展によって, 信頼とわれわれ意識で固く結ばれ, 単なる「不戦状態」以上の「安定的な平和」を特色としている。
2) 設立条約であるワシントン条約の前文を参照。
3) NATOの第一次東方拡大に関しては, 以下を参照 (Sloan 2003: 137-154)。
4) NATOは, 第二次東方拡大を機に, 拡大の手順を明らかにしている。"The Road to NATO Membership". (http://www.nato.int/docu/comm/2002/0211-prague/more_info/membership.htm, last updated 29 March 2004)
5) "Enhancing Security and Extending Stability through NATO Enlargement". (http://www.nato.int/nato_static/assets/pdf/pdf_archives/20120116_enlargement_eng.pdf, last updated 1 April 2004)
6) 1999年のワシントン・サミットで採択された「新戦略概念」の第39パラグラフを参照。
7) 第6条1項で, 共通の原則が掲げられ, 第7条2項以下で, それらの原則への侵犯があった際, 閣僚理事会にて資格停止を含む制裁処分を決定することと明記されている。

〔参考文献〕
Adler, Emanuel (1998) "Seeds of Peaceful Change: the OSCE's Security Community-building Model", in Adler, Emanuel and Barnett, Michael eds., *Security Community*, Cambridge: Cambridge University Press, pp.119-160.
Adler, Emanuel and Barnett, Michael (1998) "A Framework for the Study of Security Community", in Adler, Emanuel and Barnett, Michael eds., *Security Community*, Cambridge: Cambridge University Press pp.29-65.
Barnes, Jan and Barnes, Pamela (2010) "Enlargement", in Cini, Michelle and Borragan, Nieves Perez-Solorzano eds., *European Union Politics (Third edition)*, New York: Oxford University Press, pp.418-435.
Bugajski, Janusz and Teleki, Ilona (2005) "Washington's New European Allies: Durable or Conditional Partners?", *The Washington Quarterly*, 28 (2), pp.95-107.
Deutsch, Karl W. *et al.* (1957) *Political Community and the North Atlantic Area: International Organization in the Light of Historical Experience*, New York: Greenwood Press.
Dunay, Pál (2009) "The Changing Political Geography of Europe: after EU and NATO Enlargements", in Tardy, Thierry ed., *European Security in a Global Context: Internal and External Dynamics*, London: Routledge/GCSP, pp.74-92.
Edmunds, Timothy (2003) "NATO and its New Members", *Survival*, 45 (3), pp.145-166.

Gheciu, Alexandra (2005) "Security Institutions as Agents of Socialization? NATO and the 'New Europe'", *International Organization*, 59 (4), pp.973-1012.

Kydd, Andrew (2001) "Trust Building, Trust Breaking: The Dilemma of NATO Enlargement", *International Organization*, 55 (4), pp.801-828.

Michta, Andrew A. (2009) "NATO Enlargement Post-1989: Successful Adaptation or Decline?", *Contemporary European History*, 18 (3), pp.363-376.

Rees, Wyn (2011) *The US-EU Security Relationship: The Tensions Between a European and a Global Agenda*, Basingstoke: Palgrave Macmillan.

Reiter, Dan (2000) "Why NATO Enlargement does not Spread Democracy", *International Security*, 25 (4), pp.41-67.

Schimmelfennig, Frank (2003) *The EU, NATO and the Integration of Europe, Rules and Rhetoric*, Cambridge: Cambridge University Press.

Sjursen, Helene (2007) "Introduction: Enlargement and the Nature of the EU policy", in Sjursen, Helene ed., *Questioning EU Enlargement: Europe in Search of Identity*, London and New York: Routledge, pp.1-15.

Sloan, Stanley R. (2003) *NATO, The European Union, and the Atlantic Community, The Transatlantic Bargain Reconsidered*, Lanham, MD: Rowman & Littlefield.

Smith, Karen E. (2008) *European Union Foreign Policy in a Changing World (2nd edition)*, Cambridge: Polity Press.

岩間陽子 (2006)「拡大するNATO／EUとヨーロッパの安全保障政策」国際問題555号，17-28頁

遠藤乾 (2004)「拡大ヨーロッパの政治的ダイナミズム——『EU-NATO-CE体制』の終焉」国際問題537号，8-22頁

吉川元 (2004)「国内統治を問う国際規範の形成過程」社会科学研究55巻5・6号，53-77頁

栗栖薫子 (2000)「欧州における人権・民主主義レジームと紛争予防」吉川元編『予防外交』三嶺書房，123-147頁

小久保康之 (1998)「EUの東方拡大と『アジェンダ2000』」外交時報1346号，18-33頁

庄司克宏 (1996)「欧州審議会の拡大とその意義——ロシア加盟を中心に」国際法外交雑誌95巻4号，427-453頁

鈴木輝二 (1998)「中・東欧諸国のEU加盟準備過程」日本EU学会年報18号，119-137頁

東野篤子 (2004)「EU拡大のダイナミズム——加盟交渉締結の道2000-2002年」日本EU学会年報24号，96-124頁

東野篤子 (2006)「EUの東方拡大政策——旧加盟政府と欧州委員会の立場を中心に」羽場久美子ほか編『ヨーロッパの東方拡大』岩波書店，113-132頁

広瀬佳一 (1999)「NATO拡大におけるPfPの機能——『NATOのためのパートナーシップ』？」ロシア研究28号，111-125頁

第6章

アラブ連盟（LAS）
――中東・アラブ諸国の変容

北澤　義之

1　中東におけるグローバル・ガヴァナンスの位相

（1）　アラブ諸国をめぐる地域主義とガヴァナンス

　本章は，アラブ諸国における地域主義の進展，アラブ連盟（LAS: League of Arab States 以下，連盟と表記）の設立・展開を中心に，同地域のガヴァナンスの問題を考察することが主な目的である。一般的には，21世紀において，地域が世界政治の原動力として立ち現れ，このためグローバル・ガヴァナンス研究では，安全保障，経済，環境，人権問題を分析するうえで，地域的・準地域的な組織とグローバルな組織との相互作用を検討することの必要性が指摘されている（Karns and Mingst 2010：147）。国際連合（国連）に先立つ1945年3月に早くも設立され，一般に汎アラブ主義による一体的印象があったものの，連盟は協力や政策協調の実績に乏しいという見方も多かった。たとえば，EUの場合は，経済的連携を維持するための高度な規範の一致がみられ，国内的ガヴァナンスにも介入的なのに対し，連盟は統合と主権維持という規範の対立のために国内的ガヴァナンスには非介入的な特徴を有している。

（2）　地域機構の起源・設計・効果

　ゾーリンゲン（E. Solingen）は地域機構を含む国際機構を分析する際に，設立と設計（ないしは目的）と効果に注目することで，主に国際関係におけるネオ・リアリズム，ネオ・リベラリズム，国内政治，構成主義等のパラダイム横断的な評価を試みた。国際機構の設立・設計・効果に注目することで，ともすると

静態的な分析に陥りがちな機構研究をよりダイナミックに展開することが可能になる。また機構の設立や設計に関しては国内政治の範疇に属する国内連合（national coalition）の影響力維持の説明が有効であるとしている。ゾーリンゲンは連盟の設立に関しては，国境線を堅持し自らの国内的権威の維持を図る「旧勢力」とアラブ統合を目指す広域的なアラブ主義の葛藤に注目している。なお，「旧勢力」は，委任統治や保護領時代に西欧諸国の権威を後ろ盾に，権力を確立した名望家等の支配層を意味しており，国境線の変更を伴う変化には強い警戒心を抱いていた。さて，ゾーリンゲンは，連盟設立の効果に関してはエジプトを中心とする1950年代のアラブ・ナショナリズムの影響拡大と衰退を中心に，現代までを捉え，その限界を指摘している。そのなかで1990年代以降にみられる改革を含むいくつかの現象は「例外的事例」として扱われている。確かに，「連盟は1960年代の組織であり，世界や地域が変化したのに変わっていない」との評価が一般的である（Barnett and Solingen 2007：218）。しかし，湾岸戦争以降の20年間は，湾岸戦争，イラク戦争を経験し，2010年以降の「アラブの春」に現れる現象も視野に入れるならば，アラブ諸国が，権威主義的統治から透明性や効率性や民主化を前提とするグローバルな政治経済基準への対応を迫られる重大な変動期であった。この時期は，アラブ連盟の組織的存続のため，これまでのアラブ諸国の権力関係の葛藤・調整の場としてだけではなく，グローバル化を前提にしたアラブ諸国の目指すべき方向を示唆できるような地域機構に変貌するための「再設計」のプロセスであった。

2 アラブ連盟の起源・設計・影響

（1） 民族主義的機構か国家連合か

1941年，イーデン（R. A. Eden）英外相は，アラブ諸国統一への支持を表明したが，背景には枢軸側の影響力拡大およびナショナリズムの急進化への警戒があった。アラブ諸国は，これに呼応する動きをみせたが，自らの独立と主権維持への保証を求めるサウジアラビアとエジプトはヨルダンおよびイラクのハーシム家による統合計画を警戒していた（北澤 2012：264）。そのためアレクサンドリア綱領（1944年）は，共同防衛および外交にかかわる委員会を設定せず，連

盟憲章(1945年)も，共同防衛，共同外交政策，軍事的資源の調整には全く触れていなかった。これは，統合計画によって国内的影響力を失うことを恐れる連盟設立反対派の国内アクターに安心感を与えた。国連の1947年のパレスティナ分割決議，また1948年のイスラエルとの戦争後，ようやく安全保障に関する懸念が浮上したのである (Solingen 2008：280)。

設立時には，連盟によって地域的権力関係が決定的に影響を受ける可能性はなかった。まずサウジアラビアは，連盟の主権尊重の方向が明らかになり警戒を緩めた。エジプトとイラクのヘゲモニー争いも生じたが，一時期を除いて連盟はカイロに本部を置き，事務局長は常にエジプト人であり，連盟職員もエジプト人が中心だった。他方，1970年代の末までには連盟を経済的に支えることでサウジアラビアも一定の影響力を保持していた。このような各加盟国の国内連合の意向が，地域的協力を阻害する傾向があった。

ネオ・リベラリズム的に経済的相互依存を連盟の起源と解釈するのは難しい。1940年代に相互依存はきわめて低く，アラブ間の貿易は1950年代以来，全貿易量の7〜10％程度で安定していた。フィッシャー(S. Fischer)によると，中東外との貿易に主に依存するこの地域の経済を前提とすると「中東の枠組みでの［FTA］の……経済的利益があるとするなら，直接的な経済的利益よりはむしろ政治［的理由］によるものである」（［　］内は筆者補足）(Fischer 1995：450)。

共通の言語，民族性，歴史，そして文化は，連盟に規範的収斂を容易にもたらすようにみえる。しかし，もしアラブの一体性を主張するアラブ主義を明確に定義しようとすると，それは支配者集団を危機にさらすことになる。またアラブ主義に関する自らの立場を正統化しようとし過ぎると，国内的な制約を考えた場合，誰も受け入れがたいような極端な規範認識を生み出す場合がある。アラブ主義は求心的効果ではなく遠心力をも生み出すことになる。

アラブ連盟設立をめぐっては，主にアラブ統一のための地域機構を支持するシリアやイラクの汎アラブ主義者と各国の独立を妨げない地域機構を求めるサウジアラビアやレバノン，そして地域的主導権をねらうエジプトなどの葛藤があった。結局，成立したアラブ連盟憲章は国内問題への介入を排除しており，同憲章第8条では，加盟国は加盟国の「既存の統治システムを変更するためのいかなる行動も控える」べきであるとされたのである。

このことから，競合するアラブ主義のナショナリストから自らの体制を守るために，支配的国内連合がアラブ連盟を作ったとみなすことができる。連盟の設立を決めたアレクサンドリア綱領は，言うところの「統一」が実際に主権や国内の権力関係にどのような影響を与えるのかを，国外の影響力が及ぶことで国内的影響力を失うことを恐れて連盟に反対している国内アクターに明確にした。また，経済的相互依存は，連盟設立の主な要因ではなかった（Solingen 2008：281）。

（2）　アラブ主義をめぐる葛藤

　(i)　**アラブ連盟の設計**　　連盟の加盟資格は，初めからアラブのアイデンティティを持っていることに限定されている。しかし，設立をめぐる状況に明らかなように，連盟の性格は有力な国内連合の志向とアラブ主義の折衷的な色合いを持つことになった。憲章は理事会を恒久的な事務局や6つの基礎委員会を監督する中心的組織と位置づけている。すべての理事会の決議の承認は，全会一致を必要とし，それを受諾した国家のみを拘束する。第5条は紛争を解決するための武力の行使を禁じ，調停を提案する。しかしながら，侵略者に対する全会一致の決定でさえ，国家の「独立，主権，あるいは領土の保全」をめぐる紛争には拘束力を持たない。第8条は国内的統治体系への不介入を決めている。事務総局は汎アラブ的願望を体現している。事務総局は，理事会の政策を実施することが主な任務だが，15の特別機関，14の委員会，4の防衛機関，5の経済・金融基金，その他の何千人もの職員を擁する巨大な官僚機構となり，多くの活動を行ってきた（Solingen 2008：282）。

　(ii)　**アラブ主義をめぐる葛藤と権力闘争**　　連盟設立後に，アラブ連盟の方向性に大きく影響を与える事態が進展した。国連によるパレスティナ分割決議とそれに続くイスラエルの独立，それに反対したアラブ諸国との間の第一次中東戦争（1948年），それに対するアラブ諸国の敗北が，連盟に大きな危機感を与えたのである。また，もともとアラブ諸国のなかの大国であったエジプトで革命（1952年）が発生し，第二次中東戦争をきっかけにそのエジプトのナセル（G. A. Naser）大統領をリーダーとして，アラブ・ナショナリズムの機運が生まれた。1950年の合同防衛・経済協力協定（アラブ共同防衛条約）は，イスラエル

に向けられ，アラブ諸国間の脅威は想定されなかった。アラブ諸国はそれぞれがイスラエルを警戒したものの，各国の体制維持への危機感も手伝って，パレスティナ解放のためのアラブ軍事司令部計画（1964～65年）は，結局頓挫した。

1952年革命前のエジプトは，サウジアラビアやレバノンとともにアラブ連盟が主権や体制を脅かさないようにすることを求めたが，エジプト革命政権はシリアとの国家連合を試みるなど，連盟にアラブ間の強い協力を求めるようになった。これにシリアやイラクが同調し，サウジアラビアや保守的なアラブ諸国が対抗すると，連盟はアラブの協力をめぐる両陣営の衝突の場と化した。

(iii) **エジプト追放と復帰の意味するもの**　連盟とアラブ諸国の関係において，エジプトの加盟資格停止と復帰の動きは重要である。エジプトはナセル大統領期（1952～70年）においては，アラブ・ナショナリズムの旗手としてイスラエルとの軍事的対決を前提に，アラブ諸国の協力関係強化や統合に向けての動きを推進したが，その分エジプトの軍事的・経済的負担は大きく，後任のサダト（M. A. Sadat）大統領は，エジプトの国民生活の安定を第一とし，1978年，カーター（J. E. Carter）米国大統領の仲介の下に，イスラエルと和平に関する交渉し，キャンプ・デーヴィッド合意を締結した。

これに対し，1978年11月のバグダードでのアラブ首脳会談は，キャンプ・デーヴィッド合意を非難し，エジプトのアラブ連盟加盟資格を停止した。そのためエジプトは，ほぼ10年間アラブ連盟の加盟資格を停止され，この間アラブ連盟の本部もカイロからチュニスに移されたのである。これは，規範の収斂が弱いアラブ連盟としては厳しい対応であり，エジプトは自ら敷いたアラブ・ナショナリズム路線により追放されたのである。本来，アラブの統一行動に消極的だった他のアラブ諸国（特にヨルダンやサウジアラビア等の保守的アラブ諸国）については，国益の観点からみれば力の差の歴然としているイスラエルとの戦いをやめる選択をするのが合理的な選択であった。しかし，エジプト以外のアラブ諸国の国内連合はパレスティナ解放への同情心が強くまた内政に強い不満を抱いている大衆の反発を恐れ，あえてそれほど影響力を持たない連盟にとどまることを選んだものと考えられる。

その後1989年5月のカサブランカ首脳会談で，エジプトは連盟への復帰を認められた。復帰に当たってはイスラエルとの和平条約の解消などの条件は一切

つけられなかった。すなわち，アラブ連盟は，加盟国がイスラエルを仮想敵国と位置づけているにもかかわらず，エジプトの違反は容認するという矛盾を抱えることになった。

(ⅳ) **政治経済的試み**　アラブ諸国の政治経済的構造の相違は，公式の経済協力体制に向けての変化を妨げた。1950年代そして60年代には，レバノンは，広範な地域外の貿易や商業や銀行の利益に基づき発展していたが，これに対し多くのアラブ諸国は保護主義，内部志向，国家主義，輸入代替志向，軍中心の体制が支配的であった。エジプトやシリアとイラクのバース党体制がその典型であった。これらのモデルは，自給自足と国家企業を目指し，地域間貿易の更なる衰退を招いた。さらに連盟の貿易や資本移動に関する条約には「この条約の規定は政府の独占の下にある条項には該当しない」と規定されていた（Macdonald 1965：194-198）。

1973年の第4次中東戦争後，サダトは経済開放モデル（インフィターハ）と成長モデルを導入した。それは，国内改革，国際援助，地域安定化（イスラエルとの戦争停止，軍事支出の削減など）の相乗効果を狙った政策であった。米国やIMFとの新たな関係が観光や商業的農業やビジネス上の利益を生み出した。これに刺激されて，一部の支配的連合は，初歩的な経済開放や民営化を支持したが，国内や国外の反対勢力との溝が広がり，さらに連盟内の規範的収斂は弱体化した（Solingen 2008：283）。

以上のことから連盟の設計は明らかに全ての初期加盟国にとって国内分配的意味合いを持ち，各国の支配的連合はアラブ連盟の国内的影響力の排除（非公式化）を目指した。それに対しナセル主義者は連盟の場でのより公式的な汎アラブ主義的統合を目指したが，アラブ・ナショナリズムの低下によって連盟は1970年代までには再び非公式性を強めることになった。

公式な性格を持てない連盟に対し，実質的な協力関係を目指すサブ・リージョナルな地域機構が作られた。その嚆矢が湾岸協力会議（GCC）である。君主制で産油国であり経済的，政治的，文化的同質性を持つバハレーン，クウェート，オマーン，カタール，サウジアラビア，そしてアラブ首長国連邦が公的には経済協力と安全保障のために1981年に設立したものである。しかし，GCCは共通通貨の試み（2010年の達成目標は未完のまま）や安全保障協力等の共通

の目的を，十分達成できていない (Heard-Bey 2006：217)。

（3） アラブ連盟の効果

以上のように，連盟の起源と設計は優れて非公式的な性格で，その効果は限定的であった。また連盟は，国家の行動を制約し，取引コストを減じ，情報を広め，あるいは国家のアイデンティティを再定義するという象徴的な組織とはなっていない。たとえば1945年から81年までのアラブ間での77の紛争のうち6つしか調停に成功していない (Awad 1994：153)。しかも，成功例の1つとされる，1958年のレバノンとエジプトの対立は，レバノンが国連安保理に提訴し，米・英のレバノンやヨルダンの「領土保全」のための軍事介入後，連盟事務総長が急遽，調停案をまとめたというのが実情であった。(Hasou 1985：115-116)。

連盟の起源と設計に関しては，それが国家間の権力分布に明確な影響を及ぼさないこと，取引コスト削減などの機能的改革を強制しないこと，あるいは規範的収斂が弱いことなどが明らかであった。こういった連盟の地域機構としての限界によって，各国の（保守的な）支配的連合は，汎アラブ主義のために主権を犠牲にせず，内向きで自給的な国家や軍事産業や輸入代替，そしてナショナリズムを守ることができたのである。このような国内モデルは，地域機構を通して経済問題あるいは安全保障問題を調整するのに適さないものであった。かくして，アラブ共同市場構想 (1950～70年代) や工業製品や準工業製品への関税・非関税障壁撤廃の合意 (1981年) はほぼ失敗した。アワド (I. Awad) は連盟が「アラブ―イスラエル紛争によって，そのために存在してきた」(Awad 1994：150) と指摘する。

3　湾岸戦争 (1991年) 以降の政治環境の変化とアラブ連盟の改革

1990年代以降，統合と正統性を巡るアラブ・ナショナリズムの影響力はさらに低下した。アラブ諸国を中心とする中東の域内政治構造の転機は湾岸戦争にあった。冷戦終焉とほぼ同時に，米国が中東への直接介入を決めたことで中東の国際政治的環境は大きく変化した。次に中東和平プロセスによって，イスラエルがアラブ諸国間の政治の公式の政治プレーヤーとなった。またグローバル

化の波が，情報・透明性・効率性の認識など，さまざまな形で中東の政治文化に影響を及ぼし始めた。

（1） 政治環境の変化の諸相

(i) **多国間中東和平プロセスの影響**　連盟が，域外からの武力介入に積極的な国際社会やアラブ諸国とそれに消極的なアラブ諸国の調停に失敗した点で，湾岸戦争は，既に指摘されていた連盟の問題点を一層際立たせた。しかし，1991年の中東和平国際会議や93年のオスロ合意を経て，多国間中東和平プロセス（MMEPP）は，地域社会の構造的変化を促すことで連盟の改革推進のための新しい環境を提供した。まず，これまでアラブ諸国の将来構想に関する公式の議論にのぼることのなかったイスラエルとアラブ諸国の問題を共通の地域的枠組みで扱うことになった。また米国主導で打ち出されるMMEPPやその波及的影響によるアラブ諸国の経済的苦境からの脱却への期待や「バルセロナ宣言」に示される地中海東・南諸国とパレスティナ自治政府を含む多元的な枠組みが提示されたことで，連盟に強い改革への動機づけをもたらすことになったのである（北澤 2012：275）。

MMEPPは各国が自国の利益優先の立場から積極的に関与する機会を与え，また参加者には投資，援助，その他の支援などの報酬（いわゆる「和平の果実」）を提供することで各国の積極的参加を促した。しかし，それだけではなくアラブ諸国の政治・社会改革への志向をさらに刺激する効果があった。それはMMEPPが非公式的であり試行的でありながらも，域内で各種の国際機構・NGOなどが，平和・安全・環境・経済発展のための，実務的・手続き的問題について実質的かつ効率的な活動を展開したことは，これまでの非効率で官僚化したアラブ諸国政府や連盟の機能的問題性を浮き彫りにし，変革への刺激を与えることになった（Barnett and Solingen 2007：212）。

(ii) **テロ抑止協力**　1990年代の中東はイスラーム過激派のテロに直面し，テロ抑止が地域的な文脈でも共通の課題となっていた。これはテロに対する国際的な協力体制構築の一環であり，まず1994年にはテロと対決するためのアラブ戦略が採択され，それに基づいて1997年にはテロ抑止のための予備的3年計画，そして2001年の3年計画につながった。1996年には，これと並行して，ア

ラブ内相会議で加盟国がテロリストの追跡と領土内への侵入阻止のための原則が採択された。また，アラブ諸国は取り調べや法的手続きに関する情報交換の必要性に同意し，港湾や国境管理の重要性が再認識されるとともに，関係するすべての分野に関するアラブ諸国間の共通の法的枠組みを整備する必要性が認識された（Nesi 2006：156；北澤 2012：275-279）。

1999年に発効したテロ抑止の地域的暫定協定は国連事務局に寄託され，国連総会資料として発行された。ここで加盟国はテロの組織，資金提供，実行を禁じられるとともに，テロ抑止への協力，情報提供等の義務を負うのである。各国は法体系の中で，相互に協調し，協力し，補助する義務を負っている。アラブ諸国のなかでテロの定義は論争的な問題であるが，「国際法の原則に一致して，外国の占領，また解放や自決への抑圧に対する武装闘争を含むあらゆる手段によるすべての闘争の場合は，テロ行為と見なされない。この条項はいかなるアラブ国家の領土的統一を侵害する行為には適用されない」（同協定第2条(a)）との留保をつけて，パレスティナの占領に対する闘争の場合は，正当な行為として擁護されている。他方，アラブ連盟は2006年のイスラエルのレバノン侵攻に際し，イスラエルに対する非難とともに，イスラエルの攻撃を誘発するような行為に対しても注意を喚起している。この後もアラブ連盟は継続的に活動し，2007年には国連に提出されたワーキングペーパーで，国際機構との協力をさらに推進することを確認している。[1]

(iii) パレスティナ問題　2002年3月ベイルート・アラブ首脳会談でサウジアラビアのアブドッラー（A. A. Al Saud）皇太子が和平提案を行った。これは，イスラエルの1967年戦争時の全占領地からの撤退と引き換えに，全アラブ諸国とイスラエルとの和平条約締結の提案であった。これはイスラエルの消滅をアラブ・ナショナリズムの公的な目標とすることで，実際に実現不能でも，域内的・国内的な正統性確保のためにアラブの指導者たちが利用したやり方からの脱却を示唆している。

また，アラブ連盟がパレスティナ問題に関し，人権問題の立場からの対応を主張していることは注目に値する。2007年のアラブ諸国のテロ対策に関し国連に提出されたワーキングペーパーは，イスラエルという名前には言及せず，パレスティナや南レバノンの占領をやめさせる努力をすることで，国際人道法や

人権の重大な侵害を正す必要性を主張している。アラブの民族的権利としてイスラエルを糾弾するより，人道問題としての解決を目指す方法の転換に，アラブ連盟の変化をみることができる（北澤 2012：279）。

（2） 経済協力推進

アラブ連盟による2008年を目標とした大アラブ自由貿易地域（GAFTA）の呼びかけ（1997年）は，前例のない全面的な工業製品に対する関税，関税的課金，非関税障壁の撤廃計画を作った[2]。しかし，貿易自由化が財貿易に限定されており，さらに域内貿易自体がきわめて少ないといった問題点を抱えている（細井 2012：115-116）。すなわち，連盟諸国間のグローバルな輸出におけるシェアは，3％に過ぎない。加盟国の主な貿易相手は，EUや日本やアメリカである。

（3） 民主化をめぐる変革とその影響

2010年以降の「アラブの春」をめぐりアラブ連盟にも注目すべき動きがみられた。政治改革・民主化は優れて国内的な問題であり，これまでの国内的連合の体制維持のためのアラブ連盟の影響力抑制（非公式化）の傾向からすれば，連盟憲章第8条によりアラブ連盟の行動はきわめて限定されたものになったはずである。

アラブ連盟は民主化運動への対応に関して積極的な姿勢を示した。2011年2月には内戦状態に陥ったリビアにおいて飛行禁止区域を設定することを支持する決定をし，それが直接国連の決議そしてNATOの介入につながった。またシリアの国内的暴力の拡大に対して，シリア代表団の連盟での活動停止を決め，アラブ連盟が「長年に亘って無視し抑圧してきた」シリア反体制派のメンバーを招き，協力の可能性を探る姿勢を示した[3]。

4　地域主義とグローバル・ガヴァナンス

第二次世界大戦後の地域主義の2つの潮流の1つは，1940年代から70年代まで冷戦を背景としたヨーロッパの地域統合がモデルとなった。第二の潮流が1980年代に始まるグローバルで多元主義的な新地域主義である（Karns and

Mingst 2010：151）。時期的には，連盟は前者の時期に設立し，サブリージョナルなGCCは後者の時期に設立された。前者は優れて政治的であり，アラブ主義に基づくアラブの統一と解放（具体的にはパレスティナの解放）を目指し，連盟加盟国であり保守的湾岸の産油国による後者は，主に前者にかける実効的な経済協力を目指した。ところが，連盟は実質的にはアラブ・ナショナリズムと有力な国内勢力（連合）の生存競争の場となり，アラブ主義的外見とは裏腹に地域機構としての規範的収斂は弱かった。

しかしながら1990年代以降になると，変化の兆しがみえるようになった。地域機構としての調整機能の限界と脱民族主義的傾向とグローバルな価値への接触の機会が増えることにより，域内問題へのアプローチに多様性がみられるようになったのである。「アラブの大義」でもあるパレスティナ問題への，人道的立場からのアプローチなどである。構成主義的に捉えれば，アラブ連盟が今後このような多元主義的試行の集積をある種の政治文化として発信をすることが期待される。とは言え，これらの新たな傾向は断片的な兆候に過ぎず，それが新たな政治文化や地域機構の多元的規範に向けての収斂性を持ち，ガヴァナンスを論じるレヴェルには達していないことも事実である。また，ガヴァナンス構築との直接の因果関係はないものの，GCCの試みを通してさえ，経済的な相互依存体制構築の見通しはきわめて不透明であることも悲観的な材料となっている。

【注】
1）　League of Arab States 2007: http://www.un.org/sc/ctc/pdf/Nairobi_LAS.pdf, last visited 6 September 2009
2）　Jordan Ministry of Industry & Trade, http://www.mit.gov.jo/Default.aspx?tabid=732, last visited 25 August 2012
3）　BBC., http://www.bbc.co.uk/news/world-middle-east-1571477, last visited 25 August 2012

〔参考文献〕
Awad, Ibrahim (1994) "The Future of Regional and Subbregional Organization in the Arab World", in Tscirgi, Dan ed., *The Arab World Today,* Boulder, C.O.; Lynne Rienner.
Barnett, Michael and Solingen, Etel (2007) "Designed to fail or failure of design? The origins and legacy of the Arab League", in Acharya, Amitav and Johnston, Alastair

I. eds., *Crafting Cooperation: Regional International Institutions in Comparative Perspective,* Cambridge: Cambridge University Press, pp. 180-220.

Fischer, Stanley (1995) "Prospects for Regional Integration in the Middle East", in de Melo Jaime, and Panagariya, Arvind eds., *New Dimensions in Regional Integration,* New York: Cambridge University Press.

Hasou, T.Y. (1985) *The Struggle for the Arab World: Egypt's Nasser and Arab League,* London: KPI limited.

Heard-Bey, Farouk (2006) "Conflict resolution and regional co-operation--the role of the Gulf Co-operation Council 1970-2002", in *Middle Eastern studies,* 42(2), pp. 199-222.

Karns, Margaret, P. and Mingst, Karen A. (2010) *International Organizations: The Politics and Processes of Global Governance (Second Edition),* Boulder: Rienner.

Macdonald, Robert W. (1965) *The League of Arab States: a study in the dynamics of regional organization,* Princeton, N. J.: Princeton University Press.

Nesi, Guiseppe ed. (2006) *International Cooperation in Counter-Terrorism,* Surrey: Ashgate.

Solingen, Etel (2008) "The Genesis, Design and Effects of Regional Institutions; Lessons from East Asia and the Middle East", *International Studies Quarterly,* 52, pp. 261-294.

北澤義之 (2012)「アラブ連盟の安全保障分野における機能と改革」吉川元・中村覚編『中東の予防外交』信山社，263-284頁

細井長 (2012)「経済政策・援助外交による紛争予防に関する一考察」吉川元・中村覚編『中東の予防外交』信山社，115-116頁

第7章

東南アジア諸国連合（ASEAN）
―― 規範の制度化と課題

首藤もと子

1　ASEANの地域主義の進展

　東南アジア諸国連合（ASEAN）は1967年8月に結成され，その後3度の大きな転機があった。第一の転機は1970年代半ばであった。このとき初の首脳会議（76年）が開かれ，ASEAN協和宣言と東南アジア友好協力条約（TAC）が調印された。これは，当時反共政権のみで構成されていたASEAN 5カ国が，米中外交関係樹立というアメリカの中国政策の転換と，共産党による南北ヴェトナムの統一という大きな変化に直面して公表した地域規範であった。当時のTACにはASEANがヴェトナムに敵対せず，域内非加盟国にも加盟の道が開かれていると明示する意図があった。つまり，アジアの冷戦構造の転機に際して，ASEANは冷戦的分断を乗り越えた地域的規範を提示したのである。[1]

　第二の転機は，1990年代のグローバル化の加速である。冷戦後の市場経済化の加速により，北米や欧州で自由貿易地域が結成され，旧ソ連・東欧諸国も市場経済への移行を加速した。こうした市場のグローバル化の加速に直面して，ASEANはその競争力強化が焦眉の急務だという危機感を強めた。そこで，ASEANは第4回首脳会議（92年）で競争力強化のために「ASEAN自由貿易地域（AFTA）共通効果特恵関税協定」を締結して，地域的な市場自由化に本格的に着手した。それは基本的に市場のグローバル化への対応であった。

　その後，1997年夏から連鎖的に起きた東アジアの通貨危機に対して，ASEANは効果的な措置をとることができなかったが，これを契機に，通貨危機の再発防止のための政策協議がASEANプラス3の枠組みで制度化された。

一方，安全保障分野に関しても，それまで多国間枠組みに関与することのなかった中国やアメリカ等も含めてASEAN地域フォーラム（ARF）が結成され，新しい多国間対話が制度化された。さらに，ASEANは95年に「東南アジア非核兵器地帯条約」に調印して，非核化の規範を条約化した。こうして，90年代にASEANの制度は，より広域に拡張し，機能的にも多様化した。また，制度的な面でも，最高意思決定機関である首脳会議は，92年より前は不定期であったが，92年に3年に1度開催とされ，95年の会議以降は毎年開催となった。
　さらに，新しい価値規範も提唱されるようになった。1997年12月に採択された「ASEANビジョン2020」は，ASEANが2020年までに共通の地域アイデンティティを備え，社会正義と法の支配に基づき，社会的弱者に配慮する「思いやりのある社会の共同体」になるという理念を掲げた。そこには2000年代のASEANに通じる新しい規範が盛り込まれていた。
　第三の転機は，第二ASEAN協和宣言（2003）の採択である。これにより，ASEAN政治安全保障共同体（APSC），ASEAN経済共同体（AEC），ASEAN社会文化共同体（ASCC）からなるASEAN共同体を構築することが宣言された。翌年，それら3つの共同体を構築するためのヴィエンチャン行動計画（2004～10年）が採択され，ASEAN憲章を策定することが合意された。その後，ASEAN憲章は07年11月に署名され，08年12月に発効した。現在，ASEAN憲章がASEANの基本法であり，ASEANは法人格を持つ政府間機構となった。また，上記3つの共同体構築のために，AECブループリントが07年11月に採択され，他の2つの共同体ブループリントは09年3月に採択された。さらに，2010年10月にこれら3つの共同体を包括するASEAN連結性（connectivity）マスター・プランが採択されている。
　こうしてみると，ASEANを取り巻く国際環境の激動のなかで，ASEANは単に変化に耐えただけでなく，組織的にも機能的にも拡張，拡充してきたことがわかる。むしろ，ASEANが生き延びたのは，域内紛争を抑止すべく外交努力を続けたことに加えて，後述するように，域外諸国との対話の制度化を通して，市場のグローバル化や冷戦後の地域的安全保障に適応すべく国際公共財としての制度的枠組みを提供できたからである。さらに，台頭する中間層を背景に域内の市民社会からの要請にもASEANは明示的に対応してきた。こうした

グローバル化への適応と民主的価規規範への対応が，ASEANが環境変化に耐えて存続できた重要な要因であった。

2 ASEAN憲章に基づく新しい制度と機能

　ASEAN憲章は全13章55条から成る。その主な特徴は次のような点である。第一に，ASEANは共同体構築を明確に意図した組織に再編された。最高の意思決定機関である首脳会議は年2回開催され，その議題調整を行う調整理事会（外相により構成）も，同様に年2回開催される。その下位に，APSC理事会，AEC理事会，ASCC理事会があり，各理事会の下に分野別閣僚会議がある。さらに，分野別閣僚会議の議題設定を行う高級事務レヴェル協議が開かれる。それと別に，業務の円滑化のために，加盟各国の常駐代表から成る常駐代表委員会（CPR）が新設された。

　第二に，ASEANの規範として，民主主義，良い統治，法の支配，基本的人権の尊重等が明記された。これは1990年代半ばまで「アジア的人権論」が議論されていたことからみると，特筆すべき変化である。さらに，ASEANの地域的人権機構を結成することが憲章に明記された。これに相当するのが，09年10月に発足したASEAN政府間人権委員会（AICHR）である（後述）。

　第三に，意思決定の方式や権限が一部変更された。それはコンセンサス（全会一致）方式を原則とするが，経済分野では「ASEANマイナスX方式（賛成国のみ合意を履行する方式）」をとり，合意の迅速な履行を優先する決定方式も導入された。また，合意が得られなかった場合の扱いを，首脳会議に委ねることが可能になり，首脳会議が判断すれば，例外的にコンセンサスによらない決定も可能になった。また，ASEAN事務局長の権限が強化され，事務局長には紛争解決のために仲介する権限が付与された。しかし，ASEANの運営資金は，最貧国の拠出能力にあわせて平等の原則に立つため，実際には日本等の域外国からの資金協力に負うところが大きく，他力依存型である。

3 地域秩序構築におけるASEANの貢献

(1) 国家関係の規範の共有

　ASEAN原加盟国5カ国のうち、タイを除く4カ国は、脱植民地化後の国家形成に伴う多くの困難を抱えていた。なかでも、国境の画定は、植民地支配を事実上継承した国家にとって急務であったが、実際には、植民地化以前に回帰すべき国境の原型が存在しなかった。そのため、植民地権力が統治した偶然の領域を国境とする他に方法がなかったが、それは隣国との国境紛争や辺境における分離独立運動を招く恐れが常にあった。

　それゆえ、互いの国内秩序の安定を保障するために、主権の平等、領土保全や内政不干渉を前提に安定した地域秩序を形成しようというのが、当初のASEAN設立宣言の目標であった。こうして、国家間紛争は平和的手段による解決を図り、武力による威嚇や武力行使をしないことが、共通の原則として確認され、それはTACに明記された。ASEANが加盟国間の共通規範として提供したのは、こうした理念であり原則であった。それは、マクロな東アジア国際関係史でみると、中国を中心とする階層性と境界意識の欠如、国家間の形式的不平等性を特徴とした中華秩序とは対極的な地域秩序の概念であり、国家の行動原則であった。

　一方、ASEANは国家間関係の平等性と互恵性の構築が最優先課題であったため、全会一致が困難な問題は、意見調整を非公式な場で行い、公的な場では意見の対立を表面化させない配慮をして関係性の維持を優先させた。つまり、ASEANにとって機能的協力の進展よりも、加盟国間の離反を防ぐことが最優先の課題であった (Ba 2012 : 124-125)。こうした公式と非公式の使い分けにより、関係性の維持を前提とした漸進的方法で、コンセンサスによる意思決定をする方式が、所謂「ASEAN方式」と呼ばれた外交方式であった。

　こうした関係維持を最優先する外交は、領有権問題を紛争化させないための外交原則として活用された。1969年にサバをめぐって国交を断絶したフィリピンとマレーシアの外交を回復させたこと、2) 90年代にマレーシアとシンガポール、マレーシアとインドネシアが領有権問題を国際司法裁判所の裁定に付託し

たこと，カンボジア・タイ国境のプレア・ビヒア寺院をめぐる武力衝突が，当時の議長国インドネシアの仲介努力で長期化を免れたことは，ASEANとしての外交原則が，紛争の鎮静化に奏効した事例と言えよう。

TACは，当初こうしたASEAN加盟国間の共通規範として採択された。その後，1987年の首脳会議でその議定書が改定され，域外諸国もASEANの同意を得ればTACに加盟できることになった。この改定により，89年にパプアニューギニアがTACに署名した。ただし，東南アジアの全域がASEANに加盟した後は，アジア太平洋地域の多国間協議枠組みに参入するために，まずTACに署名してASEANの共通規範に同意することが要請されるようになった[3]。

（2） 制度的貢献──公共の場の創造

ASEANは当初から，経済協力を主な目標に掲げていたが，実際には域内貿易依存度が低かったこともあり，1970年代からASEANとしての効果があったのは，むしろ域外団体交渉においてであった。その最初の外交は，72年の対EC貿易交渉であった。それは，約20年前まで植民地と本国という特別な関係にあったことを思えば，隔世の感があり，ASEANとして対等な立場でECと貿易交渉ができたことは画期的な外交成果であった。その後，次々とASEANが貴重な集団貿易交渉の手段として活用されるようになった。時系列でみると，ASEANは豪州（1974年），日本（74年）[4]，ニュージーランド（75年），アメリカおよびカナダ（77年）と，それぞれ貿易対話を行った。これらの個別外相会議は，79年以降ASEAN拡大外相会議（PMC）の一環として毎年開催されるようになった。このPMCの対話枠組みは，冷戦後に加盟国がさらに増え，韓国（91年），中国，インドおよびロシア（96年）がASEANの対話国[5]となった。

こうしたASEANの「会議外交」による対話の制度化は，冷戦後の新しい地域秩序形成に重要な貢献をした（佐藤 2003：175-221）。具体的には，ASEANをハブとしてARFが始まり，アジア欧州会議（ASEM）やASEANプラス3の政策協議が制度化された。また，PMC参加国のうち，カナダとEUを除く8カ国は，東アジア首脳会議（EAS）[6]や拡大ASEAN国防相会議にも参加している。もちろん，これらの多国間枠組みの効用と限界は，ASEANのそれと同一では

ないが，アジア太平洋の地域秩序が大国だけで形成されるのではなく，ASEANの全方位的な関与 (omni-enmeshment) を伴う地域秩序 (Goh 2007：123-124) が，こうした重層的な多国間制度の土台となったことは評価されるべきである。

（3）「市民志向のASEAN」に向けた市民社会ネットワーク

設立当初からのASEANの規範である主権尊重と内政不干渉は，体制の質を問わないものであった。そこで，少なくとも1980年代までは，加盟国の抑圧的で富の再配分メカニズムが欠落した権威主義的体制に対しても，ASEANがその内政に干渉することはなかった。しかし，1990年代後半からインターネットを通した市民社会のネットワークが急速に発展し，その批判や要望を受けてASEANの規範も変化してきた。特に2000年代になると「市民志向のASEAN」という新しい理念が市民社会の側から標榜されるようになった。それは03年の第二ASEAN協和宣言にも明記され，ASEAN安全保障共同体が追求する価値として「公正で民主的」という価値規範が初めて明記された。それはASEANの価値規範の発展的な変化であり，グローバル化が後押ししたものであった。

こうした変化の背景には，1990年代からASEAN諸国の市民社会の継続的な提言活動があった。それには主に次の3つのタイプがあった。第一に，憲法学者や人権活動家等の知的啓発として始まった活動があり，特に「ASEAN人権メカニズムのための作業グループ」（以下WG）はその典型であった。これは93年にウィーンで開催された世界人権会議を契機に結成され，ほぼ毎年会議を開催して，96年からはASEAN高級事務レベル協議との会合も続けた。彼らは2000年7月に「ASEAN人権委員会設立条約案」を高級事務レベル会議に提出した後も，ASEAN人権機構の制度設計に向けた提言活動を続けた（首藤 2002：81-84）。その後，ASEAN憲章第14条に「ASEAN人権機構」の規定が盛り込まれたのは，このWGの貢献が大きかった (Tan 2011：163-176)。

第二に，1984年に結成されたASEAN諸国のシンクタンク連合であるASEAN戦略国際問題研究所連合 (ASEAN-ISIS) も，ASEANにさまざまな政策提言を行ってきた。特に，ASEAN市民議会 (APA) は，2000年に第1回会議を開いて以来，ASEAN憲章が採択されるまでの過程で，「市民志向の

ASEAN」という理念の周知活動を続け，ASEAN憲章第1条で，ASEANの目的は「市民志向」であることが明記された。そうした変化は，グローバル化時代の反映でもあったが，「市民志向のASEAN」という理念を明示的に発信し続けたAPAの功績も大きかった (Caballero-Anthony 2005：162-172)。

　第三に，APAは基本的に新自由主義的なグローバル化推進派とみられていたが，これに批判的な立場から，人権，農村開発や人の移動等の問題に直接かかわってきた35のNGOが集まり，2006年2月に結成されたのがSAPA (アジア民衆のアドボカシーのための連帯) である。SAPAはASEAN憲章を批判的に分析して，「民衆志向の経済」等を骨子とした「ASEAN市民憲章」を発表した (五十嵐 2009：83-98)。また，SAPAはAPSCとASCCのブループリント策定の際にも，その対話に関与していた。SAPAのようにASEAN共同体を念頭に置いた政策提言活動のためのNGOネットワークは，新しい現象である。

　こうした市民社会による継続的な提言活動が背景にあって，ASEANレヴェルで人権や民主主義，法治主義等が次第に公的な価値規範として受け入れられ，ついにそれらはASEAN憲章にも明示された。しかしながら，市民社会団体の難点は継続的な資金調達がないと予定が立てにくいことであり，SAPAにも活動の不安定さがある。また，すべてのASEAN加盟国内で市民社会の活動が等しく活発なわけではなく，市民社会の活動はそれぞれの国内条件に制約される。ASEANを共通の土台にすることで，市民社会の規範が次第に越境的に伝搬する傾向はあるが，その程度は各国の社会事情によるところが大きい。

　こうした市民社会のネットワークがASEANの国際関係にもたらす重要な意義は，人権や民主主義，開発と環境等についての要求が，国外からの圧力というより，越境的ネットワークを伴う国内社会からの要請であるため，「内政不干渉」を盾にそれを拒絶する論理が成り立たないことである。つまり，市民社会の地域的な連携が発展すれば，それは「内政不干渉」を超えた次元で普遍的な規範を提示することができる。特に，ASEAN共同体に向けて提言しようとする市民社会の活動は，インターネットによる情報発信が中心であり，それはウェブ上に形成された市民社会の公共圏である。同時に，彼らは近年ASEAN首脳会議に合わせて，「ASEAN市民社会会議」を開催している (首藤 2011)。

　しかし，2009年10月に発足したASEAN政府間人権委員会 (AICHR) は，そ

うした市民社会が想定したものとはかけ離れている。その「付託事項」の規定では，AICHRは年2回会合を開く諮問機関であり，年次報告書をASEAN外相会議に提出する。委員は任期3年（再任可）であるが，その代表委員の任命や罷免の権限は政府にある。また，AICHRは主権尊重と内政不干渉等を原則としており，政府から自立した立場で意見を出せるか否かは，結局委員各人とその政府との関係によるところが大きい。その第一期委員のうち，自立的な立場で人権問題に関して発言していたのは，インドネシアとタイの委員であり，他の委員は自国政府の指示を受けて発言していた。[7] 2012年に「ASEAN人権宣言」は採択されたが，その遵守を担保する権限は今のAICHRにはない。

4 民主化や紛争に対するASEANの機能と課題

（1） ミャンマー問題

　ミャンマーの加盟をめぐって，ASEAN内では意見が分かれた。それは，ミャンマーの軍政が1990年の総選挙で大敗した後も権力を手放さず，むしろ選挙で勝利した国民民主連盟（NLD）の関係者を多数逮捕したため，そうした軍政にどう対応するかという問題であった。ASEANは，ミャンマーに対して，欧米諸国のような制裁と圧力ではなく，むしろ対話による民主化促進を目指すという「建設的関与（constructive engagement）」の外交方針を掲げた。しかし，2000年代を通してその効果は乏しく，「建設的関与」への批判が繰り返された。

　ところが，2000年代末から新しい展開があった。2008年5月サイクロン・ナルギスにより，南部デルタ地帯が甚大な被害を受けて緊急救援活動が必要とされていた最中に，新憲法案に関する国民投票が実施されて可決された。その不適切な手続きは国際社会から非難されたが，新憲法に基づく総選挙が10年11月に実施され，11年3月にテイン・セイン政権が発足して民政移管が完了した。その後は驚くべき速さで状況が変化した。同月，それまで軍政の政党であった国家平和発展評議会（SPDC）が解散した一方，NLDが政党として再登録された。同年10月には政治犯を含む6,000人の服役囚が恩赦で釈放された。さらに，12年4月の国会補欠選挙では，改選45議席中NLDが43議席を占めて「圧勝」した。こうした変化を受けて，欧米諸国や日本もミャンマーとの経済関係や交流

の拡大に動き出した。

　こうした変化を促進した要因の1つに，ASEANの静かな外交があったことは注目されるべきである。特に，ナルギス災害に関しては，ASEANは人道支援タスク・フォースを設置し，ASEANと国連とミャンマー政府の3者による共同評価活動を行うなど，国際社会とミャンマー軍政との仲介者として活動した。より長期的な視点でみると，ASEAN外相会議は，2001年から11年まで，02年を除いて毎年ミャンマー問題を議題に取り上げ，ミャンマー外相から最新の状況説明を受けていた。各声明では，要点を率直に明記し，前年度の要点を反復しながら，新な点を加筆して要請を続けていた。たとえば，01年の共同声明では，「ミャンマーの国民的和解に向けた努力」への支援が表明され，その後要請内容は毎年具体的になり，03年には「アウンサンスーチー（Aung San Suu Kyi）およびNLDメンバーへの措置を早期に解除する」ことが加筆された。また，08年の外相会議では「2010年に自由で公正な総選挙を実施する」ことが要請され，09年の外相会議でも「自由で公正で包括的な選挙の実施と，アウンサンスーチーを含む被拘束者」の早急釈放が再度明記された。[8]

　このように，ASEANはミャンマー側からの現状説明を踏まえ，率直に内政に関する要請を議論し，声明を発表してきた。しかも，ASEAN議長国は同年のARF議長国を兼ねるため，ARF議長声明でも，ほぼ同様の趣旨でミャンマーに関する要請が記録された。こうして，ASEANはARFの枠組みも併用しながら，ミャンマーの国民和解と民主化移行を2000年代には毎年繰り返し要請した。ただ，こうした要請には強制力がなく，遵守の保障もない。また，ASEANの対ミャンマー外交には一貫性が欠けていたという批判もある（Davies 2012）。しかし，ASEANの継続的な要請は，その要請に応じるほうが大きな利点があるとミャンマーに判断させる契機になった。その意味では，ミャンマーへの「建設的関与」は漸進的ながら，一定の効果が表れたと言える。

（2）　南シナ海領有権問題——ASEANは中国とどう向き合うか

　南シナ海の領有権をめぐる対立は，中国とヴェトナムの間で1974年，88年にもおきたが，ASEANとしてこの問題に対応するのは90年代以降である。直接の契機は，92年2月に中国が「領海および接続水域法」を制定して，南シナ海

および東シナ海を中国領海と明記したことにあった。南シナ海の一部海域の領有権を主張するフィリピン等にとって、こうした中国の一方的主張は受け入れられないものであった。そこで、同年7月ASEAN6カ国は「南シナ海におけるASEAN宣言」を採択して、各当事国が行動を自制し、紛争の平和的解決を図ることを確認した。

　しかし、中国はこの問題を多国間協議の議題とすることには消極的で、1995年にフィリピンが200カイリ排他的水域（EEZ）内と主張するミスチーフ環礁に建造物を構築した。フィリピンは抗議して、同年二国間協定で「行動規範」を締結したが、98年に中国はさらに建造物を強化した。こうしたなかで、02年11月にASEANと中国は「南シナ海における行動宣言」に署名して、国際法尊重、航行の自由、武力による威嚇や武力行使をしないこと等を約束した。この内容自体は、ASEAN内の妥協の産物であると同時に、ASEANと中国との妥協の成果であった（Storey 2012：143-143）。その翌年、中国はTACに加盟し、さらに「平和と繁栄のための戦略的パートナーシップ」も締結した。事実、2000年代にASEANと中国との経済的関係は飛躍的に増加した。

　しかし、2000年代後半になると、中国はそれまでの韜光養晦[9]の態度を変えて、南シナ海の実効支配の制度化に向けて独断的で強硬な行動をとるようになった。まず、中国は2007年に南シナ海を対象とする海南省三沙市という行政区域を命名し、12年6月には同市長を選出した。また、近年は中国によるヴェトナム漁船拿捕件数が急増したほか、南シナ海において中国公船による妨害行為や挑発的行為も続くようになった。中国は南シナ海に関して時折「核心的利益」という表現を使いながら、一方的な実効支配を進めつつある。

　こうしたなかで、2010年7月のARFや10月の第1回拡大ASEAN国防相会議（ADMMプラス8）では、アメリカが南シナ海における「航行の自由」の重要性を強調したが、中国はこれをアメリカによる二国間問題への介入だと反発した。このように、南シナ海問題は、軍事的に台頭する中国による海洋秩序再編の動きと、既存の国際法秩序を強調して、中国の一方的行動を制止しようとするアメリカが対峙する問題でもある。一方、ASEANは「航行の自由」を含む行動規範について協議し、12年5月に「南シナ海行動規範」草案を用意していた。しかし、7月にカンボジアで開催されたASEAN外相会議では共同声明が

採択されず，「行動規範」の議論も見送られた。これは，中国が議長国カンボジアに働きかけて，ASEANの統一見解を挫折させたことが大きかった。しかし，その直後からインドネシアが中心となって，ASEAN10カ国による「南シナ海6原則」外相声明をとりまとめた。それは，①「南シナ海における行動宣言」の完全履行，②「行動宣言」履行のためのガイドライン策定，③法的拘束力を持つ「行動規範」の早期策定，④国連海洋法条約等の国際法の遵守，⑤武力の非行使，自制的行動および⑥紛争の平和的解決の6原則である。

ヴェトナムやフィリピンにとって，中国は経済規模で数十倍の大国であり，国力の非対称性は所与である。そこで，一方でアメリカ，インド等と連携して中国を牽制する外交努力を続け，他方では，中国との友好関係の保持に配慮して，あらゆる可能性に備えた外交を展開している。そのなかで，ASEANの枠組みは，当事国がその主張の国際法上の正統性を訴え，国際規範に基づく平和的解決を訴える場を提供している。南シナ海領有権問題では，武力による威嚇や武力行使をせずに協議による問題解決を図るというASEAN方式が，中国に対してどこまで通用するかが問われている。

中国は現在，ASEANとの関係強化のために経済協力や文化交流等も含め，積極的な外交を展開している。事実，中国との関係進展は，ASEAN諸国にとって大きな機会である。一方，南シナ海において，特に2000年代後半から，中国は一方的で強硬な行動をとるようになった。今後，東アジアは中国に都合のよい地域秩序の形成に向かうのか，あるいはASEANの規範に基づく地域秩序が維持されて，そのなかに中国の行動も収まる方向に向かうであろうか。それは，ASEANが求心力を備えた共同体として，規範に基づく地域秩序を堅持できるかどうかによるところが大きい。

【注】
1) 実際には1980年代を通してASEANとヴェトナムの関係は対立し続けた。それはヴェトナムのカンボジア軍事侵攻がASEANの規範に反していたためである。
2) 1968年9月に国交断絶して，69年12月に回復した。両国は63年9月から64年5月にもサバ領有をめぐって外交関係が断絶した。
3) 新たにTACに加盟したのは，中国とインド (2003)，日本，パキスタン，韓国，ロシア (04)，ニュージーランド，オーストラリア，モンゴル (05)，東ティモール，フランス，

バングラデシュ、スリランカ (07)、北朝鮮 (08)、アメリカ、EU (09)、およびブラジル (12) である。（　）内は加盟年。
4) 1973-74年にASEANが日本の合成ゴム輸出規制に関する交渉を行って成果を挙げたのち、1978年に日本とASEANとの最初の外相会議が開催された。
5) この他にASEAN事務局が、国連およびASEANの分野別対話国となったパキスタンとの政策対話調整を担当している。
6) アメリカとロシアは、2011年11月からEASに正式に加盟した。
7) 2012年7月30日、ジャカルタにてインドネシア選出委員ジャミン (R. Djamin) 氏とのインタビュー。
8) http://www.asean.org/communities/asean-political-security-community/item/joint-communique-of-the-42nd-asean-foreign-ministers-meeting-acting-together-to-cope-with-global-challennges-phuket-thailand-20-july-2009 (last visited 5 May 2013)
9) 才能を隠して低姿勢を保ち、時機を待つこと。天安門事件後の1990年代初頭、欧米諸国の対中制裁に直面するなかで、鄧小平最高指導者が語った中国外交の方針。

〔参考文献〕

Ba, Alice (2012) "ASEAN centrality imperiled? ASEAN institutionalism and the challenges of major power institutionalization" in Emmers, Ralf ed., *ASEAN and the Institutionalization of East Asia*, London: Routledge, pp.122-137.

Caballero-Anthony, Mely (2005) *Regional Security in Southeast Asia: Beyond the ASEAN Way*, Singapore: Institute of Southeast Asian Studies.

Davies, Mathew (2012) "The Perils of Incoherence: ASEAN, Myanmar and the Avoidable Failures of Human rights Socialization?", *Contemporary Southeast Asia*, Vol.34, No.1, pp.1-22.

Goh, Evelyn (2007) "Great Powers and Hierarchical Order in Southeast Asia", *International Security*, Vol.32, No.3, pp.113-157.

Storey, Ian (2012) "The institutionalization of ASEAN-China relations: managing the South China Sea dispute", in Emmers, Ralf ed., *ASEAN and the Institutionalization of East Asia*, London: Routledge, pp.138-152.

Tan, Hsien-Li (2011) *The ASEAN Intergovernmental Commission on Human Rights*, Cambridge: Cambridge University Press.

五十嵐誠一 (2009)「東南アジアの新しい地域秩序とトランスナショナルな市民社会の地平」国際政治158号、89-103頁

黒柳米司編 (2011)『ASEAN再活性化の課題』明石書店

佐藤考一 (2003)『ASEANレジーム』勁草書房

首藤もと子 (2002)「東南アジアの国家人権委員会と市民社会」レヴァイアサン31号、63-89頁

首藤もと子 (2011)「アジアの市民社会と国際関係」『東アジア近現代史』第10巻、岩波書店、354-374頁

山影進編 (2011)『新しいASEAN』アジア経済研究所

第8章

上海協力機構（SCO）
――欧米との相克と協調

湯浅　剛

1 欧米に対抗する砦？

（1）機構の概要

　上海協力機構（SCO）は2001年に設立された多国間機構である。旧ソ連諸国と中国との国境画定や軍事的信頼醸成にかかわる国家間交渉を前身とする地域協力プロセスだ。中ロという主導的な地域大国とともに、ソ連解体によって独立した中央アジアの国々（カザフスタン、キルギス、タジキスタン、ウズベキスタン）が正加盟国として名を連ねる。加盟国の相互信頼・友好・善隣強化、地域の平和・安全、テロリズムや麻薬・武器取引および非合法移民への対処など、広範な安全保障に関する課題に対処することを機構の目的として掲げている。さらに、経済成長、社会・文化の発展促進、世界経済への統合や人権・基本的自由の促進に至るまで、総花的な課題を掲げている（SCO憲章第1条）。ただし、実際には、機構設立以前を含めた多国間対話プロセスのなかで、1990年代末より中央アジア諸国にとって脅威となりつつあったテロ対策が最重要の共通課題として浮上し、加盟国を結束させてきた。首脳会合をはじめ閣僚級会合から高級実務者レベルの会合である「国家調整官会議」までの国家間会合が定期的に実施されるほか、実業家委員会などのトラック2会合も開かれる。意思決定は加盟国間のコンセンサス方式[1]でなされる。

　設立以来、SCOでは議決権を持たない「オブザーバー」や、SCOの掲げる目的・課題に賛同する「対話パートナー」といった準加盟国が増加している。通算12回目となった2012年6月の北京首脳会合でアフガニスタンがオブザーバー

として，またトルコが対話パートナーとして参加することが承認されたことで，SCOは8つの準加盟国を擁することとなった（以下ではこの準加盟国を含め「加盟国」と一括して論じる）。

（2） グローバル・ガヴァナンスとSCO

主導的加盟国の1つである中国は，国際政治・経済のなかで急速に存在感を増している。また，もう1つの主要加盟国ロシアやオブザーバーのインドも，21世紀に入って経済成長を続ける新興国と位置づけられている。時としてこれらの国々，とりわけ中国は，アメリカと対峙し将来にはそれを凌駕しかねないグローバル・パワーと目されている。

以上のような台頭するユーラシア諸国の集合体として，SCOは欧米をはじめとする西側諸国とは異なる，場合によってはこれらに対抗する国際規範を提示する存在として注目されてきた。2002年に採択されたSCO憲章をはじめ機構が発出する文書では，加盟国の主権尊重や内政不干渉の原則を順守する姿勢を繰り返し示している。この古典的と言ってよい主権国家のあり方を頑なに守ろうとする姿勢は，中央アジアを含めた世界各地で展開する――場合によっては内政干渉と受け取られかねない――欧米諸国による市場経済への移行支援や，人権基準の適用などの介入政策とは相いれないものであるかのように理解される。このようなSCOの姿勢を象徴する事例が2005年7月5日のアスタナでの首脳会合であった。そこでは，9.11事件以後，中央アジアに展開・駐留し続けるアメリカ軍の撤退期限を明確にすべし，との宣言文が採択されたのである。

現代のグローバル・ガヴァナンスの形は，第二次世界大戦後にその原型が作られたと考えられる。この間，国際的な自由貿易，安全保障，民主的価値・制度を維持する多層的なネットワークは，主としてアメリカとその陣営に与する国々によって形成されてきた（猪口 2012：17-27）。かつて社会主義陣営にあった中国やロシアがこれらの規範や制度を司る国際機構に本格的に参加したのは，冷戦後になってからである。たとえば，欧州審議会（CoE）にロシアが加盟したのは1996年，また，世界貿易機構（WTO）に中国が正式に加盟したのは2001年，ロシアに至っては2012年まで待たねばならなかった。旧ソ連・中央ア

ジア諸国にとっても，冷戦終結やそれに連動して起こったソ連解体（1991年）は決定的な意味を持っている。これらの国々は，これを機に国家として国際社会の舞台に立つ資格を勝ち取っただけではない。社会主義的アウタルキー（自給自足経済）のなかに閉ざされていた状態から解放され，政治的にも経済的にも，周辺国や欧米諸国とのつながりを自発的に作り上げることができるようになった。

　SCOは，20世紀後半以降に出現・展開したグローバルな国際社会に遅れてきた参加者からなる国際機構である。これらの国々には，従来のグローバル・ガヴァナンスに対する相反する姿勢がうかがえる。前述の2005年首脳会合時の声明に表れたように欧米主導の民主主義規範や安全保障体制に反抗する一方，欧米諸国と政治・安全保障上の協調を通じた恩恵を受けようとしているのである。

　本章では，このような一見矛盾する姿勢を主に2000年代後半以後のSCOやその構成国の動向から浮き彫りにするとともに，このような姿勢をとる背景について，国際機構としてのSCOについては，暫定的ながら「アドバルーン的機構」という1つの解釈を提示したい。そのさい，グローバル・ガヴァナンスにおけるSCOの位置づけを検討するうえで，アフガニスタン安定化に向けた諸政策を主にとりあげることとする。

2　「反米」声明後のSCO

（1）　機構の発展と限界

　まず，「反米」声明を出した2005年当時の機構の組織としての発展状況を確認しよう。この時点で，SCOは既に基本的な制度の整備をほぼ終えていた。常設機関として北京には事務局が，タシュケントには地域反テロ機構（RATS）がそれぞれ小規模ながら立ちあがっていた。

　当時既にモンゴル，インド，イラン，パキスタンの4カ国がオブザーバーとして加わっていた。しかし加盟国の増加は，機構の結束強化につながったとは考えにくい。たとえば近年のモンゴルでは，公然とSCOからの離反を主張する議論が看取される（Jargalsaikhan 2012：1-6）。同国は，2012年に欧州安全保障

図表 8-1　多国間軍事演習「平和のミッション」の変遷

回数	年月	場所*	参加状況など
1	2005年8月	**遼東半島周辺（中国）** ウラジオストク（ロシア）	ロシア：空/海軍・空挺部隊など3,000。 中国：5,000が参加。
2	2007年8月	**ウルムチ（中国）** **チェリャビンスク周辺** **（ロシア）**	中国：1,700、ロシア：2,000を含む全正加盟国、計7,500超の要員参加。パキスタン、インド、イラン、モンゴルはオブザーバー派遣。
3	2009年7月	**瀋陽周辺（中国）** ハバロフスク（ロシア）	中国とロシアからそれぞれ1,300の要員参加。
4	2010年9月	**カザフスタン**	全正加盟国参加。計3,000の要員参加。
5	2012年7月	**タジキスタン**	ウズベキスタンを除く正加盟国参加。計約2,000の要員参加。

＊太字の地名は実動演習会場。それ以外は指揮所演習。
出典：第4回までのデータはIISS, *Military Balance* 各年版、第5回のデータは *Krasnaia zvezda*, 9 June, 14 June 2012 の報道に基づき筆者作成

協力機構（OSCE）へ加盟するなど、全方位的な外交を進めている。

中央アジアのSCO正加盟国も、多かれ少なかれ、中ロへ接近するだけでなく、欧米諸国やそれらの主導する国際機構との協調を含めた全方位的外交を進めている。端的に言って、加盟国は既存の国家体制の維持や領土保全という大枠では一致していても、具体的な問題でそれぞれ別の方向をみているのである。この点について、あるロシア人識者は次のような冷徹な評価を下している。すなわち、SCOはこれからどこに向かっていくべきなのかを見定めなければならない岐路に立っている。それにもかかわらず、この点で加盟国間の見解の一致はみられない。中国は基本的に経済協力に関心を傾け、自国製品を売るための自由貿易圏の創設や中央アジア地域での天然資源の確保・供給に関心を傾けている。これに対しロシアは、加盟国との政治協力の拡大に努めている。中央アジア諸国に至っては、SCOを自国に投資・財政支援を呼び込むための補足的メカニズムとして捉えているに過ぎず、機構全体の目的達成への関心は低く、この傾向は特にウズベキスタンに当てはまる、とこのロシア人識者は指摘する。

同床異夢といっていい加盟国同士の関係の下でイベントやメッセージが重ねられても、それらは虚構に近いものとなってしまう。上述の北京での首脳会合は、正加盟6カ国はもとより、オブザーバーであるイラン、モンゴル、パキス

タンから国家元首が集うなど20名近い国家首脳や国際機構の代表が集い，首脳宣言以下10の文書を採択した表向き華やかな会合ではあった。しかし，要となる決定は先送りされたままである。たとえば，2012年の北京首脳会合では，将来の機構のあり方を示す「SCO発展戦略」の必要性は認めながらも，その基本方針についての議論は端緒についたに過ぎない状況であった。

　安全保障分野での結束の維持が困難である様子は，SCO加盟国による定例の多国間軍事演習「平和のミッション」の趨勢からもみてとれる。第1回目の2005年は，当時の「反米」基調と重なり大々的な演習となった。しかし，その後の展開は参加要員の数を見る限り，この最初の盛り上がりを維持しているとは言えない。北京首脳会合を受けて実施された2012年の演習では，ウズベキスタンが参加を取りやめた（図表8-1参照）。これは，同時進行していたロシア主導の集団安全保障条約機構（CSTO）からの離脱と同じく，ウズベキスタンがロシアの影響力が濃厚な枠組みや政策から距離を置こうとしたための措置であったと考えられる。

　加盟国増加とともに加盟国間の利害関係も複雑化している。イラン，インド，パキスタンの処遇も悩ましい問題である。これらの国々は，正加盟国への昇格を希望するもそれがかなわないからだ。このうち核開発疑惑のあるイランの昇格については，2011年のアスタナ首脳会合で正加盟国昇格を希望する国は国連安保理の制裁を受けていないことが要件として求められることが決まっており，SCO内部でもイランを正加盟国とすることに賛同する声は少ない。インドの昇格には中国の台頭を見据えたロシアや中央アジア諸国が積極的である一方，パキスタンの昇格を中国が消極的ながらも支持しているという。近い将来，まずはインドとパキスタンを同時に昇格させることが現実的な課題として浮上するかもしれない。

（2）　領土保全，内政不干渉原則をめぐる加盟国間の齟齬

　もう1つの機構の特徴と目されてきた国家主権へのこだわりについても，2000年代後半，加盟国の足並みが乱れる事態が起こった。2008年8月，ロシアが始めた旧ソ連グルジアとの軍事衝突を受け，グルジア領内にある南オセチアとアブハジアの処遇について，SCO加盟国の間で対応に開きが生じたのである。

ロシアの侵攻以前より，グルジアはこの2つの分離主義的領域を実効支配できていなかった。グルジアで2004年に誕生した親米的なサーカシヴィリ政権は，これらの領域のグルジアへの統合を進める姿勢を打ち出し，ロシアとの緊張状態を高めていたところであった。グルジアとの戦端を開くにあたり，ロシアは，この2つの親ロシア的「国家」，とりわけ南オセチアでのロシア系住民を含む一般市民の保護を大義名分としていた。ロシア優勢の戦況で欧州連合（EU）の調停によって和平が成立した後，ロシアはこの2つの「国家」を承認した（2008年8月26日）。

その直後，8月28日にタジキスタンの首都ドゥシャンベで開かれたSCO首脳会合の席上，ロシアのメドヴェージェフ（D. A. Medvedev）大統領は自国の行動に対する他の加盟国からの同調をとりつけようとした。採択された宣言文では，南オセチアとアブハジアの問題について「当該地域の平和と協力の促進におけるロシアの積極的役割を支持する」との文言を盛り込む一方，「国家の一体性と領土保全の堅持」にも言及がなされた。SCO加盟国ではロシアのほかに南オセチアとアブハジアの国家承認に踏み切った国は現れていない。

この領土保全や介入をめぐる加盟国の間の亀裂が，その後深刻になったようには見受けられない。しかし，この機構の根幹にかかわる問題でロシアが単独で行動したことは，政治・経済協力にかかわる他の領域での加盟国間の利害の不一致と同じく，機構加盟国が一枚岩でないことを白日の下にさらした。

3　問題領域の拡大

（1）　アフガニスタン安定化政策とSCO諸国

近年の加盟国の増加と多様化は，SCOに新しい特徴・側面をもたらしつつある。まず，2012年のトルコの対話パートナーとしての参加は，同じテュルク系民族からなる中央アジアの国々にとっては歓迎すべきことであった。トルコは，カザフスタンが主導してきたユーラシア全域を包括しようとする信頼醸成の枠組みに積極的に協力してきた実績があった[4]。また，トルコは公正発展党政権の下で多角的外交を進めており，その一環としてSCO加盟を求めたと言える。西（欧米諸国）と東（SCO諸国など）の双方に目配りをしているという点では，

モンゴルの立場と似ている[5]。

　アフガニスタン問題のSCOにおける焦点化も，機構の比較的新しい側面の1つである。アフガニスタンからは2004年以降，SCOに「ゲスト」としてカルザイ（H. Karzai）大統領が毎回参加していた。SCO側も早くからアフガニスタン情勢への目配りを行い，「SCO・アフガニスタン連絡グループ」の設置を2005年の段階で決定するなどの措置をとってきたが，あまり実質的な効果がみえてこなかった（湯浅 2010：144；Weitz 2012：1-7）。

　この問題でも加盟国間に温度差がうかがえる。SCO加盟国のうち，ウズベキスタンやタジキスタンは自分たちと同系の民族がアフガニスタン北部に居住していることもあって，アフガニスタンの混乱からより直接的な影響を受ける立場にある。この両国をはじめとする中央アジア諸国やロシアにとって，アフガニスタンからの麻薬密輸やテロや組織犯罪の拡散は，地域秩序を不安定化させる脅威として深刻に受け止められてきた。また，ウズベキスタン・イスラーム運動（IMU）や解放党のような，中央アジアを本拠とする過激主義的な政治運動がタリバーンと連携してきた。これら現状打破を目的とする政治運動を取り締まるためにも，中央アジア諸国の各政権はアフガニスタンのカルザイ政権と連携することに利点を見出している。これに対し，中国は新疆ウイグル自治区が僅かながらアフガニスタンと国境を接し，旧ソ連諸国と同じく同自治区内の分離主義的ウイグル人勢力の動向こそ国内の秩序を脅かす存在として危険視されてはいるものの，二国間の政治・経済的な関係や歴史的なつながりは，旧ソ連諸国とアフガニスタンのそれらに比べ密なものではない。

　2011年，アフガニスタンはSCOへのオブザーバー参加を正式に申請し，翌2012年これは承認された。既に触れたこの年の北京首脳会合での宣言文においても，アフガニスタンの国民的和解の必要性に触れられている。しかし，2014年の欧米軍撤退を見据えて，SCOとしてこの国の安定化に向けて何ができるのか，具体策は依然みえてこない。結果として，現段階ではSCO加盟各国政府がそれぞれ裁量・利害にしたがって欧米主導の国際治安支援部隊（ISAF）の活動支援を含めアフガニスタン情勢に関与していることになる（Dodge and Redman 2011：199-218）。たとえば，キルギスの首都ビシュケク近郊の国際空港に9.11事件以後併設されたマナス基地（2009年7月以降，正式名称は「マナス中継セ

ンター」）は，10年以上にわたって米軍を主とするISAFの活動のための輸送拠点として機能している。同国の歴代政権は基地の存続によって（不法な個人的着服を含め）多大な経済的利益を手にした。その一方で，地元政府や住民との軋轢がしばしば政治問題化されてきた。2010年の政変を契機に民主化・大統領権限の縮小を目指し機能しているアタムバエフ政権は，2014年を目途にマナス基地の閉鎖を公言している。

　同じくISAFの活動支援という文脈で注目されるのが，中央アジア諸国とともにロシアも巻き込んだ輸送ルート「北方供給ネットワーク（NDN）」の整備である。アフガニスタンへの介入当初，ISAFは主としてインド洋からパキスタンを経由して物資補給を行ってきた。しかし，2008年頃からタリバーンが復調しパキスタンの連邦直轄部族地域（FATA）などに潜伏し，ISAFの物資輸送を妨害する事態となり，欧米諸国は黒海やバルト海からロシア，中央アジアを抜けたルートを整備するに至ったのである。陸上の軍事補給ルートとしては史上まれにみる最長5,000キロ超という距離もあって，輸送コストが高くなることが難点である。2012年1月の報道によれば，ISAFの活動にかかわる85%の燃料はNDNによる供給で賄っているという[6]。キルギスのマナス基地同様，他の域内空軍基地を中継する空輸ルートも整備されつつある。2012年8月からは，ロシアが自国内陸部ヴォルガ河沿岸にある都市ウリヤノフスクを中継してNATO軍物資の輸送を支援している。このルートの運用開始当日，プーチン（V. V. Putin）大統領は直接ウリヤノフスクを訪れ，このNATO支援がロシアの国益にかなっていることを明言した。

（2）　中東情勢へのまなざし

　アフガニスタンに加え，SCOの各種文書では，2011年頃から「アラブの春」による政治変動を経験している中東情勢にも言及がなされるようになった。2012年6月の北京首脳会合での宣言文では「北アフリカおよび中東情勢に深い懸念を表明」するとして，シリアそしてSCOオブザーバーであるイランをめぐる諸問題について，平和的な解決を目指すよう訴えた。

　これらの文書でSCOの領土保全・内政不干渉原則が堅持されていることは注目すべきであろう。すなわち，中東地域の問題に対してSCO加盟国は「軍事

介入,『政権移譲』の強制的促進,一方的な制裁の適用に反対する」と表明している。この宣言文が示された当時は,シリア内戦は戦域の全国への拡大や,難民の大量流出や国境地帯の不安定化などトルコを含めた隣国への飛び火が深刻の度を増していた。また,イランに対しての武力攻撃の可能性を含め,同国をめぐる軍事的緊張度が高まっていた時期でもあった。SCOが文書で示した姿勢は,たとえばNATO諸国が「保護する責任」論を盾にリビアのカダフィ政権に対する武力行使を正当化したような欧米諸国の論理を,その他の混乱の渦中にある中東諸国に適用することについて異論を差し挟んだものと解釈することができる。

　SCOは,トルコやイランなど隣国の政治変動の影響を直接こうむる位置にある国々を準加盟国として抱えている。「アラブの春」が起きた国は順当に民主化が進むといった楽観的な将来像が描けなくなった現在,SCOが中東情勢をめぐり,次の2つの難題を抱え続けることとなろう。第一は,アフガニスタンと同じく,中東地域の混乱が自国の政治秩序にも影響を及ぼすのではないかという問題である。この懸念は特に同じムスリム地域である中央アジア諸国に大きい。第二は,アフガニスタンについては二国間で実現している欧米諸国との連携を,中東情勢に対しても実現できるのか,あるいはすべきなのだろうか,という問題である。たとえば2011年のNATOによるリビア攻撃についてロシアは当初難色を示していたが,カダフィ政権の最末期にこれに対抗する臨時政権を認めリビアにおけるロシアの権益確保に走った。同様の展開は,アサド政権の行方しだいではシリアにも適用されるのだろうか。その場合,SCOの内政不干渉原則で一致しているはずのSCO加盟国の足並みはそろうのだろうか。2008年グルジア紛争時の不一致と同様に,SCO加盟国は結局のところ個別主義的な対応をとらざるを得なくなるのであろうか。

4　アドバルーン的機構としてのSCO

　加盟国同士の対話の場としてSCOは発展してきた。機構の下には,武装した実働部隊は存在しない。良くも悪くも,機構の使える手段は言説の発信,そして経済や文化分野を含めた加盟国の協力を具体化する枠組みの設定である。

SCOは，その加盟国，わけても中ロが国際社会に向けて自国に有利なメッセージを発する場として活用されてきた。

このようなSCOの特性をアドバルーンに喩えることができよう。加盟国の主張を広く国際社会に示すことができるのであれば，さほど実質的な決定がなされなくとも定期的に首脳以下各種レベルの会合が設けられていることにも意味があろう。中ロをはじめ加盟国は，高々とアドバルーンを掲げるときもあれば，いつの間にかそれを引っ込めることもある。そこに込められたメッセージは一律でない。欧米が主導するグローバル・ガヴァナンスに対抗するかのような場合もあれば，問題領域によってはこれに同調する姿勢をみせる場合もある。

これまで論じてきたように，欧米に対抗的なメッセージは，2005年を頂点に次第に低調になりつつある。そもそもグローバル・ガヴァナンス（中国語では「全球治理」）という発想やその展開について，中ロをはじめSCO諸国では必ずしも否定的に捉えられていない（王 2007 52-59, 90-95；Wang and Rosenau 2009：30-38）。SCO諸国にとって問題なのは，このガヴァナンスに自国がどれだけ主体的にかかわる能力や機会があるのか，ということであろう。この点でSCO諸国は，機構として，また各国個別のやり方で，自己の利益にかなう政策を追求してきた。その過程で2000年代半ばに頂点に達した「反米」姿勢が次第に後退し，また，アフガニスタンや中東といった新たな問題領域が浮上してきたのである。

アフガニスタン安定化問題をはじめ，SCOが投射できる政策・能力が極めて限定的かつ曖昧であることは，グローバル・ガヴァナンスにおけるこの機構の位置づけを端的に表している。SCOは欧米諸国の動向を見据え，それらの国々と協調する姿勢を示してはいる。ロシアやいくつかの中央アジア諸国は，実質的にISAFの活動を支援している側に立ってさえいる。その一方で，アフガニスタン安定化に向けたSCOの政策・能力は有言不実行との感が否めない。麻薬密輸や不法な越境者の取り締まりといった本来の機構の地域安全保障政策に適う課題についても，実際のところは各加盟国の采配まかせであり，機構として独自の措置をとる能力を持っていない。2014年の欧米軍のアフガニスタンからの撤退を見据え，SCOは同国への視線を強めつつあるが，そのための具体的な措置を近い将来打ち出せるかどうかは，今後のグローバル・ガヴァナン

スをめぐるSCOの位置づけを評価するうえでも重要な試金石となるであろう。

　より広範かつ長期的な欧米諸国との協調を追求する場合，SCOにとっては領土保全や内政不干渉原則をめぐる理念と実践の再検討は，避けて通ることのできない道であろう。しかし，おそらくこの点で近い将来大きな変更があることは見込めない。この国家主権をめぐるSCOの頑なな立場は，中ロをはじめとするSCO加盟国にとって，国内の少数民族や反体制勢力の分離主義的行動を封じ込める理念的背景となっているからである。

【注】
1) SCOの諸機関における決議は，投票ではなく調整を通じて行われ，調整の過程で異議を唱える国が1つもない場合，採択されたとみなされる。ただし，加盟資格の停止または加盟国からの除名に関する決定は「当該加盟国の1票を除いたコンセンサス」の原則により採択される（SCO憲章第16条）。
2) *Kommersant* 6 June 2012掲載のアレクサンドル・ルキン（A. Lukin）（ロシア外交アカデミー副学長）のコメント。
3) SCOの下での演習が低調になる一方で，近年ではSCOの枠組みにとらわれない，二国間での演習の規模が加盟国間で目立つようになっている。たとえば，2012年4月22～27日，中ロは黄海で海軍合同演習「海上協力2012」を実施した。ロシアからは艦艇が合計7隻，Ka-27艦載ヘリ，海軍歩兵が参加した（4月13日，ロシア国防省発表による）。また，中国からは水上艦艇16隻，潜水艦2隻とともに兵員4,000人が参加したという（中国国防部HPによる）。これは，2009年以降の「平和のミッション」を上回る演習規模と評価することができる。
4) 「アジア信頼醸成措置会議（CICA）」と呼ばれるもの。1990年代よりカザフスタンが提唱。2010年6月，第3回首脳会合がトルコで開かれた。
5) 2013年に入り，進捗しないEU加盟交渉に業を煮やしたトルコのエルドラン（R. T. Erdoğan）首相は，SCOでの正加盟国昇格を希望する発言を行っている。これは本章を執筆している時点（2013年4月）では，トルコの「脱欧入亜」の本格化と言うよりも，EU諸国に対する加盟交渉加速を促すための戦術的牽制と捉えられている（Blank 2013）。
6) *The Guardian*, 19 January 2012. (http://www.guardian.co.uk/world/feedarticle/10049831, last visited 1 February 2013)

〔参考文献〕
Blank, Stephen (2013) "What Impact Would Turkish Membership Have on the SCO?", *Central Asia-Caucasus Analyst*, 17 April 2013, pp.7-10.
Dodge, Toby and Redman, Nicholas eds. (2011) *Afghanistan: To 2015 and Beyond*, London: The International Institute for Strategic Studies.

Jargalsaikhan, Mendee (2012) "Factoring Mongolia's Mon-Membership in the SCO", *Voices From Central Aisa* (Central Asia Program, The Elliot School of International Affairs, The George Washington University), No.4. (http://www.centralasiaprogram.org/images/Voices_from_CA_4,_July_2012.pdf, last visited 27 January 2013)

Wang, Hongying and James N. Rosenau (2009) "China and Global Governance", *Asian Perspective,* Vol.33, No.3, pp.99, 5-39.

Weitz, Richard (2012) "The Shanghai Cooperation Organization and Afghanistan: Challenges and Opportunities?", *Afghanistan Regional Forum* (Central Asia Program, The Elliot School of International Affairs, The George Washington University), No.3.

猪口孝 (2012)『ガバナンス (現代政治学叢書2)』東京大学出版会

王逸舟 (2007)『中国外交の新思考』天児慧・青山瑠妙編訳，東京大学出版会

湯浅剛 (2010)「上海協力機構 (SCO)」広瀬佳一・宮坂直史編『対テロ国際協力の構図』ミネルヴァ書房，133-152頁

第9章

米州機構（OAS）
——米州再編とラテンアメリカの地域主義

澤田　眞治

1　ラテンアメリカと米州関係の変容

　21世紀を迎えたラテンアメリカは，最初の10年間で1990年代とは同じ地域と思えないほどに変貌した。冷戦終結とほぼ時を同じくして，ラテンアメリカは，政治的に80年代の民主主義への移行を終えて90年代には定着の過程に入り，経済的に再建と成長のため市場原理と自由貿易を基礎に地域的な経済統合を推進していた。だが，21世紀のラテンアメリカは左派政権が各国に成立し，米州機構（OAS）への批判が高まるなど，米国離れの動きが顕著である。[1]
　本章では，北米特に米国とラテンアメリカ諸国の国際関係（以下，米州関係）の変化について，米州を包括する地域機構であるOASと，冷戦後に活性化したラテンアメリカの地域主義・地域機構の動向から分析する。[2]

2　冷戦と米州

　戦後世界が米ソ対立の東西冷戦に特徴づけられるにつれて，米国は西半球の防衛のために，米州諸国つまり南北アメリカ大陸の結束が不可欠と考えた。第二次世界大戦では米国とラテンアメリカ諸国は，反ファシズムで軍事・政治・経済的に友好協力関係にあったが，米国は戦後も米州結束の継続を望んだ。そのため，米国主導で，国連憲章第8章に依拠した地域取極・地域機構として，米州の集団防衛条約である米州相互援助条約（リオ条約，1947年調印，翌年発効）が結ばれ，さらに48年の米州機構憲章（ボゴタ憲章）に基づき，51年にOAS（事

務局：ワシントン）が創設された。

　OASは，理事会，加盟国による毎年次の通常総会，特別総会，外相協議会等を開催し，軍事・政治・経済のみならず，社会・教育・文化を含む広範な議題を扱い，米国は援助を通じてラテンアメリカに影響力を及ぼした。しかし，冷戦期のOASは反共同盟の性格が強く，革命後のキューバの加盟資格を1962年に停止し，64年に国交断絶と禁輸措置を決議した。冷戦下のOASはラテンアメリカの革命運動や左派政権を敵視する一方，軍事政権など右派の独裁については反共を理由におおむね黙認した。したがって，OASは，ラテンアメリカの親米保守勢力には好都合であったが，左派勢力からは米国がラテンアメリカを支配する道具と考えられた[3]。

　しかし，ヴェトナム戦争後の米国の内向的な姿勢に加えて，デタント時代に高まった開発途上国の資源ナショナリズム，またカーター政権の人権外交によって，1970年代以降のラテンアメリカには米国離れの現象がみられ，この傾向は80年代も継続された。82年のアルゼンチンと英国のフォークランド（マルビナス）紛争では，ラテンアメリカの多くの国々がアルゼンチンを支持したが，米国はNATO加盟国である英国を支持した。その結果，OASの根幹であったはずの集団防衛に対するラテンアメリカ諸国の信頼が揺らいだのである。83年のカリブ海のグレナダの左派政権を転覆するために米軍が侵攻したが，ラテンアメリカの批判的な姿勢によってOASはこれを支持できなかった。さらに89年末の米軍のパナマ侵攻についても，ラテンアメリカの支持は得られなかった。米国のラテンアメリカ支配の道具であったはずのOASは，米国のラテンアメリカへの軍事介入に批判的な立場をとるようになったラテンアメリカによって，80年代には機能停止状態に追い込まれた。

　OASの権威の低下と対照的に，1980年代のラテンアメリカでは，域内問題を米国抜きで地域協力で解決に努める地域主義が模索された。79年のサンディニスタ民族解放戦線（FSLN）によるニカラグア革命の結果，米国は，ニカラグアが第二のキューバとなって，社会主義革命が周辺諸国に波及することを恐れた。レーガン政権は，ニカラグアの反共ゲリラのコントラを支援し，他の中米諸国向け軍事援助を増強した結果，ニカラグアのみならず，エルサルバドル，グアテマラ，ホンジュラスでも内戦が激化した。中米紛争の解決のために，近

隣のメキシコ，パナマ，コロンビア，ベネズエラの4カ国は，83年にパナマのコンタドーラで首脳会合を行い，ラテンアメリカが米ソの代理戦争の戦場になることを避けて，域内の協力と対話を通した紛争解決を提唱し，コンタドーラ・グループを結成した。85年には，ブラジル，アルゼンチン，ペルー，ウルグアイがその支援グループを結成し，86年末に両者が合同して，ラテンアメリカの地域協力フォーラムとしてリオ・グループが創設された。

しかし，こうした1980年代のOASの枠外での地域主義は，ラテンアメリカが直面していた累積債務等による経済危機と軍事政権からの政治的民主化という国内状況によって，成果は非常に限定的であった。民主化後の新政権は不安定で，国内問題に翻弄された。特に債務危機は，国民生活を直撃するハイパーインフレと不況をもたらし，ラテンアメリカの80年代は失われた10年となった。89年末のベルリンの壁の崩壊による冷戦の終結という世界規模での変動は，ラテンアメリカの変化のみならず，米州再編の機会を与えたのである。

3　2つの地域主義の活性化——米州地域とラテンアメリカ地域

冷戦の終結は，1990年代のラテンアメリカの政治と経済の両面で多大な影響を及ぼした。まず政治面では，東側の民主化とソ連の解体は，軍事政権などの独裁体制が自己正当化のために利用してきた反共主義を無意味にした。つまり，共産主義が敗北したことで，もはや共産主義からの防衛を理由に，民主主義を停止することはできなくなったのである。他方，キューバは，最大の援助国であったソ連を失ったことで経済が停滞し，ラテンアメリカの他の国に革命を輸出することは不可能となった。中米では和平交渉が進み，南米では民主化の波を経て，多くの国々で選挙による政権交代が実現した。

冷戦後の政治の変化は，国際関係にも影響を及ぼした。それは，民主主義が復活したものの，未だ不安定な各国の民主的な政治制度を防衛して強化することの必要性が，ラテンアメリカ地域全体で認められたことである。

OASは，1991年にチリのサンチアゴでの年次総会で，いわゆるサンチアゴ・コミットメントと決議1080を採択した。その目的は，冷戦後の米州の共通課題としての大陸規模での代表制民主主義の防衛であった。さらに92年採択のワシ

ントン議定書でOAS憲章に，加盟国の民主的な政府が武力で打倒された場合，加盟資格を停止する追加条項が採択された。これは，冷戦期に反共を理由に黙認されがちであった軍事クーデターが全面否定され，代表制民主主義が米州の共通の価値となったことを意味した。91年のハイチ，92年のペルー，93年のグアテマラ，96年のパラグアイなどの民主主義の中断に対し，OASは緊急会合を通して集団措置をとり，民主主義への速やかな復帰を促した。[4]

サンチアゴ・コミットメントから10年を経た2001年の（アメリカで同時多発テロ事件が発生した）9月11日にペルーのリマで開催されたOAS特別総会は，加盟国の民主主義の防衛のために，OASの権限を強化する米州民主憲章を制定した。また，これに先立つ同年4月の第3回米州サミットでは，後述する米州自由貿易地域（FTAA）への参加資格を民主主義国家に限定する民主条項を定めた。冷戦後のOASは加盟国の選挙に監視団を派遣するなど，民主主義の定着に積極的に貢献した。フォークランド紛争以降，80年代に存在感が希薄となっていたOASは，90年代には世界的な民主化の潮流のなかで民主主義を共通の価値とすることで，冷戦後という新しい時代の米州関係の再構築に努めたのである。他方，キューバは共産党の一党独裁を理由に，冷戦後もOASの加盟資格を停止されたままであった。

冷戦の終結は米州の経済関係にも影響を及ぼした。1990年6月にブッシュ（G. H. W. Bush：父）大統領が提唱した米州支援構想（EAI）は，冷戦後の米州再編の契機となった。米国は米州での指導力の回復を求める一方，ラテンアメリカ諸国は経済再建のために米国の協力を求めた。メキシコ，米国，カナダの94年の北米自由貿易協定（NAFTA）は，その第一歩であった。これら3カ国は域内関税や投資・貿易規制を撤廃し，自由貿易地域を形成したのである。

他方，南米では1991年に，ブラジル，アルゼンチン，ウルグアイ，パラグアイの4カ国がアスンシオン条約に署名し，1995年に関税同盟として南米南部共同市場（メルコスル）を創設した（2012年にベネズエラ加盟）。90年代には，アンデス，中米，カリブ海諸国でも経済統合のための地域協力が進んだ。

米州各地の地域主義の活性化を背景に，1994年末にクリントン（B. Clinton）大統領は第1回米州サミットを開催し，米州自由貿易地域（FTAA）構想を提案した。この構想は大陸規模の自由貿易圏を目指すもので，米国の西半球にお

ける指導性を確保する目的があった。さらに95年7月に、史上初の西半球国防相会合が米国で開催され、安全保障でも米国の指導性が発揮された。

　冷戦後のラテンアメリカ各地の地域協力は、米国主導の米州再編の動きに刺激されたものだが、必ずしもそれだけではない。たとえば、1991年からラテンアメリカ諸国は毎年、旧宗主国のスペインやポルトガルとイベロアメリカ首脳会合を開催し、また東アジア等の他の地域を見据えた多角的な外交姿勢を打ち出している。メルコスルなどの動きも、米国との協調を否定しないまでも、米国に主導権を完全に奪われまいとする冷戦後のラテンアメリカ地域の自律的な動きと理解すべきである。

　1990年代のラテンアメリカを概観するなら、民主的な政府が、経済の再建と成長のために、対外的に貿易自由化を、国内で後述の新自由主義的な経済政策を進めた。だが、後者の影響は一国のみならず、地域全体に及ぶものとなった。

4　新世紀のドミノ理論？——左派勢力の伸長と米国離れ

　20世紀最後の10年間のラテンアメリカを振り返れば、米州の共産主義からの集団防衛ではなく、米州の民主的な政治制度の集団防衛に取り組むことで、OASの権威は回復し、米州再編の動きが進むことで、21世紀の米州関係は安定と繁栄を享受し、OASがさらに重要な役割を担うと予想された。しかし、21世紀の最初の10年間の米州関係は、予想とは正反対であった。新世紀を迎えたラテンアメリカでは、左派政権が相次いで成立し、米国離れが顕著となった。その理由として、1990年代の経済回復過程の陰で深刻化した貧困への国民の不満、米国の外交姿勢に対するラテンアメリカの反発を指摘できる。

　ラテンアメリカでは、1980年代の債務危機から経済を再建するために、90年代に世界銀行やIMFの指導下で新自由主義(ネオ・リベラリズム)の経済政策が導入された。新自由主義は、小さな政府と市場原理を重視する考え方である。具体的には、各種の規制や補助金の撤廃、財政規律の強化、国有企業等の民営化、貿易自由化や外資への市場開放である。FTAAの構想も、この政策の一環として考えられる。これらの経済政策の指針は一般にワシントン・コンセンサスと呼ばれ、一時的には外資の流入と経済の安定をもたらしたが、失業率や貧困を改善するどころ

か，貧富の格差をさらに拡大させた。

　南米随一の親米国家であったはずのベネズエラで，1999年に反米左派のチャベス政権が誕生したことを契機に，新世紀を迎えて以降，民主的な選挙によって相次いで左派政権が誕生するドミノ現象がみられた。その背景に，2001年にブラジルのポルトアレグレで開催された第1回世界社会フォーラムで標榜された反グローバル化，つまり米国主導の貿易自由化や，新自由主義的な市場中心主義の経済政策に反対する声の広がりがある。

　ラテンアメリカの左派政権は，ベネズエラのように反米と資源国有化を主張する急進派と，ブラジルのように公正と貧困撲滅の実現を唱える穏健派の2つに分類できる。しかし，対米関係では，反米の急進派のみならず，穏健派にも離米的な志向性が見られる。こうした米国離れが進んだ背景として，以下の政治・経済的な理由を指摘できる。

　政治的な理由として，2001年の米国の同時多発テロ事件を受けたブッシュ（G. W. Bush：子）大統領の対外姿勢がある。ブッシュ政権は，多国間主義（マルチラテラリズム）ではなく，単独行動主義（ユニラテラリズム）を掲げて対テロ戦争を遂行し，02年に悪の枢軸（イラク，イラン，北朝鮮）に，キューバ（とリビア，シリア）を加えたことで，米国のキューバ向け制裁の解除やキューバのOAS復帰を求めるラテンアメリカ諸国と反目した。キューバと親密な急進左派諸国のみならず，米国とNAFTAを構成するメキシコですら，02年のイラク戦争に反対して米州相互援助条約を破棄（04年に正式に脱退）した。また，米国が02年に失敗に終わったチャベス（H. Chávez）大統領追放の軍事クーデターを黙認したことは，チャベス政権の正当性と反米の風潮を高めた。05年にはチリのインスルサ（J. Insulza）がOAS事務総長に選出されたが，彼は米国の推薦なく就任した初めての事務総長であった。

　経済的には，成長を続ける中国との関係の深化や，ラテンアメリカで産出される天然資源の世界的な需要増と価格高騰があった。これは米国への過度の依存からの脱却と東アジア等の経済圏への接近を促し，米国への反発も相まって，ラテンアメリカ諸国の国際関係における多角化と自立志向を強化した。

　ラテンアメリカの反米や離米の志向性は，FTAA構想にも影響を及ぼした。2001年のカナダのケベックでの第3回米州サミットでは，FTAAの参加資格を民主主義国家に限定してキューバを除外し，05年末までの発足で合意してい

た。ところが，その後の政権交代による反米左派の隆盛によって，FTAAに反対する声が高まり，05年のアルゼンチンのマルデルプラタでの第4回米州サミットでは，メルコスルを率いる穏健派のブラジルと急進派の先鋒ベネズエラによって，米国が提唱してきたFTAA構想は挫折に追い込まれたのである。

5 反米による連帯の地域主義──ALBA

前世紀末のベネズエラに端を発し，21世紀に相次いで成立した反米を旗印に掲げる急進左派は，ベネズエラを中心に米州ボリバル同盟（2009年に米州ボリバル代替構想から改称，ALBA）を結成した。ALBAはスペイン語で夜明けや幕開けを意味し，FTAAのスペイン語表記であるALCAへの対抗的な意味もある。ボリバル（S. Bolivar）は南米解放の英雄であり，ボリビアの国名の由来である。また，チャベス大統領は1999年に国名をベネズエラ・ボリバル共和国に改称している。

さて，ALBAは2004年12月に調印されたキューバとベネズエラの2国間協力が原型である[7]。それは，カストロ（F. Castro）を敬愛するチャベスが石油不足のキューバを支援するため，ベネズエラが自国産原油を廉価で提供する資源外交の見返りに，キューバが革命の成果である医師と教師をベネズエラに派遣する白衣外交で応じる2国間の南南協力として開始された。ALBAは，米国が重視する市場競争と自由貿易に対抗して，市場外で相互扶助や社会福祉の国際協力という人民貿易協定（TCP）を通して，米国抜きでのラテンアメリカの地域統合と社会連帯の推進を唱えている。

ALBAは反米左派政権の国々に加盟を促し，ベネズエラとキューバの枢軸に加えて，2006年にモラレス政権のボリビアが，天然ガス国有化宣言とほぼ同時にALBAに加盟した。07年には16年ぶりに大統領に復帰したオルテガ政権のニカラグア，09年にコレア政権のエクアドルがALBAに加盟した。さらに，05年のベネズエラの対カリブ石油協力協定（PETROCARIBE）によって廉価で石油提供を受けるカリブ海の島嶼国も加盟し，計8カ国がALBAに加盟している。反米指導者チャベスのALBA諸国に対する力の源泉はベネズエラの原油であるが，それは原油の国際価格に依存したものである。

6　リオ・グループの復権——CELAC

　2005年の第4回米州サミットでは，ALBA諸国とメルコスル諸国が中心となって，米国主導のFTAA創設構想を挫折に追い込んだが，その後も米国離れの傾向は政治面でも現れた。08年12月にブラジルのサルバドール近郊でラテンアメリカ・カリブ首脳会合が開催された。この首脳会合において，キューバを含むラテンアメリカとカリブ諸国の33カ国で構成されるラテンアメリカ・カリブ諸国共同体（CELAC）の創設を提唱するサルバドール宣言が採択された。この会合にはラテンアメリカ33カ国のうち31カ国の首脳が出席したが，中心人物は，FTAA構想を頓挫させたベネズエラのチャベス大統領とブラジルのルーラ（L. I. Lula da Silva）大統領であった。

　この共同体の創設の目的は，米国抜きでのラテンアメリカの自立的な協力体制の構築，つまりラテンアメリカの域内の問題を域内の諸国が解決可能にすることである。米国主導のOASにはキューバが参加していないが，対照的に，CELACにはキューバが含まれ，米国とカナダが排除されている。こうした地域主義は，前述のリオ・グループを想起させる。86年に8カ国で結成されたリオ・グループは，中米和平後も加盟国（08年にキューバが加盟して21カ国）が増加した。CELAC創設に合意した2度目の首脳会合が，10年2月にメキシコのカンクン近郊で開催された第23回リオ・グループ拡大首脳会合（カリブ海諸国が参加）の機会を利用したことからも，CELACの創設は，事務局や常設機関を持たない協議体であった既存のリオ・グループを，将来の地域統合を目指す共同体へと発展させる動きとして理解できる。[8]

　しかし，2011年7月にベネズエラのカラカスで開催予定であったCELAC設立首脳会合は，チャベス大統領の病状のため延期され，同年12月にカラカス宣言を採択してCELACは正式に発足した。だが，宣言の内容をめぐって，ALBA諸国とそれ以外（特に後述する太平洋同盟）の国々の間で見解に相違が見られた。[9] ALBAがOASを米国の支配の道具とする反米イデオロギーを喧伝する一方，リーマン・ショック後の世界不況のなかで通商拡大という経済利益を重視する国々もあった。この宣言によって，CELACは，OASの代替地域機構

第9章　米州機構（OAS）　125

でも，米国を敵視するものでもなく，ラテンアメリカ域内の協力と統合を進める穏健な地域機構としての性格が付与された。

　CELACに対するALBAの影響力が限定されたことは（2013年3月のチャベス大統領の死去とともに），今後の反米左派勢力に影響を及ぼすかもしれない。だが，それ以上に重要なのは，むしろ，CELAC創設が提案された08年末のサルバドール宣言からCELACが正式に設立された11年末のカラカス宣言までの間に，ラテンアメリカ諸国に生じた次の2つの変化である。それらは，ALBAと性格を異にする国々から成る新しい同盟の出現と，地域大国から世界の大国へと変貌を遂げるブラジルの変化である。

7　西ラテンアメリカの「離米」の地域主義——太平洋同盟

　CELAC創設の首脳会議（実際は年末に延期）を3カ月後に控えた2011年4月にペルーで開催されたメキシコ，コロンビア，ペルー，チリの4カ国首脳会合（パナマは特使参加）で，太平洋同盟に合意するリマ宣言が採択された。同盟を提案したペルーのガルシア（A. Garcia）大統領は，自由貿易と経済統合の政策を共有できる太平洋岸のラテンアメリカ諸国に結束を呼び掛けていた。[10]

　この首脳会合は，先立つ2010年12月にアルゼンチンのマルデルプラタでの第20回イベロアメリカ首脳会合の機会に，ガルシア大統領が，メキシコのカルデロン（F. Calderón）大統領，コロンビアのサントス（J. Santos）大統領，チリのピニェラ（S. Piñera）大統領に提案したことで実現した。これら4カ国は，ALBA諸国とは対照的に，市場経済と自由貿易を重視し，グローバル化に対応して市場開放政策をとっており，世界経済の成長の中心であるアジア太平洋との通商拡大をねらうラテンアメリカの太平洋沿岸諸国である。

　リマ宣言では，加盟国間の地域統合を進めて，財，サービス，資本，人の自由往来を実現し，アジア太平洋諸国との政治経済関係の緊密化を図ることが明示された。同年12月のメキシコのメリダでの4カ国首脳会合（パナマはオブザーバー参加）では，太平洋同盟を設立条約に基づく機構にするため，枠組協定を締結することで合意した。その後，太平洋同盟はコスタリカのオブザーバー参加を認め，12年6月にチリのアントファガスタでの首脳会合で枠組協定が署名

され，正式に発足した。

太平洋同盟4カ国は，各々2国間で自由貿易協定を締結しており，オブザーバーのパナマとコスタリカも同盟4カ国と自由貿易協定を締結することで加盟国となる。太平洋同盟4カ国の市場規模は，人口2億人超でブラジルに匹敵し，GDP総額が1.4兆ドルでラテンアメリカ全体の35％強に相当する。[11]

域外関係では，太平洋同盟4カ国は，米国と自由貿易協定を，日本と経済連携協定（コロンビアは交渉中）を結んでいる。アジア太平洋経済協力（APEC）には，メキシコ（93年），チリ（94年），ペルー（98年）が参加し，コロンビアも参加を希望している。[12] 中国の経済成長に加えて，近年の環太平洋パートナーシップ（TPP）協定交渉を追い風に，太平洋同盟は注目を集めている。したがって，太平洋同盟は，反米ALBAの反市場・反自由貿易とは対照的に，市場開放と自由貿易を志向するものの，必ずしも親米ではない。その意図として，米国と東アジアを両天秤にかけて実利を追求するプラグマティズムを指摘できる。

8　OASの行方

ALBAの将来は反米イデオロギーの有効性と原油の国際価格に，太平洋同盟の将来は東アジア特に中国経済の盛衰に，それぞれ大きく左右されるだろう。しかし，反米で反グローバル化のALBAであれ，東アジアとグローバル化を志向する太平洋同盟であれ，ラテンアメリカはCELACの創設にみられるように，米国離れの対外戦略を維持することが予測される。20世紀の米州はOASによって米国を中心に一応の結束を保持してきたが，世紀の転換期に生じた亀裂の修復は容易ではない。関係改善を目指すオバマ政権の登場で，OASは2009年に47年ぶりにキューバ除名決議を撤回したが，米州民主憲章などの受け入れを条件としているため，キューバにはOAS復帰の意思はない。

米州の行方を考えるうえで，20世紀に未来の大国と称され，近年に世界6～7位の経済大国となったブラジルの動向が今後の鍵となろう。BRICSの一角であるブラジルは南米の統合過程で指導的な役割を担っており，2000年にブラジリアで第1回南米首脳会議を主催し，08年に南米12カ国で将来EU型の統合を目指す南米諸国連合（UNASUR）設立条約を同じくブラジリアで採択した。

UNASURには防衛審議会が設置されており，欧州安全保障協力機構（OSCE）のような信頼醸成や地域安全保障協力の促進が期待されている。

ALBAと太平洋同盟を両極にイデオロギーで分断された感のあるラテンアメリカだが，ブラジルは，もはや地域大国ではなく，グローバル・プレーヤーとして存在感を高めている。第三世界外交を掲げてチャベスとCELAC創設を主導したルーラ政権に比べて，後任の実務的なルセフ政権はALBAと距離を置くだろう。また，太平洋同盟の進展は，近年のメルコスルの停滞もあって，ブラジルの対米関係に影響を及ぼすだろう。米州関係で新大国ブラジルが南のボランチとしての役割を担うことも考えられる。

冷戦期に米国のラテンアメリカ支配の道具と批判されたOASが，1990年代のように再び求心力を回復するかは，ブラジルの動向に加えて，太平洋同盟のようにラテンアメリカと米州域外の関係にも左右される。CELACの今後は不透明だが，OASも低調な状況が続くだろう。しかし，20世紀のラテンアメリカの対米関係が〈協調・依存〉と〈対抗・自立〉を繰り返してきた歴史を振り返るなら，21世紀にOASがその役割を終えたと断言することは早計である。

【注】
1） 世紀転換期の米州の混迷について（遅野井 2004；浦部 2009）が示唆に富む。
2） パンアメリカ（汎米）主義とラテンアメリカ主義の展開に関し（澤田 2004）参照。
3） 冷戦期のOASの反共的性格については（庄司 1993）参照。
4） 「決議1080」と「米州民主憲章」の実践に関しては，（Levitt 2006）参照。邦文では（浦部 1997；松下 2004）が有益である。なお，メルコスルもパラグアイ危機を契機に，加盟資格に民主条項を導入している（澤田 2001）。
5） カスタニェダ（Castañeda 2006）は，チリ，ウルグアイ，ブラジルなど社会政策を重視する左派と，ベネズエラ，アルゼンチン，ボリビアなど反米・反グローバリズムの左派に分類する。左派政権の詳細は（遅野井・宇佐美 2008）参照。
6） 9.11同時多発テロ事件からイラク戦争までの米州関係は（乗 2004）に詳しい。
7） キューバとALBA諸国の関係については（田中 2012）に詳しい。
8） CELAC創設とALABの思惑については（De La Barra and Buono 2012）参照。
9） たとえば，ブラジル，メキシコ，アルゼンチン，チリ，コロンビアはCELACがOASに代替する地域機構となることに反対であった（LAWR 2011b）。
10） 太平洋同盟創設の経緯は（LAWR 2011a）参照。なお，太平洋同盟に先行して，ラテンアメリカ太平洋沿岸11カ国は「太平洋の弧フォーラム」を形成したが，今後の太平洋同盟への加盟が予想される。

11）　太平洋同盟に並行して，チリ，コロンビア，ペルーの証券取引所は，2011年から「南米統合証券市場（MILA）」として3カ国統合運用（メキシコも検討中）され，加盟国間の投資を促している（詳細はhttp://www.mercadomila.com/, last visited 31 January 2013）。
12）　日本と太平洋同盟4カ国の関係では，経済連携協定（EPA）が発効（メキシコ：05年，チリ：07年，ペルー：12年）しており，コロンビアと交渉中である。
13）　OASは2010年にニカラグアとコスタリカのサンフアン川の国境問題の調停を行ったが，ニカラグアのオルテガ大統領は政権への国民の支持を得るために調停を無視して反OASを標榜するなど，ALBA諸国ではOASの権威は失墜している（LAWR 2010）。

〔参考文献〕

Castañeda, Jorge G. (2006) "Latin America's Left Turn", *Foreign Affairs*, 85 (3), pp.28-43.
De La Barra, Ximena and Buono, Dello (2012), R. A. "From ALBA to CELAC Toward 'Another Integration'?", *NACLA Report on the Americas*, Summer, 45 (2), pp.32-36.
LAWR (2010) "OAS limits laid bare (again)", *Latin American Weekly Report*, WR-10-46, pp.11-12.
LAWR (2011a) "Take it to the limits", *Latin American Weekly Report*, WR-11-18, pp.3-4.
LAWR (2011b) "Bolivar's second coming and the end of the OAS, or a damp squib?", *Latin American Weekly Report*, WR-11-49, pp.1-2.
Levitt, Barry S. "A Desultory of Democracy: OAS Resolution 1080 and the Inter-American Democratic Charter", *Latin American Politics and Society*, 48 (3), 93-123.
浦部浩之（1997）「ラテンアメリカにおける安全保障対話の進展と信頼醸成措置の構築」ラテンアメリカレポート14（4），12-22頁
浦部浩之（2009）「米州システムの亀裂とラテンアメリカ諸国による新たな地域連携の模索──ALBA，UNASURと中小国の対応を中心として」望月克哉編『国際安全保障における地域メカニズムの新展開』日本貿易振興機構アジア経済研究所，47-73頁
遅野井茂雄（2004）「亀裂深める米州システム」海外事情52（12），2-21頁
遅野井茂雄・宇佐見耕一編（2008）『21世紀ラテンアメリカの左派政権──虚像と実像』日本貿易振興機構アジア経済研究所
澤田眞治（2001）「メルコスル諸国における信頼醸成と地域安全保障」国際法外交雑誌100（5），43-86頁
澤田眞治（2004）「ラテンアメリカの国際政治とその行方」吉川元・加藤普章編『国際政治の行方──グローバル化とウェストファリア体制の変容』ナカニシヤ出版，157-178頁
庄司真理子（1993）「米州における紛争解決システム──OASの役割の変容」細野昭雄・畑惠子編『ラテンアメリカの国際関係』新評論，79-95頁
田中高（2012）「キューバ社会主義体制の維持とALBAの展開」山岡加奈子編『岐路に立つキューバ』岩波書店，113-139頁
松下日奈子（2004）「民主主義を支える地域的国際的枠組──米州機構と域内統合を中心に」松下洋・乗浩子編『ラテンアメリカ政治と社会』新評論，231-250頁
乗浩子（2004）「ラテンアメリカとアメリカ」五味俊樹・滝田賢治共編『9・11以降のアメリカと世界』南窓社，119-131頁

第10章

アフリカ連合（AU）
——オーナーシップのない紛争解決策

戸田真紀子

1 アフリカとグローバル・ガヴァナンス

　グローバル・ガヴァナンスを語るとき，次のような三段論法がとられる。まず，国際社会には中央政府が存在しておらず，国家の持つ「主権」より上位の法的権威は存在しない。国際法上，主権国家には，政治的独立，領土保全，内政不干渉原則が認められている。しかし，モノ・カネ・ヒト・情報が国境を越えて行き交うグローバル化の時代においては，一国の政府だけでは解決できない多くの重要問題（環境問題，感染症，難民問題など）が発生している。したがって，このような国境を越えた現実の諸問題に取り組むために，国際社会の構成メンバーの活動を制御するための新しい取り決めが必要である。

　ほとんどの日本人はこの考え方に違和感を持たないだろう。しかし，アフリカの人々はどうだろうか。独立後の統治体制はイギリスやフランスなどの宗主国主導で決められ，大国の意向に逆らった国家建設を行えば報復された[1]。「アフリカ人のためのアフリカ」を作ろうとした多くの政治家は処刑か追放か幽閉かという運命をたどり[2]，冷戦時代の内戦は，どれも大国の干渉によって解決の道が遠のいた。国際法が主権国家に認めている内政不干渉原則がアフリカに適用されたとはとても思えない。

　冷戦終結後，2001年の「アフリカ開発のための新パートナーシップ（NEPAD）」を経て，2002年に生まれたアフリカ連合（AU）[3]の自助努力への期待が高まったが，これまでの対アフリカ政策を大国が反省したということではなく，これ以上アフリカ援助の負担を増やしたくないという思惑があった[4]。

本章では、内戦を一国のものとせず、国連平和維持活動（PKO）や多国籍軍等が介入してくる軍事のグローバル化時代のアフリカにおいて、地域機構であるAUがどの程度自主性をもって問題解決にあたっているのかを概観し、アフリカの紛争を解決するグローバル・ガヴァナンスのあり方を検討する。

2　アフリカ統一機構と地域紛争

(1) パン・アフリカニズム

　アフリカの統一を訴えたパン・アフリカニズムは、19世紀後半から、米国やカリブ海諸国などの奴隷の子孫であるアフリカ系の人々が、黒人としての尊厳を回復していく過程で生まれた。1919年2月、アフリカ系米国人であるデュボイス（W. E. B. Du Bois）は、パリ講和会議にあわせて第1回パン・アフリカ会議（Pan-African Congress）を組織した。1945年10月にイギリスのマンチェスターで開催された第5回パン・アフリカ会議では、アフリカ大陸の指導者が運動の主導権を握り、植民地独立の大きな原動力となった。パン・アフリカニズムに最も共感したアフリカ人指導者の1人がガーナのンクルマ（K. Nkrumah）であり、1958年にガーナで開催された全アフリカ人民会議には、コンゴのルムンバ（P. Lumumba）など独立の指導者たちが一堂に会し、アフリカの連帯への道が始まった。

(2) アフリカ統一をめぐる路線対立

　1960年に始まったコンゴ動乱に対して、アフリカ諸国の足並みは乱れた。コンゴ共和国首相ルムンバを擁護するグループとベルギーや米国に与するグループに分かれたのである。さらに、前者は、アフリカの独自性、アフリカ合衆国の創設を主張してカサブランカ・グループ（ガーナ、ギニア、モロッコ、マリ）を結成し、後者に属する12の旧仏領諸国（セネガル、コートジボワール、コンゴなど）は、現在の国境線の尊重、内政不干渉、欧米との協調、緩やかな国家間連合の形成を主張してブラザビル・グループを結成した。このブラザビル・グループと穏健派の旧英領の国々がモンロビア・グループを結成し、主導権を握ることになった。こうして、1963年にアフリカ統一機構（OAU）が発足したのである。

OAUは植民地解放を第一と考える組織であったが、ンクルマが考えた「アフリカ合衆国」創設という目標は支持されなかった。[5]

（3） OAUと国内紛争

OAU憲章は、加盟国間の紛争の仲裁を行う「仲裁・調停・仲裁委員会」（第7条）と、加盟国の防衛および安全保障政策の調整を行う「防衛委員会」（第20条）を設置していたが、両者とも域内の紛争に有効に機能することはなかった（片岡 2004 : 6）。特に、国内紛争については、OAUの原則である「内政不干渉の原則」と大国の動向がOAUによる介入の足枷となった。[6] 実際、1990年から始まったルワンダ内戦以前にOAUが介入した国内紛争は、1964年のタンガニーカでの軍の反乱と1979年のチャド内戦だけであった（AU 2000 : 70）。

OAU憲章第2条第1項(c)には加盟国の「主権・領土保全・独立」を守ることが規定されており、国内に分離独立の火種を抱えていた加盟国が多かったこともあり、OAUは内政不干渉原則に拘束されていた。また、冷戦当時、欧米の協力者であったアフリカの独裁者が、OAUの会議で、他国の内戦における人権侵害行為などに適切に対応することは期待できなかった。

冷戦終結後、アフリカは「紛争の大陸」と呼ばれるほど、国内紛争が噴出した。リベリア内戦（1989-96, 1999-2003）、ソマリア内戦（1991-）、シエラレオネ内戦（1991-2002）、ブルンジ内戦（1993-2006）、ルワンダ内戦（1990-94）、コンゴ戦争（1996-97, 1998-2003）は、それぞれ10万人から500万人以上の人命が犠牲となった国内紛争である。もはや「内政不干渉原則」は言い訳にできず、OAUとして国内紛争に介入する責任が国際社会から求められた。

第30回OAU首脳会議（1993年6月）において、「紛争予防・管理・解決メカニズム創設に関する宣言」が採択され、OAUが域内紛争に積極的に対処することが期待された。しかし、1994年のルワンダのジェノサイドを防ぐことはできなかった。このときOAUは何をしていたのだろうか。

OAUの委託を受けた国際有識者パネルによる「ルワンダ：避けられたジェノサイド」（AU 2000）[7]は、OAUや他のアフリカ諸国の道義的責任を認めながらも、[8] 米国、フランス、ベルギーを厳しく批判している。特に米国は、ジェノサイドの光景を前に国連PKO縮小を主導し、OAUや他のアフリカ諸国の反発を

招いた (AU 2000：85-86)。OAUは，内政不干渉というルールに縛られながらも行動を起こしたが，米国，フランス，ベルギーという壁に阻まれ，必要な対策を主導することができなかったのである。

3　AUとソマリア内戦

　冷戦後，国内紛争が各地で噴出し，国際社会は「保護する責任」という新しい概念を生み出した。地域機構が域内の平和に積極的にかかわり，「アフリカの問題はアフリカの手で解決する」ことが国際社会からも期待され，2002年に，OAUはAUに移行した。

　では，内政不干渉原則に縛られて国内紛争に有効に対処できなかったOAUと比べて，AUはどの程度踏み込んで対応できるのだろうか。AU制定法は，第3条(b)において加盟国の主権を守ることをAUの目的とし，第4条(b)において「独立達成時の国境線の尊重」を，(g)において「加盟国間の内政不干渉」を規定している。その一方で，次の(h)において「重大な事態，すなわち，戦争犯罪，ジェノサイド，人道に対する罪については，首脳会議の決定に従って，AUが加盟国に介入する権利」が，(j)において「平和と安全を回復するためにAUに介入を要請する加盟国の権利」が規定されている。

　AUのホームページ（以下HP）には，平和なアフリカ（Peaceful Africa）という言葉が出てくる。平和と安全の維持はAUにとって最重要課題の1つである。アフリカ大陸の紛争に介入する権限を持つAU平和・安全保障理事会や賢人会議など，AUの平和・安全保障分野についてはベサダ（Besada 2010）や片岡（2004）が詳細に論じているので，本節では，近年のソマリアへの介入を事例として（2012年8月20日の暫定統治終了まで），AUが紛争解決に対してオーナーシップを発揮しているかどうかをみていきたい。ソマリアは，1991年にバーレ政権が倒されて以来，全土を支配する政府が存在せず，周辺国への難民の流出，海賊，テロ組織などグローバル・イシューを生んでいる。まずは，ソマリアが破綻国家と呼ばれる状況に至った経緯をみていこう。

（1） バーレ政権の崩壊と長い内戦

　1969年から20年以上ソマリアを支配したバーレ (S.Barre) は，当初，クラン重視の政治からの脱却を目指したが，オガデン戦争 (1977-78) 敗北後の政権基盤の弱体化に際して，クラン政治を自ら復活させてしまった[11]。1980年代には反政府勢力が台頭し，疫病による家畜の輸出減少により経済危機が加速した[13]。さらには，冷戦終結により，西側の同盟国からの援助が減り，バーレ政権は急速に弱体化し，1991年1月，バーレは反政府勢力によって追放された。

　ソマリア国民にとって不幸だったことは，バーレの後継者に誰がなるべきかについて，反政府勢力内で合意ができず，再び内戦状態になったことである。国連PKOの失敗後，20回近く和平への試みが行われ，政府間開発機構 (IGAD)[15]が進めた和平プロセスの結果，暫定連邦政府 (TFG)[16]が2004年に成立した（暫定統治は2012年8月20日に終了）。国連，米国，EU，アラブ諸国等から資金提供を受けているが，2012年8月の時点でもTFGはソマリア全土どころか首都モガディシオしか掌握できていなかった[17]。

　首都モガディシオの住民に長年誰もできなかった「平和な日常」を提供した「イスラーム法廷連合 (UIC)」が一時期 (TFGが拠点としていたバイドアを除く) 中・南部ソマリア地域を支配下に置いたが，2006年12月，TFGの要請を受けた（そして米国を後ろ盾とした）エチオピア軍によって壊滅的打撃を受けた[18]。そしてTFGはエチオピア軍に保護され，首都モガディシオに入城した。

　2007年9月，UICのシェイク・シャリフ (Sheik Sharif Sheikh Ahmed) を中心としてソマリア再解放連盟 (ARS) が結成され，2008年8月，TFGとARSの穏健派グループ（シェイク・シャリフが指導者）が，ジブチ合意に署名した[19]。エチオピア軍撤退終了後の2009年1月，シェイク・シャリフが，ユスフ (A.Yusuf) 初代TFG大統領の後任として就任した。

　TFGとアル・スンナ・ワル・ジャマア (ASWJ)[20] は，2010年3月，協力合意文書に署名し，ASWJは政権内にポストを得，その軍隊はTFGの軍隊に組み込まれた (AC Vol.51 No.6：4)。2011年9月には，2012年8月までに暫定統治期間を終了させるためのロードマップが採択されるなど，一定の前進はあったが[21]，ソマリア和平の最大の問題は，UICの過激派が結成した反TFG勢力アル・シャバブ[22]の存在である。アルカイダと関係を持ち，暫定統治期間が終了した8

月現在でも中部・南部の多くの町を支配下に置いているアル・シャバブに対して，AUはどのような対応をしてきたのだろうか。

（2） ソマリアとAU平和維持部隊

2007年1月，AU首脳会議はAU平和維持部隊（AMISOM）の派遣を決定し，2007年3月に活動が始まった。2007年2月20日には，国連の安全保障理事会がAUによる平和維持活動を承認する決議案を全会一致で採択した（決議1744)[23]。

AU加盟国がAMISOMへの派兵をためらうのは，兵員の安全確保の問題が大きい。2009年1月のエチオピア軍撤退後はAMISOMがその任についたが，AMISOMを標的としたテロが相次いだ（Amnesty International 2010）。アル・シャバブの攻撃はソマリア国内にとどまらない。2010年7月11日，ウガンダの首都カンパラで連続爆発テロが起き，アル・シャバブがAMISOMに派兵しているウガンダへの報復であると犯行声明を出した。派兵すればテロの標的になるという脅しである。

ソマリア国軍とAMISOMの攻撃により，2011年8月6日，アル・シャバブはモガディシオから撤退したが，自爆テロは続き（AC Vol.52 No.20：10)，10月16日からアル・シャバブ掃討のためにソマリア南部に進攻しているケニア軍の攻撃に対しては，ケニア国内で報復テロが続いている。

2012年2月22日，国連の安全保障理事会は決議2036を全会一致で採択し，国連憲章第7章の下，AMISOMに，アル・シャバブに対抗するため「必要なあらゆる措置」の実施を承認すると初めて明示した。さらに，AMISOMの定員を現在の1万2,000人から1万7,731人に増強するようにAUに求めた（United Nations 2012)。2013年8月現在，AMISOMの軍事部門と警察部門の構成員は1万7,000人を超え，軍事部門の派遣国は，ウガンダ，ブルンジ，ケニア，ジブチである（AMISOM HP)[24]。

（3） 紛争解決とAUのオーナーシップ

AMISOMにとって最大の課題は財源不足である。AU加盟国にはAMISOMを支えるだけの資金力はない。EUや米国など援助側の発言力が当然強くなる[25]。ただし，テロ対策およびソマリア沖の海賊対策のためには，ソマリアに統

治能力のある政府が成立することが必要であり，そこから利益を得る大国自身がAMISOMに拠出するのは当然のことである。大国は，ソマリアに「テロとの戦い」と「海賊との戦い」に貢献できる政府を樹立するためにTFGを支援し，自国兵士の血を流さないためにAMISOMを支援していると言っても過言ではない[26]。

恐怖政治を行うアル・シャバブ[27]に若者が参加する最大の原因は自己の境遇に対する不満である。失業中の若者が金のためにアル・シャバブに参加しており，そのために組織が脆弱であることが指摘されている（Samatar 2010：321）。テロ対策には貧困対策が必要不可欠であるはずだが，現実にAUが行っていることはアル・シャバブへの攻撃だけであり，これでは根本的な解決にならない。

AMISOMを前面に出すことは「アフリカの問題はアフリカ人の手で」という美しいフレーズにかなっている。しかし，中立の立場で平和構築にあたるのではなく，アル・シャバブを壊滅させる目的で紛争に介入するAMISOMは，調停者ではなく，紛争の当事者でしかない。AMISOMがアル・シャバブに勝利したとしても，グローバル・ガヴァナンスというお墨付きで欧米という異教徒が主導して作った「新しい取り決め」を，欧米の制度や価値観に強い抵抗を示し，ソマリ人の文化や価値観そしてイスラームの教えを守ることを第一と考えているソマリアの人々が受け入れるだろうか。単なる上からの押し付けになってしまっては，ソマリア国民は新政府の正統性を認めず，アフガニスタンやイラクのように，平和の「定着」が望めないかもしれない。

ソマリアの崩壊国家状況は解決されなければならないが，海賊やテロリストを取り締まる政府を作ることよりも，人々に平和な日常を保障する政治制度を作ることが優先されるべきである。サマタール（S. S. Samatar）がソマリアに中央政府を作ることの必要性に疑問を呈しているように（Samatar 2010：314），欧米流の政治学では当然の制度が必ずアフリカにも適しているとは限らない。

欧米が理解できない分野にこそAUの活躍の場がある。クランを重視するソマリ社会を取りまとめて統治することは決して容易ではない。ソマリ人のクランへの忠誠心は非常に強い。さらには，組織対立の根元には，クラン間の土地・水・経済的利益を求めた対立もある。ヘッセ（B. J. Hesse）は，アル・シャバブとASWJの対立の根底には，スーフィーをめぐる宗教的な問題だけでは

なく，ソマリア中部の肥沃地帯であるシャベル渓谷の支配権をめぐるクラン同士の対立があることを指摘している（Hesse 2010：252）。このようなクラン間対立への対処策，また，長老や宗教指導者の政治への関与のさせ方など，アフリカの知恵と経験を発揮できる問題は数多くある。何より，ソマリ人にはソマリ人の伝統的な紛争解決手法がある[28]。「新しい取り決め」は，欧米の価値を押しつけるためではなく，人々の生活を立て直すために作られるべきであり，このような姿勢をとることが，アフリカのオーナーシップであり，平和の定着の基盤作りとなる。

4 大国支配ではないグローバル・ガヴァナンスに向けて

本章では，OAUとAUの国内紛争への対応を概観し，アフリカの紛争を解決するグローバル・ガヴァナンスとアフリカのオーナーシップのあり方を検討した。冷戦終結後，国際社会はアフリカに「民主化」「良き統治」「法の支配」「オーナーシップ」などさまざまな要求を突きつけた。冷戦時代は独裁者がいかに人々を弾圧しようと不正を働こうと目をつぶってきた欧米諸国が，今度は経済援助の負担を減らすために，アフリカに自立を求めたのである。

しかし，その要求は単純過ぎた。欧米の考えた「民主化」とは，複数政党制の導入と選挙の実施だけであり，ウェストミンスター型のwinner-take-allの原則は，民族対立を悪化させた。「良き統治」や「法の支配」を要求しながら，アフリカに賄賂を贈り続ける企業，会社の利益を損なわないように目障りな活動家の処刑を要求した石油メジャーは，日欧米の一流会社である。

では，「オーナーシップ」についてはどうだろうか。AMISOMの活動をみる限り，アフリカの自主性と言いながら，そのシナリオは既に欧米によって書かれてしまっているようにみえる。アフリカ人兵が危険にさらされているだけで，アフリカ流の解決策を大国は受け入れようとはしない。

ソマリアが破綻国家となってしまったことで，周辺国には難民が流入し，欧米はテロ組織と海賊問題に対処を迫られた。「このような国境を越えた現実の諸問題に取り組むために，国際社会の構成メンバーの活動を制御するための新しい取り決めが必要である」からグローバル・ガヴァナンスを考えるのだが，

テロ組織や海賊組織にアフリカの若者たちを参加させない対策を考えるというような思考はなく，反抗する者はすべて殺害するという姿勢しかみえない。アフリカの自主性とは兵士を提供することであり，欧米が考えた解決策に黙って従えというのが，果たして真のグローバル・ガヴァナンスと言えるのだろうか。アフリカにとって本当に必要な紛争解決策を「妨害するための取り決め」が，1884-85年のベルリン会議から始まり，現在まで続いているように思える。

【注】
1） たとえば，1958年のフランス第五共和政憲法下で行われた住民投票において，ギニアは，「隷属の下での豊かさよりも，自由の下での貧困を」という言葉通り，フランス共同体内の自治共和国ではなく独立を選んだ。これに対し，フランスは一切の援助を打ち切り，独立後に必要なものすべてを破壊して出て行ったという。
2） その代表格がコンゴ共和国（現在のコンゴ民主共和国）初代首相ルムンバの処刑（暗殺）である。2002年にベルギー政府はルムンバ処刑に関与したことを公式に認めて謝罪した。米国政府は関与を認めていない。
3） アフリカ連合は，アフリカ54カ国（日本が未承認のサハラ・アラブ民主共和国を含む。モロッコはこれに抗議してOAU時代に脱退）が加盟する世界最大の地域機構である。本部はエチオピアの首都のアディス・アベバに置かれている。
4） ソマリアでのPKO失敗によって18名の米兵を失った米国はアフリカに米軍を直接送ることを控え（ソマリア・シンドローム），アフリカの国軍に軍事訓練を行うために民間軍事会社を送り込んだ。米兵を犠牲にすることなく米国の国益を守るためである。ただし，ソマリアのテロ組織に対しては，米軍の直接攻撃が行われている。たとえば2008年5月1日，米軍は中部ソマリアでアル・シャバブ幹部をヘリで殺害した（AC Vol.49 No.11：5）。
5） アフリカに統一政府を作るという構想は，2009年にAU議長に就任したリビアの最高指導者であったカダフィ（M. M. A. M. Gaddafi）が強く主張した。
6） 国家間紛争に対しては，何もしなかったわけではなく，たとえば，オガデン地方の領有を巡るソマリアとエチオピアの対立に際しては，仲裁委員会を設立している。
7） 2000年7月7日に発表されたこの調査報告は，ルワンダ愛国戦線（RPF）とルワンダ政府との間で内戦が始まった1990年時点において「紛争予防・管理・解決メカニズム」がまだ存在していないにもかかわらず，OAUは当初から調停役を務め，アルーシャ和平会議（1993年）に当事者を参加させるために努力したことを認め（AU 2000：72-74），OAUが内政不干渉の原則から一歩踏み込んだことを評価している（AU 2000：49）。他方，国連安保理，米国，フランス，ベルギーの責任者にはジェノサイドの防止を怠ったとして賠償を求めた。アナン（K. A. Annan）事務総長（当時）は，この報告書がルワンダの悲劇に光をあてる努力に対して重要な貢献をするものであるとして，歓迎の意を表明した（http://www.unic.or.jp/recent/pastnews/070700.htm, last visited 9 August

2012)。
8) OAUは，1994年6月に開催された首脳会議に，ジェノサイド計画の張本人であるルワンダ政府の代表団を出席させ加盟国として処遇した（AU 2000：139）。
9) 大国と国連の責任については，戸田（2013：71-72）を参照のこと。
10) OAU事務局長はブトロス・ガリ（B. Boutros-Ghali）事務総長（当時）に書簡を送ったが無駄であった。1994年4月から7月まで，OAUはジェノサイドをとめるために大規模な国連の介入を要求し，米国，ベルギー，フランス，その他の西欧諸国と会合を持った。OAU事務局長は，ガリ事務総長やゴア（Al Gore）米副大統領（当時）とも会談したが，RPFが首都を制圧しジェノサイドが終わるまで，有効な措置がとられることはなかった。国際有識者パネルは，国連安保理の非常任理事国というポストをルワンダ政府がジェノサイドを続けている時期も失わなかったことも非難している（AU 2000：139）。
11) ソマリ人の下位集団である氏族。共通の祖先を持つ。
12) 遊牧を生業としアフリカの角に広く居住するソマリ人は，植民地時代に，英領とイタリア領（この両者が独立後合併して現在のソマリアになる），フランス領（現在のジブチ），エチオピアのオガデン地方，英領ケニアの「北部辺境地域」に分断された。バーレは，これらソマリ人の統一国家建設を主張していた（大ソマリ主義）。オガデン地方では，1963年，家畜税に反発したソマリ人が多数殺害され，ソマリ人弾圧が続いており，1977年8月，ソマリア正規軍とオガデンの西ソマリア解放軍の民兵がエチオピアに侵攻し，オガデン地方の係争地ほぼ全土を占領した。ソマリアと友好関係にあったソ連が革命後社会主義政権となったエチオピア側につき，期待していた米国の支援もなく，ソマリア軍は敗走し，多数の難民が生まれた。
13) バーレは，自身と母と義理の息子が所属するMOD（Marehan, Ogaden, DulbahanteというDARODクランのサブ・クラン）への依存を強め，権力から疎外された他のクランからの反発が強まった（Hesse 2010：251）。
14) 詳しくは，滝澤（2006），カサイジャ（Kasaija 2010）等を参照のこと。
15) IGADは，ソマリア，ケニア，ジブチ，スーダン，エチオピア，エリトリア，ウガンダの7カ国で構成されている。詳しくはハーリー（Healy 2000）を参照のこと。
16) TFGの性格，クランのバランスなどは，カサイジャ（Kasaija 2010）を参照のこと。
17) 反政府勢力の支配地域がある上に，1991年5月に独立宣言をした「ソマリランド」が北部（旧英領部分。一部プントランドと係争地あり）を支配しており，1998年には北東部が「プントランド」として自治領宣言を行った。暫定統治期間終了後，暫定憲法に基づき選出された新連邦議会によって大統領が選出される予定。
18) 公式にTFGの軍隊の訓練を担当していたエチオピア軍とUICが次第に対立するようになった。UICはエチオピアをキリスト教国として敵対し，エチオピアはシャリーア（イスラーム法）に基づく国家建設を主張したUICをアルカイダと関係があるとして非難していた（Hesse 2010：253）。UICが大ソマリ主義をとりオガデンの領有を主張したこと（BBC 2006）も，対立の理由である。
19) さらに2008年11月26日，ジブチで両者のパワー・シェアリングが合意（AC Vol.49 No.25：10）。カサイジャはこのジブチ合意において「アル・シャバブ」と「ヒズブル・

イスラム」が参加しなかったことの問題を指摘している（Kasaija 2010：261-262, 277-278）。
20) ソマリア中部のガルガドゥドゥ周辺を支配しているスーフィー集団。スーフィーを禁じたUICと対立し，スーフィーの聖人の墓を壊したアル・シャバブとも対立している（AC Vol.50 No.4：10）。ソマリア国民の大多数がスーフィーの伝統を持つスンニ派イスラーム教徒である（US Department of State 2011：2）。
21) 詳細は下記を参照。http://unpos.unmissions.org/Portals/UNPOS/Repository%20UNPOS/110906%20-%20Signed%20statement%20on%20adoption%20of%20the%20Roadmap.pdf (last visited 13 August 2012)
22) BBC（2012）は7,000人から9,000人規模の兵力を持つと報道。2010年の時点の情報であるが，TFGが兵士に給与を払えないのとは対照に，アル・シャバブは兵士に月額450〜600ドルを支払っていたという（AC Vol.51 No.4：12）。資金源は，ソマリア，ケニア，アラブ首長国連邦のソマリ人ビジネス・コミュニティであり，リビア（当時）やイランやカタールもエリトリアを通して援助していた。エリトリアのアル・シャバブ支援については，AC（Vol.51 No.5：8）を参照のこと。ソマリア沖の海賊も資金源となっている（AC Vol.52 No.9：4）。
23) AMISOMに先だって，IGADは2006年に，IGADソマリア平和支援ミッション（IGAD Peace Support Mission in Somalia：IGASOM）の派遣を決定し，同年12月6日に国連の安全保障理事会もそれを全会一致で承認していた（決議1725）。
24) ウガンダとブルンジが派遣に応じた理由，ナイジェリアなど派遣の約束をしながらなかなか実行しなかった国の事情については，カサイジャ（Kasaija 2010：268）を参照のこと。
25) 日本，インドなど各国はAUに拠出し，欧米は2010年には1億米ドルをAMISOMに支援したという（AC Vol.51 No.25：3）。EUはウガンダと共にソマリア兵に軍事訓練も行い（AC Vol.51 No.3：12），米国もTFGに軍事援助を行っている（AC Vol.51 No.6：8）。ケニアの難民キャンプから約2,000人のOgadenクランが選ばれ軍事訓練を受けたという（AC Vol.51 No.22：9）。
26) 2010年7月，米国はAUの求めた国連PKOのソマリア派遣を支持せず，代わりに米英はAMISOMの増兵の支援を表明した（AC Vol.51 No.16：10）。
27) アル・シャバブによる人権侵害は，Human Rights Watch（2010）を参照。
28) ソマリ人の紛争解決方法はクランの長老同士の話し合いが基本となる。ジェンは，ソマリアにおける平和構築には，新自由主義的アプローチやウェストファリア・モデルよりも，伝統的な社会制度を利用したアプローチや人間を中心とした安全保障のモデルの方が役立つことを示している（Jeng 2012：234-276）。

〔参考文献〕
Africa Confidential（AC）
AMISOM HP (http://amisom-au.org/, last visited 24 August 2013)
Amnesty International (2010) "No End in Sight". (https://doc.es.amnesty.org/cgi-bin/ai/BRSCGI/NO%20END%20IN%20SIGHT%20THE%20ONGOING%20SUFFERING%20

OF%20SOMALIAS%20CIVILIANS?CMD=VEROBJ&MLKOB=28719953131, last visited 19 August 2012)

AU HP (http://www.au.int/, last visited 19 August 2012)

AU HP "Vision and Mission". (http://au.int/en/about/vision, last visited 13 August 2012)

AU (2000) "Rwanda: The Preventable Genocide". (http://www.africa-union.org/official_documents/reports/report_rowanda_genocide.pdf, last visited 9 August 2012)

BBC (2006) "Ogaden draws in tension once more," 2 October 2006. (http://news.bbc.co.uk/2/hi/africa/5383012.stm, last visited 19 August 2012)

BBC (2012) "Q&A: Who are Somalia's al-Shabab?", (http://www.bbc.co.uk/news/world-africa-15336689, last visited 9 August 2012)

Besada, Hany ed. (2010) *Crafting an African Security Architecture,* Surrey: Ashgate Publishing Limited.

Healy, Sally (2010) "Seeking peace and security in the Horn of Africa", *International affairs,* 87 (1), pp.105-120.

Hesse, Brian J. (2010) "Introduction: The myth of 'Somalia'", *Journal of Contemporary African Studies,* 28 (3), pp.247-259.

Human Rights Watch (2010) *Harsh War, Harsh Peace.*

Jeng, Abou (2012) *Peacebuilding in the African Union,* Cambridge: Cambridge University Press.

Kasaija, Apuuli Phillip (2010) "The UN-led Djibouti peace process for Somalia 2008-2009: results and problems", *Journal of Contemporary African studies,* 28 (3), pp.261-282.

Samatar, Said Sheikh (2010) "An Open Letter to Uncle Sam", *Journal of Contemporary African Studies,* 28 (3) pp.313-323.

United Nations (2012) Security Council SC/10550. (http://www.un.org/News/Press/docs/2012/sc10550.doc.htm, last visited 13 August 2012)

US Department of State (2011) "International Religious Freedom Report for 2011: Somalia". (http://www.state.gov/documents/organization/192969.pdf, last visited 20 August 2012)

片岡貞治（2004）「AU（アフリカ連合）と『平和の定着』」(http://www2.jiia.or.jp/pdf/global_issues/h15_africa/01_kataoka.pdf, last visited 29 July 2012)

滝澤美佐子（2006）「人間の安全保障と国際介入——破綻国家ソマリアの事例から」望月克哉編『人間の安全保障の射程——アフリカにおける課題』アジア経済研究所

戸田真紀子（2013）『アフリカと政治　紛争と貧困とジェンダー　改訂版』御茶の水書房

第Ⅲ部

トランスナショナル関係の新展開

第11章

グローバル市民社会
――新たな世界政治空間の創出

野宮大志郎

　今日,「民衆サミット」や「対抗フォーラム」は聞き慣れない言葉ではなくなった。主要国首脳会議（G8），気候変動枠組条約締約国会議（COP），世界貿易機関（WTO）閣僚会議では，会議場の周りに多くの社会運動団体やNGO関係者が集まり，参加国首脳や国際機構に対して要求を突き付ける。また，核開発，原発事故，戦争，環境破壊問題などが表面化するたびに，世界各地の活動団体間で調整と連携が図られ地球規模で運動が展開される。1970年代の国際社会ではほとんど見られなかった現象が今日では常態化している。

　世界各地から人々が1カ所に集まり国家や国際機構に対して示威行動や提案行為を行うこと，また地球全体を覆う社会運動やNGO活動に人々が参加することは，今日の国際社会の大きな特徴の1つである。この現象はどこから来たのか。そしてどこへ行くのか。伝統的な国際関係論ではあまり顧みられることがなかったこうした行動をわれわれの認識のなかに定礎し，その意味を見出さなければならない。

　本章の主張は以下である。すなわち，今日の人々のグローバルな活動は紛れもなく第二次世界大戦後の国際関係と戦後国家の申し子であったこと，しかし次第にそれらの殻から抜け出し現代国家や国際制度に物を申し始めたこと，今日では，国家や国際機構との間で，複雑なプリズム模様のように緊張と協力，譲歩と獲得といった関係を結んでいること，そして，こうした関係の総体そのものが人々の世界への新たな参入のあり方を示すということである。本章ではまず，人々の新たな参入のあり方を培った世界状況を論じる。次に，その中での人々の意識変化を提示する。最後に，現代世界にみられる多様な参入のあり方を提示し，この新しい世界参加のあり方が今日の国家や国際関係においてど

のような意味を持つのかを検討する。

1　第二次世界大戦後の世界政治と世界経済

　第二次世界大戦後の世界政治は「強い国家」の下で形成された。ソ連と米国の対立のもとで展開した。「冷戦」と呼ばれるこの対立構造は1950年に勃発した朝鮮戦争，そして60年代のヴェトナム戦争など，世界的緊張の極点をいくつか経由しながら70年代まで推移する。その後デタントが進むが，対立構造は80年代前半の新型核兵器再配備まで続く。

　冷戦構造はまた，地域の政治にも大きな影響を及ぼした。東欧では，東西の勢力均衡による「世界平和」を守るため，ソ連・東欧ブロックの団結が叫ばれた。その結果，ブロック内で改良型共産主義を唱えた国々に弾圧が及んだ。冷戦体制下での軍事均衡による「平和」維持は，人々の生活に大きな影響を及ぼす。東欧では自由の欠如と人権の抑圧が常態化した。集会や結社は監視・禁止され，時には弾圧された。人々にもたらされた緊張は東欧にとどまらない。1970年代から80年代にかけての米ソ核軍備競争は，ひとたび核戦争が起こると地球全体の破滅につながるという危機意識を人々の間に植え付けた。

　また冷戦体制とは多くの死者や難民を出した体制でもある。ハンガリー動乱では2万人の犠牲者，また何十万人に及ぶ難民が出たと言われる。代理戦争と言われる朝鮮戦争では300万人，またヴェトナム戦争では300万人から400万人に及ぶ犠牲者があり，難民の数はさらにこれを上回るという（White 2012：529-531；Sivard 1996：18-19）。このように冷戦体制と呼ばれる世界政治のあり方は，人権や自由の抑圧さらには戦争を通して，地球上の多くの人々の生活世界を秩序づけコントロールした体制であった。

　戦後の世界政治と共に個人の生活に大きな影響を与えたのが世界経済の変容である。戦後の世界経済は国家経済をしのぐ勢いで急速に発展する。その主体は多国籍企業である。これは，1960年代から80年代にかけて，海外直接投資（FDI）がすべての国の国民総生産を超えたことからもわかる（スパイビー1999：112-113）。まさに「トランスナショナルな経済（Transnational Economy）」（Hobsbawm 1994：277）という新たな経済領域の発達であった。

トランスナショナルな経済は，1973年オイルショック以降の経済危機にあって，新たな問題を創り出していく。1つには国家間の経済格差である。国際経済は確かに海外投資を徐々に増やしていくことで発達してきた。しかし，それはあらゆる国家を平等に豊かにするわけではなかった。海外直接投資額のうち，発展途上国でなされた投資額は，全体の25％に過ぎない。また世界の約半分の人口が全海外直接投資額の8.5％しか与えられていない，という数字がそれを物語る (スパイビー 1999：115)。

　トランスナショナルな経済活動では，利潤を追求するという企業原理が世界レベルで貫徹する。利潤を生みだす投資先はより多くの投資を引き込む一方，利潤の上がらない場所に対しては投資が枯渇する。こうした経済原理の具現化は，「経済移民」という人々をも作り出す。すなわちより多くの投資が行われる場所に移動する労働者である。この労働者の国際移動は翻って国家に対してあらたな影響を及ぼす。ひとたび移民送り出し国になった国家は，受け入れ地域の発展に追いつけない，というサイクルを創り出す (サッセン 1999：155)。すなわち格差の固定化である。国家間経済格差に苦しむ国家では，国民の賃金や生活水準の維持に苦慮する。さらには貧困が拡大する国もある。

　それだけではない。トランスナショナル経済は金融市場のグローバル化を生み出す。金融市場での投資は，国家実体経済に直接の関心を持たない。むしろ乱高下する市場に利潤獲得の契機を見出す。実体経済の100倍を超える資金が動くとされるこの国際金融市場で，突然の資金回収は国家経済へのダメージを伴う。まさに世界経済が国家経済を侵食する局面をトランスナショナルな金融市場は演出する。

　このように，戦後の世界政治と世界経済は，国家への影響を通して，人々の生活を大きく規定してきた。冷戦がもたらしたものは，代理戦争，地域ブロック内での抑圧，内戦であり，かつ大量の死者と難民であった。またトランスナショナルな経済がもたらしたものは，半ばコントロール不能な金融市場の動向に振り回される国家と人々である。特に，資本が枯渇し経済活動が停滞する地域では，労働力流出によるコミュニティの崩壊，貧困と格差が日常的なものになる。この意味で戦後とは，グローバル化，トランスナショナル化という新たなメカニズムが，人々の生活に大きな問題をもたらし始めた時代であったと言えよう。

2　戦後国家の戦略と国家の揺らぎ

　戦後の世界政治は死者や難民そして新たな貧困と格差を生み出したが，戦後国家は，独自のメカニズムでさらなる変容を付加していく。まず，戦後の国家が次第に希薄化していく過程をみていく必要があろう。

　経済トランスナショナル化の国家レベルでの帰結は国家によるコントロールをのがれる諸主体の登場と脱国家空間の生成である。多国籍企業は世界各地で投資活動を行うが，その資本投資先となるべく設けられるのが「自由貿易地域」である。自由貿易地域は確かに国家の経済活動を促進する。他方，こうした地域を国家内に措定することは，国家が従来定めてきた徴税や取引ルールからの逸脱を認めることを意味する。トランスナショナルな経済は，まさに「脱国家的領土」を創出する（サッセン 1999：54-61）。

　戦後の国際政治のあり方も国家に大きな影響を及ぼす。たとえば新たに登場するグローバルな問題への国際的対応が国家に制限と譲歩を迫る。1972年，国連環境計画（UNEP）の設立にあたって，計画実施に伴うコストは豊かな国が負担するという国際ガヴァナンス・ルールが策定された。また，途上国の経済開発や貿易を犠牲にしないことも行動原理として承認された。関係諸国はそれらによる制約を受け入れることになる（入江 2006：168-172）。またWTOなどの経済機構は，支援を受け入れた国々に対して「構造調整」を通して一定の経済行動をとるように要請する。

　トランスナショナルなアクターからも国家は制約を受ける。とりわけ国家と異なる行動原理を持つ非政府主体は，時に国家との間で摩擦を生む。「国境なき医師団（Médecins Sans Frontières）」は，疾病・飢餓・自然災害被害から治療を必要とする人々がいれば，国を問わず活動する。活動先の国家で，当該国家が取り決める人権のあり方に問題の根源があると判断される場合には「告発」に及ぶこともある。こうした告発は，国家側からみれば国家権能への侵入となる。

　トランスナショナル経済や国際機構の台頭，また国際NGO（INGO）などの非政府主体の増加は，国家がかつて持っていた権益を多方面から侵食する。その帰結は「国家の希薄化」である。国家は空洞化し，単なる「フローの空間」とな

る（ヘルド 2002：141-185）。これは，国家ガヴァナンスの減衰に現れる。すなわち，国家の求心力と問題解決能力双方の低下である。

　国家の求心力の低下は，現代の民主主義政治のあり方に見出せる。民主主義国家は国民の「意思」を吸い上げることで国民からの承認と忠誠を合理的に達成するシステムであった。しかし民主主義が成熟した国でこそ政治参加が調達されないという「民主主義のパラドックス」が拡がっている（ギデンズ 2001：144-147）。そしてこの空隙に，NGOや社会運動などが入り込む。現代国家は，もはや個人や社会集団をその傘下に取り込む求心力がなくなったかのように映る（オルブロウ 2000：94-111）。

　現代国家はまた問題解決能力にも欠陥を持つ。2011年に起きた東日本大震災にみられるように，災害での直接の人的被害やコミュニティ破壊への対応では，日本はNGOなどの非政治主体に多くを依存せざるを得なかった。また原発事故に基づく海洋汚染や大気汚染への対応にみられるように，自らが目指してきた経済発展からの「副産物」による問題を解決できないままでいる。

　上述したように，戦後の国際関係やトランスナショナル経済は，死者や難民，さらには貧困や経済格差など，多様な問題の噴出に大きく関与している。しかしそうした問題を解決し，統治を回復するまでの求心力がもはや現代国家にはない。その意味で現代国家は，自らで問題を創り出す一方，戦後登場した多くの問題を解決できないまま残してきたと言うことができるだろう。

3　脱国家化する個人とグローバル意識の生成

　冷戦時における人権の抑圧と戦争，また経済トランスナショナル化の下での移民と貧困と格差，さらに国家権能の低下は，人々の意識に大きな変化を生み出していく。すなわち「国家」という枠から離脱し「ひと」としての個人化，さらには「グローバル意識」の生成である。「ひと」としての自己意識は，「人権レジーム」の誕生と呼ばれるように，1970年代，「人権」や「ヒューマニティー＝人間性」意識の急速な拡大につながる。この過程を描くにはまず前節の国家の希薄化に立ち戻らなければならない。

　国家の希薄化というプロセスの起点は人々の国家からの離脱である。かつて

の強い求心力を持つ国家では，人々は「国民」であった。しかし国家自身が人々の抱える問題を作りだし，かつそれら問題を自分の手で解決できない事態に直面し，人々は離脱の声を上げ始める。人々は，国家から与えられるアイデンティティを脱ぎ棄て，生活する個人としての新しいアイデンティティに身を寄せるようになる。すなわち，資本がもたらす巨大な力に抗する「労働者」，国家と男性支配から離脱する「女性」，戦火や弾圧から逃れる「難民」，よりよい生活と経済的機会を求める「移民」，貧困下での「困窮者」，公害・環境破壊の「被害者」となる。

　このプロセスを積極的に推進する国際政治上の変化が冷戦の最中に起きている。ヘルシンキ合意（1975年）とその一連の帰結である。1975年，東西対話の一環として欧州安全保障協力会議（CSCE）にて採択されたヘルシンキ合意は，東西諸国の間での国家主権の尊重，国境の不可侵，領土保全，内政不干渉などとともに「人権」と「自由」の尊重を唱えるものとなった。それまで，冷戦下の東側諸国にとっては「人権」とは「平和」の対置概念であった。西側諸国が「人権」の尊重を唱える一方，東側諸国はむしろ世界の「平和」を強調してきた。その東西の差異を超えて人権概念が共通のものとして措定されたのがこのヘルシンキ合意である。この合意がなされたこと自体が，人々の間に大きな意識変化のきっかけをもたらす。すなわち「人の権利」という概念で東西の壁が貫通する可能性である。

　冷戦はまた，別の局面で人々の意識に変化をもたらした。核兵器による軍拡競争である。既に1960年代には，地球上の核兵器保有量は全人類を滅ぼすのに必要な量をはるかに上回っていた。核兵器がいったん使用されれば，その連鎖が起きる。その結果，地球上のどこに住んでいようとも，人々は核兵器によって滅ぼされる。この帰結の持つ意味は大きい。「核による死」は，東西を問わず人々を同じ運命の下に押し込む。すなわち，所属する国家やそのイデオロギーの違いを問わず，「死」の概念で人々を平準化する。核兵器は特定の国家や国民の敵ではなくなり，人類全体の敵として意識されるようになる（カルドー2007：71-111；オルブロウ 2000：229-264）。

　こうした認識のあり方は，人々の行動に影響を及ぼす。ヘルシンキ合意ならびに核戦争下での人々の平準化は，東欧と西欧の市民の間でのバリアーをなく

すのみならず，「人の権利」という一点で東西交流を促すきっかけを創り出した。「東西対話」はもはや政治的指導者の占有物ではなくなり，後の「下からのデタント」（カルドー 2007：87）の素地となった。

人々の意識変化は，国際政治の領域のみから始まった訳ではない。環境の領域でも，意識変化を誘発する出来事が起きる。第二次世界大戦後の国家は，同時に経済発展を追求した国家でもある。工業化を推し進める政策によって，先進諸国は一様に環境汚染に見舞われる。日本では1960年代，工場廃棄物に含まれる汚染物質から水俣病やイタイイタイ病，工場排煙によるぜんそくなどの問題が表面化する。大気汚染や水質汚染はそうした環境の下で仕事に従事する人々に一様の身体的被害をもたらす。国家が奨励する産業化の下で生活してきた人々が受ける被害は，やはり被害者個人を「国家」から引き離し個人化・平準化する。その帰結は，「被害者」というカテゴリーで自らを国家の外に置く人々の登場である。

日本だけではない。こうした問題が世界の各所で起こっているという認識も既にこの時期に広まっている。1972年に国連人間環境会議が開催され国連環境計画が設立されたが，これは環境問題のグローバル・ガヴァナンスが必要だという新しい認識が生まれていたことを示すものであった。

経済のトランスナショナル化も類似の帰結をもたらす。国家間の貧富の差，就業機会の差は労働移民を生み出した。国境を越えて労働するということを通して人々は自らを「国民」ではなく「労働者」としてカテゴリー化平準化するようになる。この平準化は，「労働者」として団結する契機を生み出す一方，グローバルなレヴェルで労働者の権利を要求することを可能にする。

人々の国家からの乖離，個人化，平準化は，1970年代，NGOや社会運動の領域で明らかになる。1950年代と60年代，先進諸国の社会運動は国家と対決することで自己のアイデンティティを獲得していた。しかし70年代に入り，社会運動はそうした活動ではなくなる。むしろ国家を離れ，新しいカテゴリーの下で平準化された人々の活動となる。女性，被害者，貧困者，飢餓，難民，移民，被災者など，個人レベルでの新しいカテゴリーに基づく行動がそれにあたる。これらの動きは女性運動，人権運動，平和運動，環境運動など「新しい社会運動（New Social Movements）」と呼ばれる運動に結集する。こうした運動では個

人の生活や福祉に資することが大きな目標となる。そうした目標が行きつく先はどこか。「ヒューマニティー」である。女性運動，飢餓撲滅運動，環境運動など，それぞれの運動は畢竟ヒューマニティーを根底的な形成原理とする運動なのである。

　人々の行動原理が国家から離れ，ヒューマニティーに接合したことは，この時代に登場するトランスナショナルなNGOのなかにも見出せる。アムネスティー・インターナショナル (Amnesty International) が1960年代から唱えてきた刑務所収監者・犯罪者の人権の保護という発想は，自らを国家の枠から外すことによってでしかなし得ない。犯罪とは，その構成要件や処罰方法まで国家が独占的に判断決定することのできる国家権能の範囲内にあった。犯罪者の人権を唱えることは，そうした国家判断に対決的な態度をとる可能性を生み出す。前述の「国境なき医師団」の活動もまた，個人としての人が生きる権利を国家が策定した国境より上位に置くことによって成り立つ。いずれのNGOにおいても，その行動原理はヒューマニティーの実現に置かれる。

　このシフトはNGOや社会運動など，非政府主体の動きだけにとどまらない。国連は，1975年を「国際婦人年」と称し，メキシコシティーで初の国際女性会議を開催し，その後の10年を「国際婦人の10年」とした。1978年，ユニセフは世界保健機関と国際会議を共催し，そのなかで「（西暦）2000年までに健康をすべての人に」という目標を設定した。また国連は，以前からINGOなどによって推進されていた障害者の権利に言及し，1980年を「障害者年」としている。

　このように，「ヒューマニティー」，「人権」をもとにした活動は，1970年代に急速に活発化する。NGOや社会運動などの非政府主体による動きは，上述のヘルシンキ合意など，「上からのデタント」の動きと符合する。1970年代とは，まさに「人権レジーム」(サッセン 1999：162-168) が生まれた時代であった。

　この時代のNGOと社会運動に見出せるトランスナショナリティについても言及しておきたい。国家間の境界が強固であった時代には，国境を越えての連帯は困難であった。しかし，個人が国家から乖離し，困窮者，難民など，新しい個人アイデンティティを身につけるようになると事態は一変する。人々の再カテゴリー化のプロセスは，同時に人々の平準化のプロセスでもある。新しいカテゴリーを基盤にして，国境を越えて他国の同じカテゴリーにある人々と同

第11章　グローバル市民社会

質となる。この契機の下,人々の活動のトランスナショナル化が起きる。同質となった人々は,自分たちが抱える課題や問題に対して協働して働きかけるようになる。1970年代以降にみられるトランスナショナルな市民集団の登場は,まさに国家を外れたアイデンティティの下で初めて可能となる結集であった（野宮 2005）。

　冷戦と核の脅威,開発と汚染被害,経済トランスナショナル化と新たな問題の発生,そのいずれもが人々を「個人化」した。そうした個人が,地球全体で平準化され,かつ平準化された各個人が共通の運命を持つと認識したときに「グローバル市民」が生まれる。「グローバル意識」（入江 2006：186）を持ったグローバル市民の登場は,戦後世界政治経済の大きな副産物であった。

4　グローバル市民社会の展開

　個人アイデンティティに基づく人々の意識変化は,多様な局面でトランスナショナルな活動となって登場する。人権と民主化の領域では,先述した東欧における人々の活動がまず挙げられよう。1970年代,ポーランドの「連帯運動」は権威主義的な政党国家に対するオルタナティブとして登場するが,その後ハンガリーやチェコスロヴァキアの知識人に伝播する。チェコスロヴァキアでは,ハヴェル（V. Havel）が既存の政治を支配と権力操作のための政治とし,これに代わって同じ人間たちへの配慮の政治,すなわち「反政治的」政治を唱える（千葉 2002：119-125）。その後,80年代に入り東西の運動間での対話が始まる。「ヨーロッパ核軍縮（END）」,オランダの「教会間平和評議会（IKU）」,西ドイツにおける「緑の党（Die Grünen）」などを中心にした西側の団体の呼びかけに対して「剣を鋤に（Swords into Plowshares）」,「憲章77（Charta77）」など,東側の市民が応える。80年代の後半には「欧州ネットワーク」の形成などを経て,より緊密な東西市民間の対話が行われるようになる（カルドー 2007：71-111）。冷戦期後半に個人の人権概念を軸にして展開したこの市民連携は,国家と政治体制の差異を飛び越えてトランスナショナルなレベルで起こる市民活動の一端を示している。

　人々の人権と民主化の運動は,同時に反戦平和の運動でもあった。冷戦期,

西側と東側での核兵器再配備をめぐってヨーロッパでは反対デモに総計500万人が参加するなど，世界的な運動の展開がみられた（カルドー 2007：85）。人々の活動は，しかしながらここで終わらない。2003年から2004年にかけて起きたイラク戦争反対運動では，グローバルな運動の象徴とも言える世界同時行動が起きている。2004年3月20日，アムネスティー・インターナショナルと「平和と正義のための団結（United for Peace and Justice）」の呼びかけの下，世界中の反戦平和団体がインターネットを通して事前に連絡を取り合い，日付が当日に変わった国から順に反戦平和行動を起こすという，地球を一周する活動が展開された。「グローバル・アクション・デー」と呼ばれる日に行われたこの世界同時行動は，まさに地球全体を覆う行動であった（Nomiya 2009：122）。
　経済領域では，ネオリベラル経済政策とそれに関連して国際機構が遂行する構造調整プログラムに対して，グローバルレベルでの市民活動が起きている。1980年代以降，世界各地で起こる不平等と格差，貧困の拡大，未熟練労働者の雇用機会の喪失とインフォーマル経済の拡大，さらには途上国で1980年代と90年代に起こった債務危機が，いずれもネオリベラル経済政策の帰結だとされ，サミットや閣僚会議にあわせて世界各国から多数の活動家が集まり反対の声を上げることがもはや常態となった。1999年，シアトルで行われたWTO閣僚会議では，3万5,000人が会議場を「人間の鎖」で囲み，WTO組織とその政策に対する反対の声を上げた。WTOが推進する経済政策に対して，上記の諸問題の観点からの批判に加えて，政策がもたらす食の安全への脅威と環境への影響，会議運営における決定プロセスの不透明性，医薬品が商業上の取引対象とされることへの懸念，人が生きるための基本的サービスへの普遍的アクセスへの侵害など，多様なイシューにわたって市民団体による主張がなされている（Smith 2002：207-227）。「シアトルの戦い（Battle of Seattle）」と後に称されるようになるこの市民とWTOとの攻防は，人間の鎖による非暴力・不服従の形を取りながら，同時に閣僚会議の運営に大きな影響を及ぼした反グローバリゼーション運動として，後に伝えられるようになる。
　WTO閣僚会議やIMF総会またG8首脳会議などは，多様な観点から異議申し立てを行う人々を惹き付ける。2005年，香港で行われたWTO閣僚会議では，環境団体，人権団体など毎回の参加団体以外に，近隣諸国からの農民団体，

移住労働者団体，キリスト教団体などの参加がみられた (South China Morning Post 2005)。また，2008年に日本で開催されたG8洞爺湖サミットでもみられたように，いわゆる「メインストリーム・メディア」とは異なった視点から人々の動きを世界各地に発信する独立系メディアの活動も近年，非常に活発になっている。経済閣僚会議や首脳会議の折に展開されるこれらの運動は「サミット・プロテスト」と呼ばれる。このように，サミットが，異議を申し立てる人々が世界中から集まるフォーカルポイントとなったのが，1990年代以降のグローバル世界の1つの特徴である。

グローバルな市民社会活動のもう1つの特徴は，参加団体や個人ならびに抗議戦略の継続性である。上述したように，毎年開催されるサミットや閣僚会議にあわせて，世界各地のNGOや社会運動団体が会議開催都市に結集する。開催国内または近隣諸国からの市民団体が多く参加するが，同時に毎年参加する組織も相当数に上る。グリーンピース (Green Peace) やオックスファム (Oxfam) などのINGO，またアタック (ATTAC) やビア・カンペシーナ (La Via Campesina) などの運動団体は，世界各国に支部や賛同組織を持つことから毎回の顔ぶれとなる。また，抗議活動参加者のなかには，翌年の開催場所を事前に訪れ，来るべき抗議活動を計画する地元組織や諸団体に抗議戦略や行動計画また警察への対応の仕方など伝える個人や団体もある。「プロフェッショナル・アクティビスト (professional activists)」と呼ばれるこうした個人や組織は，まさに世界を股にかけて活動を行う主体でもある。

民主主義，反戦平和，経済などの領域と異なり，市民社会のグローバルな活動展開に国際機構が大きく関与したのが環境領域であろう。とりわけ1990年代には，「社会発展サミット」，「人口開発会議」，「女性会議」，「人間居住会議」とならんで「地球サミット」が開催されている。「地球サミット」では，国際機構と国家そして市民団体との「結合」がみられる。この会議には1,420のNGOが参加を許可され，また政府公式代表としてNGOから14名が会議に出席している (入江 2006 : 205-210)。もっとも，この結合は部分的である。会議場の外では150カ国から2,000人以上の人々が集まり「グローバル・フォーラム」を開催し「地球憲章」を採択している。

これ以降，地球環境に関する国際会議開催時には，市民組織によるフォーラ

ムが別の会場で開催されるのが通常となる。2009年12月の「第15回締約国会議」でも同様に、国家代表の一角に加わるNGOが散見される一方で、締約国会議会場から離れた別会場に数百に及ぶ活動団体やNGOが世界各地から集まり「気候フォーラム（Klima Forum）」を開催し、二酸化炭素排出規制に対して及び腰の各国政府にむけて大きな批判の声を上げ、また10万人規模のデモを繰り広げるなどの行動がみられている（野宮 2009）。

　以上、民主主義、人権、反戦平和、経済、環境の領域において20世紀後半以降のグローバル市民社会の動きを素描した。これらは比較的注目されやすいグローバル市民活動領域ではあるが、女性、動物保護、先住民、移民・難民など、それ以外の領域でもグローバルな活動が活発に行われていることもあわせて述べておきたい。

5　国家、国際機構、市民社会の新しい関係

　グローバル・ガヴァナンスのありようは、1970年代から大きな変化をみせた。世界政治や世界経済また環境、人権、貧困、女性などのグローバル・イシュー領域で市民社会がアクターとして登場し、瞬く間に発言権を持つようになった。

　とは言え、その登場が現代のグローバル・ガヴァナンスにどのような新局面をもたらしたかは別途検討されなければならない。この領域で、市民社会がグローバルな取り決めに影響力を持つとする議論もあるが（目加田 2003 : 169-173）、多領域で多様な姿形を取り発現する市民社会のインパクトについては、より詳細な検討が必要である。

　市民社会がグローバルな諸領域でアクターとなることの帰結は、市民社会と国家および国際機構との間の関係がその多様な局面で複雑化することであろう。その過程で、市民社会は国家や国際機構を相対化する。この相対化の諸局面を確認していこう。

　まず市民社会と国家との関係について、しかし今日の国家は、グローバル化した市民社会との間で非常に複雑な関係を持つようになっている。たとえば、市民社会は国家に対して緊張関係を突き付けることがある。第2節でもふれた

が，紛争地での医療活動を通して人道支援を行う国境なき医師団は，医療活動が行えなくなるというリスクをとってまで，当事国での弾圧・拷問の事実を世界に証言する道を選択する（マゴンほか 2012：6-16）。

　他方，緊張・対立とは逆の関係で国家と市民社会がつながることもある。たとえば1990年代，対人地雷全面禁止条約の制定に関して，「地雷禁止国際キャンペーン（ICBL）」が条約制定に積極的な国家に対して呼びかけを行い，情報提供や戦略的アドバイスを含めて大きく関与したことが報告されている。「オタワ・プロセス」と称されるこの規範形成過程では，ICBLは，カナダ政府とほぼ対等なパートナーシップを取り付け，オタワ・プロセス開始時点から協議に参加している（足立 2004：137-143；目加田 2003：95-96）。

　国際機構と市民社会との関係においても同様のことが見出せる。市民社会は，国際機構などとの関係において徹底的な対立関係を創り出すことがある。Ｇ８首脳会議やWTO閣僚会議に対して市民社会が「民衆サミット」，「市民サミット」，「対抗サミット」などの形で，国際機構とは大きく異なる主張を行う。他方，市民社会は国際機構と協力的に行動することもある。1992年地球サミットにおいて，NGOが参加国政府と「パートナー」となり，本会議のみならず政策策定段階からの準備会議においても参加し，協働作業を行ったことはその最たる例であろう（馬橋・斎藤 1998：24-31）。

　緊張と協力また譲歩と獲得の関係が国家・国際機構と市民社会との間に顕在化するという状況を生み出した大きな要因の１つがグローバルな通信技術の発達であろう。特に，情報のグローバル化は，国家や国際機構が対応すべきアクターや敵を増やす，という帰結をもたらす。1994年，メキシコ国内で自治と自立を求めて立ち上がったサパティスタ解放軍は，海外の協力者を通して自らの思想と信条を世界に訴え，そのことによって，メキシコ国会において正式に発言する機会を得るなど，メキシコ政府から大幅な譲歩を引き出すことに成功している（山本 2002：26-28）。これは，一国家内の活動団体がそのグローバルな展開と発信力を利用して，当該国家に対する国外からの「監視の眼」を作り出したことを示している。

　情報のグローバル化は，たとえば人権や環境などある特定のイシューに関して類似の考えや主張を有する人々や団体をグローバルなレベルで結びつける。

その結果，国境を越えて市民組織間ネットワークや連帯意識が形成される。これは市民社会にとっては，自らの力を強くする「エンパワーメント」となる。同時に，国家や国際機構にとっては，世界中に広く分散するより多くのアクターを相手に取らなければならなくなることを意味する。グローバルな時代にあって，市民社会は大きな力を得たことになる。

　このように，対立と葛藤を含む緊張と協力が複雑な層をなす国家・国際機構と市民社会の関係こそが今日のグローバル・ガヴァナンスの特徴である。国家や国際機構は，グローバル・ガヴァナンスにおけるアクターとしての市民社会に対して，緊張対立関係と協力関係を巧みに使い分けながら対応することを，今後ますます強いられるようになるだろう。

〔参考文献〕

Hobsbawm, Eric (1994) *The Age of Extremes: A History of the World, 1914-1991,* New York.：Vintage Books, A Division of Random House, Inc.

Nomiya, Daishiro (2009) "Under a Global Mask: Family Narratives and Local Memory in a Global Social Movement in Japan", *Societies Without Border,* 4, pp.117-140.

Sivard, Ruth Leger (1996) *World Military and Social Expenditures,* Lessburg Va：WMSE Publications.

Smith, Jackie (2002) "Globalizing Resistance: The Battle of Seattle and the Future of Social Movements", in Smith, Jackie and Johnston, Hank eds. *Globalization and Resistance: Transnational Dimensions of Social Movements,* ：Oxford, Rowman&Littlefield Publishers, Inc. pp.207-227.

South China Morning Post (2005) "Curtains on summit with call for unity". 2005年12月14日版

White, Matthew (2012) *The Great Big Book of Horrible Things: The Definitive Chronicle of History's 100 Worst Atrocities,* New York: Norton & company.

足立研幾 (2004)『オタワプロセス——対人地雷禁止レジームの形成』有信堂高文社

入江昭 (2006)『グローバル・コミュニティ——国際機関・NGOがつくる世界』篠原初枝訳，早稲田大学出版部

馬橋憲男・斎藤千宏編著 (1998)『ハンドブックNGO——市民の地球的規模の問題への取り組み』明石書店

オルブロウ，マーティン (2000)『グローバル時代の歴史社会論——近代を超えた国家と社会』会田彰・佐藤康行訳，日本経済評論社

カルドー，メアリー (2007)『グローバル市民社会論——戦争への一つの回答』山本武彦・宮脇昇他訳，法政大学出版局

ギデンズ，アンソニー (2001)『暴走する世界——グローバリゼーションは何をどう変える

のか』佐和隆光訳，ダイヤモンド社
サッセン，サスキア (1999)『グローバリゼーションの時代——国民主権のゆくえ』伊豫谷登士翁訳，平凡社
スパイビー，T. (1999)『グローバリゼーションと世界社会』岡本充弘訳，三嶺書房
千葉眞 (2002)「発題V　市民社会・市民・公共性」佐々木毅・金泰昌編『公共哲学5　国家と人間と公共性』東京大学出版局，115-146頁
野宮大志郎 (2005)「社会運動の憂鬱と未来——世界社会フォーラムに見える運動の新しい質」ソフィア54巻1号，66-85頁
野宮大志郎 (2009)「弾丸のない戦場——気候変動締約国会議 (COP15) の三つの顔」報告，上智大学2009年12月17日
ヘルド，デイヴィッド編著 (2002)『グローバル化とは何か——文化・経済・政治』中谷義和監訳・高嶋正晴他訳，法律文化社
マゴン，クレールほか (2012)『人道的交渉の現場から——国境なき医師団の葛藤と選択』株式会社リングァ・ギルドほか訳，小学館スクウェア
目加田説子 (2003)『国境を超える市民ネットワーク——トランスナショナル・シビルソサエティ』東洋経済新報社
山本純一 (2002)『インターネットを武器にしたゲリラ——反グローバリズムとしてのサパティスタ運動』慶応義塾大学出版会

第12章

「新しい戦争」と国家の破綻

武内　進一

1　戦争の性格変化と国家の破綻

　近年の武力紛争には従来と異なる特徴が観察される，という議論をよく耳にする。学界やメディアでは，「新しい戦争 (new wars)」という言い方も広まってきた。国家間戦争から内戦へ，イデオロギー対立から民族紛争へ，残虐な暴力の行使，民間人の戦争への参加，などなど多くの論者によってさまざまな「新しさ」が喧伝されている。

　本章では，戦争の性格変化を国家の破綻という現象を切り口に考える。ここで言う国家の破綻には，従来「失敗国家」，「脆弱国家」，「崩壊国家」といった言葉で語られてきた発展途上国の国家をめぐる問題を広く含める。国家の破綻，すなわち国家が社会秩序の維持や基本的サービスの提供などの基本的機能を果たし得なくなる現象は，とりわけ1990年代半ば頃から関心を集め，グローバル・ガヴァナンスの重要な課題となってきた。ソマリア，アフガニスタン，コンゴ民主共和国といった領域にいかに実効的な統治を確立させるかは，国際社会にとって喫緊の問いである。

　以下では，まず戦争の性格変化を論じる研究を整理し，どのような点が「新しい」とされてきたのかを考察する。それによって，国家の破綻が戦争の性格変化を捉えるうえで重要な意味を持つことを示す。次に，国家の破綻が何に由来するのかを歴史的に考察する。そのうえで，国家の破綻をめぐって，今日いかなるグローバル・ガヴァナンスの取り組みがなされているのか，そこにどのような課題があるのかを検討する。

2 「新しい戦争」とは何か？

(1) 「旧い」戦争
　「戦争が変わった」と人々が言うとき，何に比べて変わったと考えるのだろうか。「旧い」戦争として人々が念頭に置いているのは，多くの場合，クラウゼヴィッツ (C. P. G. von Clausewstz) の『戦争論』や20世紀前半の総力戦である。フランス革命からウィーン体制の時代を生きたクラウゼヴィッツ (1780～1831年) は，軍人としての自らの経験に基づいて『戦争論』を執筆した。彼の生きた時代，戦争は大きな変貌を遂げた。戦争が国家だけに許された事業という認識が確立するとともに，その規模や国民参加の度合いが急速に高まったからである。
　既に18世紀半ばには，国際法学者ヴァッテル (E. de Vattel) の議論などを受けて，主権を持つ統治者が行う戦争だけが正当化されるとの認識が強まっていた。また，君主の私的な傭兵という性格が強かった軍が次第に組織化され，職業軍人の数が増えるとともに，政府への従属を強めた。フランス革命と国民軍の登場は，国家の事業としての戦争という傾向に拍車をかけた。国民皆兵制度の採用によって，政府に従属し，国家のために戦う軍という性格が強まる一方で，ナショナリズムの高揚を通じて国民感情が戦争の帰趨を大きく左右するようになった。
　クラウゼヴィッツは，戦争には，憎悪や敵意という感情，蓋然性や偶然に左右される戦略，打算を事とする政治という３つの側面があり，それぞれ国民，軍，政府というアクターの特質に帰すると述べている（クラウゼヴィッツ 1968：61-62）。これら３つの側面は，それぞれ独自の法則を持ちながらも互いに影響し，個々の戦争の特徴を規定する。「およそ戦争は拡大された決闘にほかならない」（クラウゼヴィッツ 1968：28）が，決闘の主体は個人ではなく国家であり，決闘の行方は，軍の戦略，政府の政治力，そして国民感情によって左右される。「戦争は政治におけるとは異なる手段をもってする政治の継続にほかならない」（クラウゼヴィッツ 1968：58）という有名な言葉は，３つの側面のうち政府にかかわるダイナミズムとその優越性を強調したものと言えよう。

『総力戦 (Der Total Krieg)』は，ドイツのルーデンドルフ (E. F. W. Ludendorff) 将軍が1936年に出版した書籍のタイトルである（ルーデンドルフ 1938)。第一次世界大戦の経験を振り返り，来るべき次の戦争に向けて書かれたこの本は，クラウゼヴィッツに対する批判に満ちている。軍事技術の発達により，戦争は大きく様相を変えた。国家の生存のために戦争に勝利することが至上命題であり，国内の抵抗勢力を根絶して人員・物資の効率的な動員体制を構築しなければならない。戦争は「政治の継続」ではなく，政治こそが戦争に従属すべきものなのだ。ルーデンドルフは，政府，軍，国民を区別することなく，国家の総力が戦争勝利という目的に向かって効率的に動員される体制構築の必要性を説いた。

　ルーデンドルフはクラウゼヴィッツを厳しく批判したが，両者はともに国家間戦争を念頭に置いて戦争を論じた点で共通している。17世紀以降，近代主権国家の国際システムが生成，拡大するなかで，戦争を遂行する唯一合法的な権利を有する主体として国家が立ち現れた。両者の議論はいずれも，かかる国家間戦争にかかわるものである。ヨーロッパにおいて，常に国家だけが戦争の主体であったわけではもちろんない。中世にあっては，封建領主，教会，貴族，自由都市など多様な非国家主体が戦争に従事したし，それ以前には部族や血縁集団などが戦いの主体であった (Keegan 1993)。古典とされるクラウゼヴィッツの著作が論じているのは，近代主権国家からなる国際システムの確立とともにヨーロッパに出現した近代の戦争なのである。

（2）「新しい戦争」

　第二次世界大戦は，全世界に筆舌に尽くしがたい厄災をもたらした。そして，この世界的大戦争を契機として，戦争の性格は大きく変化した。第二次世界大戦を最後に，先進国間の国家間戦争は今日まで生じていない。代わって急増したのは，第二次世界大戦後に新たに独立した国々を舞台とする武力紛争であり，そのほとんどは国内紛争，内戦であった。[1]

　こうした変化に注目して戦争の変質を論じたのが，ファン・クレフェルト (M. Van Creveld) であった (Van Creveld 1991)。第二次世界大戦後の国内紛争では，非国家主体である反政府勢力が重要な紛争主体となった。彼らは政府軍ほ

どの武器や人員を保持しないが，地域住民の支持を背景にゲリラ戦を展開し，しばしば政府軍やそれを支援する外国軍を打ち破った。利用される軍事技術が低く，兵士と民間人の区別が曖昧なこうした紛争は，「低強度紛争（Low Intensity Conflict : LIC）」と呼ばれた（加藤 1993）。

　「新しい戦争」という言葉が一般化するにあたって，最も影響力が大きかったのはカルドー（M. Kaldor）の議論であろう。カルドーは，1990年代の旧ユーゴスラヴィアの紛争を念頭に置いて，戦争の変化を論じた。彼女によれば，1980年代以降にサハラ以南アフリカ（以下，アフリカ）や東欧で観察されるようになった「新しいタイプの組織的暴力」は，従来の戦争とさまざまな点で異なる。従来の戦争が地政学上の利益やイデオロギー上の目的に基づいて遂行されたのに対して，近年の戦争ではアイデンティティ政治が主要な駆動力となっている。また，一国レベルで効率的な資源動員が目指された従来の国家間戦争と異なって，近年の戦争における物資調達メカニズムは分権的で，外部資源に深く依存している。国外居住者（ディアスポラ）からの送金，人道援助の横流し，鉱物資源や麻薬の違法取引といった多様な仕組みを利用して，戦争遂行のための資金を調達する（カルドー 2003 : 8-13）。さらに，民族解放とか，生活水準向上といった，かつてはそれなりの意味を持っていた戦争の「大義」が失われ，戦争と犯罪との境界線が曖昧になっている。

　カルドーは，「新しい戦争」の要因としてグローバル化を重視する。アイデンティティ政治の興隆は，グローバル化の反作用として，自集団中心主義的アイデンティティを掲げる政治勢力が力を増したことに由来する。資源動員メカニズムの変化は，経済自由化政策によって発展途上国が自前の製造業を育成する条件が失われるなか，国境を越えたネットワークを利用した資金や商品の移転を通じて戦争遂行の資源が調達されるために起こった。グローバル化の進展によって，かつて国家が独占していた「正当な物理的暴力」はさまざまな形で浸食され，民兵や民間軍事企業の役割が増大している（シンガー 2004）。こうした国家の自律性喪失という文脈において「新しい戦争」が生起していると，カルドーは論じる。

3 国家の破綻と武力紛争

(1) 第二次世界大戦後の武力紛争の性格変化をどうみるか

　カルドーの議論は近年の戦争の特徴やその原因を検討するうえで重要である。ただし，国家の破綻という現象を手がかりに近年の戦争を理解しようとする本章の立場からすると，まずファン・クレフェルトが指摘した第二次世界大戦後の変化について考える必要がある。第二次世界大戦後の武力紛争は，今日まで一貫して，ほとんどが国内紛争／内戦であった。すなわち，これらの紛争は，国家の統治や国家権力のあり方をめぐって起こってきた。なぜ第二次世界大戦後，国家統治のあり方が殊更問題とされたのだろうか。

　この点に関しては，ホルスティ(K. J. Holsti)が説得的な議論を展開している。ホルスティは，ファン・クレフェルトが提起した問題，すなわち第二次世界大戦後の戦争の性格変化について，新しい国家の脆弱性という観点から説明を試みる。第二次世界大戦後に続々と誕生したアジアやアフリカの新興独立国は，国家の統治にかかわる深刻な問題を内包していた。それは，国家の統治原則にかかわる問題，そしてその統治原則が適用されるのは誰かという政治的共同体の構成にかかわる問題に整理できる。ホルスティは，前者を「垂直的な正当性」，後者を「水平的な正当性」にかかわる問題と呼んだ(Holsti 1996：84)。

　欧米諸国や日本は，長い年月をかけ，交渉と紛争を繰り返しながら，国家の統治原則や政治的共同体の範囲について合意形成を図ってきた。[4] ヨーロッパ諸国は，絶対王政の時代から市民革命を経て完全な普通選挙導入に至るまで2～3世紀に及ぶ時間をかけている。政治的共同体の構成についても同様で，たとえばフランスでは革命が勃発した1789年にフランス国民の半分がフランス語を全く話せなかったが(ホブズボーム 2001：76)，その後初等教育制度の導入を通じて徐々に言語の統合と標準化が進められた。垂直的正当性も，水平的正当性も，その確立には長い時間を要したのである。

　これに対して，第二次世界大戦後に独立したアジア，アフリカの国々は，領土，政府，国民という国家の形式的要件こそ備えてはいたものの，統治原則についても，政治共同体の範囲についても，十分な議論と経験を重ねる時間がな

いまま，独立に至った。

　この点は，アフリカ諸国において顕著である。アフリカ諸国の現在の国境は，基本的に1884～85年のベルリン会議によって欧米列強が恣意的に決めた境界線に基づいている。それまで同じ政治的共同体に帰属すると微塵も思っていなかった人々が，同じ植民地に含められ，独立によって1つの国民を形成することになった。

　加えて，アフリカ諸国の独立は，激烈な解放闘争を経て自力で勝ち取ったと言うより，国際規範の変化によって外部からもたらされた性格が強い。[5] 植民地の保持が当然とみなされた第二次世界大戦前と異なり，大戦後は植民地の独立に向けた圧力が国際社会で高まった。その帰結が，1960年に国際連合（国連）総会で採択された「植民地独立付与宣言」（国連総会決議1514［XV］）であった。植民地や信託統治地域など従属地域が完全な独立を達成するために，いかなる条件や留保も付けずに，迅速な措置を講じることを促すこの決議は，植民地解放に向けた国際社会の合意を示している。1960年は，17のアフリカ諸国が独立した「アフリカの年」でもあった。「植民地独立付与宣言」の採択に象徴される国際規範の変化が，アフリカ諸国の一斉独立を可能にしたのである。

　このような経緯で独立した国々が，その後統治をめぐるさまざまな困難に直面することは，当然の帰結であった。国家統治の原則に合意を欠くために紛争が起きやすいし，政治的共同体の範囲をめぐる合意が脆弱なため，民族や宗教など社会的亀裂に沿って紛争が勃発する傾向がある。第三世界の国家が構造的に抱えるこうした問題は，ブザン（B. Buzan）が早くから指摘するところであった（Buzan 1983）。

（2）「疑似国家」を生成する国際関係

　現代の特徴は，このように問題を抱えた国家が生成され続け，内戦を繰り返しても決して消滅しないことである。17世紀ヨーロッパに発する近代主権国家システムが世界大に広がった今日，南極を除く地球上のあらゆる陸地は原則としていずれかの国家の領土とされ，その国家は主権を持つことができる。20年以上にわたって無政府状態が続くソマリアをはじめ，実効的な統治や持続可能な国民経済を欠きながら，国際的な法規範によって国家の地位を獲得し，国際

支援によって支えられる国家は今日数多く存在する。ジャクソン（R. H. Jackson）はこれを「疑似国家（quasi-states）」と呼んだ（Jackson 1990）。

　第二次世界大戦以前の世界では，文明地域と非文明地域の間に明確な差別が存在した。文明地域には主権国家と市民権が与えられる一方で，非文明地域は植民地として文明地域に従属し，その住民に市民権は与えられなかった。第二次世界大戦後，「植民地独立付与宣言」に象徴されるように，こうした差別は解消に向かう。しかし，従属地域の独立を当然とする国際規範の広まりによって，国家の現実的な要件（ホルスティの言う垂直的正当性や水平的正当性）を欠いていても，主権が与えられるようになった。結果として，「疑似国家」が必然的に生み出されたのである。

　ジャクソンは，こうした条件下で生まれた「疑似国家」が権威主義的にならざるを得ないと論じた（Jackson 1990：172）。国内の政治指導者間に統治原則が共有されず，相互不信が強いため，強権的な統治に依存するからである。こうした統治は，それ自身武力紛争の原因になってきた。

（3）　国家の破綻としての武力紛争

　新興独立国の武力紛争は，枚挙に暇がない。アジアにおいては，中国の国共内戦，朝鮮戦争，ヴェトナム戦争，カンボジア内戦など，1970年代まで大規模な武力紛争が頻発した。アフリカでは，1950年代にはマウマウ紛争（ケニア），1960年代にはコンゴ動乱やビアフラ戦争，70年代にはアンゴラやモザンビーク内戦など，時代が下るにつれ紛争勃発件数が増え続け，1990年代にはルワンダ，ソマリア，シエラレオネ，リベリアなど，膨大な犠牲者を伴う深刻な紛争が多発した。

　1990年代のアフリカにおける深刻な紛争の頻発は，従来の国家統治が立ちゆかなくなり，武力紛争に発展したという意味で，国家の破綻現象であった。[6]「植民地独立付与宣言」の採択と同じ時期，アフリカ諸国は自律的発展への展望が曖昧なまま，国際規範の変化を背景として続々と独立を果たした。独立後，多くの国で一党制が選択されたが，その内実は権威主義的な個人支配であった。[7]こうした国々では，国民の不満を背景にクーデタや武力紛争も少なからず勃発していた。しかし，冷戦期においては，東西両陣営とも新興独立国の政権を積

極的に支援し，敵対勢力の掃討に協力するなど，安全保障にしばしば決定的な役割を果たした．東西対立のなかで，自陣営に属する政権を守るインセンティヴが強く働いたからである．そのため，武力紛争が極端に深刻化する事態は，比較的稀だった．[8]

　冷戦終結は，アフリカを取り巻く国際環境を大きく変えた．東側陣営の消滅によって，西側陣営は従来のようにアフリカ諸国の政権を保護するインセンティヴを失った．むしろ，汚職にまみれ，人権抑圧を繰り返す政権への支援は，内外の市民社会から強烈な批判を浴びることになる．西側先進国は冷戦終結とともに援助政策を転換し，「民主化しない国には援助しない」方針を打ち出した．1980年代から急速な経済成長を遂げつつあったアジア諸国とは対照的に，長期的な経済危機に直面し，資金流入の過半を公的援助に依存していた多くのアフリカ諸国にとって，先進国の打ち出した援助政策の影響は甚大だった．[9]一党制を採用していた国々は，1990年代初頭の数年間のうちに，雪崩を打って多党制へと転換していった．

　経済危機と急速な多党制導入は，統治を不安定化させる．その一方で，政治が混乱し，武力紛争に陥った場合に，外国から強力な介入を期待できる国際環境は失われた．こうした状況下，1990年代のアフリカ諸国は武力紛争が多発し，ルワンダ，リベリア，コンゴ民主共和国などいくつかの国では，総人口の1割に達するような膨大な犠牲者を生む事態に至ったのである．

　国家の破綻は，アフリカだけの問題ではない．国家の破綻に関する最も初期の論考の1つは，旧ユーゴスラヴィアの武力紛争を念頭に議論を展開している (Helman and Ratner 1992-93)．そこでは，共産主義イデオロギーに立脚した国家統治が冷戦終結とともに正当性を失い，国家の解体と凄惨な武力紛争に至った．カルドーが強調するグローバル化は，アフリカでも旧ソ連・東欧でも，武力紛争の要因として重要ではあっても，唯一のものではない．国家の破綻という観点で考えるなら，今日の武力紛争の根底には，近代主権国家システムが世界大に拡大し，その過程で数多くの「疑似国家」が生み出されてきた状況がある．

4 国家の破綻とグローバル・ガヴァナンス

（1）　グローバル・イシューとしての国家の破綻

　冷戦終結後における武力紛争の頻発は，国際社会にとって大きな衝撃であった。冷戦が終わったとき，国際社会では平和の確立に向けてどちらかと言えば楽観的な見方が支配的だった。冷戦期には東西対立のために紛争解決を目的とした国際協調行動はほとんど麻痺していたが，冷戦終結はこうした事態を打開すると考えられた。事実，1991年の湾岸戦争の際には，イラクのクウェート侵攻非難と多国籍軍支持で安保理が結束した。

　国連事務総長ブトロス・ガリ（B. Boutros-Ghali）による『平和への課題』（United Nations 1992）は，紛争解決に対する国連への期待が高まるなか安保理に提出された報告である。ガリは武力紛争の勃発から収束までを時系列的に捉え，そこにおける国連の役割を，紛争勃発以前の予防活動，勃発後の和平交渉支援，紛争の拡大抑止，そして紛争後の再発防止，の4つに整理した。それらの活動は，ガリの報告書ではそれぞれ「予防外交（preventive diplomacy）」，「平和創造（peacemaking）」，「平和維持（peace-keeping）」，「紛争後の平和構築（post-conflict peace-building）」という概念で論じられている。報告書においてガリは，いずれの活動に関しても国連の役割を増大させる決意を示した。

　1990年代に多発した武力紛争に対して国連は積極的に関与したものの，同時に深刻な反省も迫られた。ソマリア，ルワンダ，ボスニア・ヘルツェゴヴィナといういずれも破綻した国家における平和活動の失敗は，その代表例である。ソマリアは1991年以降内戦により無政府状態と化し，天候不順も重なって人道危機が深刻化した。国連平和維持部隊が米軍とともに派遣されたが，現地武装勢力との間で交戦状態となり，1993年には国連，米軍側に死傷者が多数出る事態となった。これを受けて米軍が即時撤退を決定し，国連も当初の目標を達成できず撤退を余儀なくされた。ルワンダでは，1994年の大規模虐殺の際に国連平和維持部隊が駐留していたが，虐殺を阻止するための有効な対応を全くとれなかった。ボスニア・ヘルツェゴヴィナの内戦では，1995年，安保理が「安全地帯」に指定し国連平和維持部隊が駐留していたスレブレニツァにおいて，ム

スリム系住民（ボシュニアク人）が敵対するセルビア系勢力に大量殺戮される事件が起こった。

　こうした平和活動の蹉跌を踏まえて，国際社会はグローバル・ガヴァナンスの取り組みをさまざまな形で展開していく。具体的には，先述した紛争の勃発から収束に至る各段階での取り組みをそれぞれ強化するのだが，本章の課題に関係する点では，破綻した国家への人道的介入（「保護する責任」論）と破綻した国家の再建（平和構築と国家建設）という2つの問題領域が特に重要である。前者については本書第Ⅳ部第21章に委ね，ここでは後者について整理しておこう。

（2） 平和構築と国家建設

　平和構築という概念は，ガリが『平和への課題』で用いたことで注目を浴びた。平和創造は外交的な性格が，平和維持には軍事的な性格が強いのに対して，紛争の根本原因の改善と再発防止を目指す平和構築は，外交，軍事，そして開発に跨がる性格を持った長期的な活動である。1990年代を通じて，近年の紛争の根本原因に国家の脆弱性があるという認識が強まるとともに，国家の制度構築，そして国家建設（statebuilding）こそ平和構築の中核的事業であるという認識が国際社会に共有されていった。この過程を簡単に振り返っておこう。

　『平和への課題』において，平和構築は「永続的平和の基盤造り」と規定された。武装解除，難民帰還，選挙監視，地雷除去などの活動が具体例として挙げられてはいたが，こうした活動は紛争の根本原因にかかわるものでは必ずしもない。しかし，その後，平和構築はより国家の制度構築を重視した活動へと変化していった。その背景として重要なのは，開発援助機関が平和構築活動に積極的に関与し始めたことである。この点で代表的なのは，治安部門改革（SSR）である。SSRは，軍や警察，裁判所など，治安にかかわる国家機構を再建し，その質を高めることを目的とし，英国の国際開発省（DFID）や世界銀行などの開発援助機関が熱心に推進した。単に軍や警察の能力を強化するだけでなく，国民から信頼される民主的な機関を目指すことが特徴で，紛争の再発防止のために開発援助の経験と発想が強く反映されている（Smith 2001）。

　2001年のいわゆる9.11同時多発テロ事件は，国家建設の重要性を改めて国際社会に突きつけた。長年にわたって内戦が継続し，ほとんど忘れられた存在で

あったアフガニスタンで，米国への敵意を募らせたイスラーム主義勢力が国家を乗っ取りテロに及んだという事実は，破綻した国家を放置すればどのような結果を招くのか，明瞭な形で示したからである。米国の論壇は国家建設の重要性を指摘する論考で溢れ（Mallaby 2002；Fukuyama 2005），主要国の援助機関は揃ってこの問題を重点項目として打ち出した。[10]

先進国の援助政策を議論するOECD-DAC（経済協力開発機構開発援助委員会）も，平和構築の中心課題を国家建設だと認識している（OECD 2007）。ここで，国家建設とは，単に統治者が権力を確立する過程ではなく，「国家と社会の相互関係に牽引されて，国家の能力，制度，正当性が高まる内発的な過程」（OECD 2008：1）だと捉えられている。つまり，国家が社会秩序の維持を含めたサービス提供能力を高め，それによって社会（国民）からみた国家の正当性が高まり，それが制度の強化を通じてサービス提供能力をさらに高めるというプロセスが想定されている。開発援助機関は，自らの関与を通じて健全な国家・社会関係を構築し，紛争の再発を抑止しようとしている訳である。

5　グローバル・ガヴァナンスと国家建設のジレンマ

武力紛争に陥った国家に一定の秩序を回復させるという点に関して，国際社会の取り組みはいくつかの成果を生んだ。もちろん，ソマリアやアフガニスタンのように依然として事態が改善しない事例もあるが，シエラレオネやリベリア，ボスニア・ヘルツェゴヴィナのように，国際社会が秩序の再構築に有効な役割を果たした事例は少なくない。2000年代に入って，アフリカでは武力紛争の勃発件数や死傷者数が減少傾向にある。この原因は複合的だが，国際社会による平和活動の努力を要因の1つと数えることは適切だろう（Straus 2012：198）。少なくとも消極的平和の確立という観点からみれば，国際社会の関与は一定の成果を生んできたと評価できる。

一方，武力紛争の根本要因を改善し，国家建設に資するという観点からみれば，国際社会の取り組みはなお顕著な成果を上げていない（Paris and Sisk 2009）。紛争が収束した国家にあっても，行政能力の低さ，汚職，ネポティズムなど国家のガヴァナンスは依然として脆弱で，国民和解は進まず，政府によ

る市民社会の抑圧がしばしばみられる。経済協力開発機構（OECD）が目指す健全な国家・社会関係の構築は，なかなか進展しないのが実情である。

　もっとも，これはそれほど不思議ではない。現在の先進国にしても，国家建設には数世紀の長い時間を要し，その過程で幾多の内戦を経験してきた。国際社会の支援を得たからと言って，独立からまだ半世紀程度しか経過していない国々の国家建設が順調に進展すると想定するのは現実的ではない。今日の国家建設をめぐるグローバル・ガヴァナンスの困難性は，本来当事国の国民しか担いようのないこの過程において，非当事者である国際社会が大きな役割を担わざるを得ないという根本的な矛盾に由来するのである。

【注】
1) 第二次世界大戦後に勃発した武力紛争の性格については，武内（2003；6）を参照。植民地解放闘争，内戦，国家間戦争の3つに分類すると，内戦が圧倒的に多い。
2) 彼女の言うアイデンティティ政治とは，民族，宗教，言語といった特定のアイデンティティを「レッテル」として利用しながら特定集団の利益を追求し，他者を排除するメカニズムを指す。
3) ウガンダ北部で自分たちと同じ民族に誘拐と暴力を繰り返した「神の抵抗軍（LRA）」や，シエラレオネ内戦のなかで村を襲撃し，住民の腕を切り落とす蛮行に及んだ「革命統一戦線（RUF）」はこうしたイメージに適合する。
4) この点については，ティリー（Tilly 1992），ゲルナー（2000），ホブズボーム（2001）などを参照。
5) アルジェリアやジンバブエ，また旧ポルトガル植民地など，厳しい独立戦争を戦った国ももちろん存在するが，相対的に少数である。
6) 本節以下の議論の詳細は，（武内 2009：第1，2章）を参照のこと。
7) 1980年代末の段階でアフリカ諸国の約3分の2が一党制を採用していた。アフリカの個人支配については，Jackson and Rosberg（1982）を参照。
8) 紛争の深刻さを評価することは容易ではない。冷戦期にも，ビアフラ戦争やスーダン内戦のように膨大な数の犠牲者を出した武力紛争は存在する。ここで述べているのは，冷戦終結直後の1990年代に深刻な紛争が頻発した事態と比較しての，相対的評価に過ぎない。
9) アフリカの長期的な経済危機については，平野（2002）参照。それがアフリカ諸国の政治構造に起因することについて，サンドブルック（1991）など参照。
10) 米国についてUSAID（2005），英国についてDFID（2005）を参照。

〔参考文献〕
Buzan, Barry (1983) *People, States and Fear*, Brighton: Wheatsheaf Books.

DFID (2005) *Why We Need to Work More Effectively in Fragile State,* London.
Fukuyama, Francis (2005) *State Building: Governance and World Order in the Twenty-First Century,* London: Profile Books.
Jackson, Robert H. (1990) *Quasi-state: Sovereignty, International Relations and the Third World,* Cambridge: Cambridge University Press.
Jackson, Robert H. and Rosberg, Carl G (1982) *Personal Rule in Black Africa: Prince, Autocrat, Prophet, Tyrant,* Berkeley: University of California Press.
Helman, Gerald B. and Ratner, Steven (1992-93) "Saving Failed States", *Foreign Policy,* No.89, pp.3-20.
Holsti, Kalevi J. (1996) *The State, War, and the State of War,* Cambridge: Cambridge University Press.
Keegan, John (1993) *A History of Warfare,* London: Pimlico.
Mallaby, Sebastian (2002) "The Reluctant Imperialist: Terrorism, Failed States, and the Case for American Empire", *Foreign Affairs,* Vol.81, No.2, March/April 2002, pp.2-7.
OECD (2007) *Principles for Good International Engagement in Fragile States & Situations,* Paris.
OECD (2008) *State Building in Situations of Fragility,* Paris.
Paris, Roland and Sisk, Timothy D eds. (2009) *The Dilemmas of Statebuilding: Confronting the Contradictions of Postwar Peace Operations,* London: Routledge.
Smith, Chris (2001) "Security Sector Reform: Development Breakthrough or Institutional Engineering?", *Conflict, Security & Development,* Vol.1, No.1, pp.5-20.
Straus, Scott (2012) "Wars do End! Changing Patterns of Political Violence in Sub-Saharan Africa", *African Affairs,* Vol.111 (No.443), pp.179-201.
Tilly, Charles (1992) *Coercion, Capital, and European States: AD 990-1992,* Malden: Brackwell.
United Nations (1992) *An Agenda for Peace: Preventive diplomacy, peacemaking and peace-keeping.* (A/47/277-S/24111)
USAID (2005) "Fragile States Strategy", (Jan. 2005).
Van Creveld, Martin (1991) *The Transformation of War,* New York: The Free Press.（ファン・クレフェルト，マーチン（2011）『戦争の変遷』石津朋之監訳，原書房）
加藤朗（1993）『現代戦争論——ポストモダンの紛争LIC』中央公論社
カルドー，メアリー（2003）『新戦争論——グローバル時代の組織的暴力』山本武彦・渡部正樹訳，岩波書店
クラウゼヴィッツ（1968）『戦争論(上)(中)(下)』篠田英雄訳，岩波書店
ゲルナー，アーネスト（2000）『民族とナショナリズム』加藤節監訳，岩波書店
サンドブルック，リチャード（1991）『アフリカ経済危機の政治分析』小谷暢訳，三嶺書房
シンガー，P. W.（2004）『戦争請負会社』山崎淳訳，NHK出版
武内進一（2003）「アジア・アフリカの紛争をどう捉えるか」武内進一編『国家・暴力・政治——アジア・アフリカの紛争をめぐって』アジア経済研究所，3-37頁

武内進一(2009)『現代アフリカの紛争と国家——ポストコロニアル家産制国家とルワンダ・ジェノサイド』明石書店
平野克己(2002)『図説アフリカ経済』日本評論社
ホブズボーム,エリック(2001)『ナショナリズムの歴史と現在』浜林正夫ほか訳,大月書店
ルーデンドルフ,エーリヒ(1938)『國家總力戰』間野俊夫訳,三笠書房

第13章

国際テロリズム
―― 暴力のトランスナショナル化

宮坂　直史

1　テロリズムの現状

　今日の世界を見渡すと，テロが統治機構や市民の日常生活を恒常的に脅かしている国が少なくない。また，普段はテロとは無縁な国でも突如として大規模な被害が発生し人々を震撼させることがある。テロリスト自らが意図する体制変化までをテロで実現できるとは限らないが，少なくとも恐怖心を植え付けることで政策を変更させたり，人々の集団心理や集団的行動をも規定したりする面が常にあるのだから，その点でテロの効果は軽視できない。

　それでは今日，テロはどこで，どれだけ発生しているのだろうか。その特徴は何だろうか。世界中の関係機関や専門家が利用しているテロのデータベースの1つに，米国の国家テロ対策センター（The National Counterterrorism Center）が管理しているWorldwide Incidents Tracking Systemがある。[1] それによると，最近5年間（2007～11年）の全世界のテロ総件数は，毎年約1万件超で推移している。死者は毎年1～2万人，負傷者はその倍ほど出ている。全般的にはやや減少傾向にあるが，これは03年のイラク戦争終了以降の同国での圧倒的な件数（09年までイラクは最多発国で，特に06年，07年は6,000件台で全世界のテロの40％を超えていた）が最近減少して，それが総件数を下げていると言える。ただし，イラクでのテロは減ったとは言え，米軍撤退後の11年でも2,265件記録されており，1度のテロで大勢が犠牲になる宗派間での無差別攻撃が後を絶たない。

　イラクに代わって2010年からテロの最多発国になったのがアフガニスタンである。アフガニスタンのように断続的に武力衝突が発生する国では，単純にテ

ロの件数だけで治安情勢を測るわけにもいかない。それでも本来はテロを防ぐべき首都カブールの官庁所在区域でそれが頻発し，諸外国が育成してきたアフガン治安部隊に反体制武装勢力がなりすまして入りこんでいるなど，テロ対策の破綻が露呈している。

　同じデータベース内をもう少し検索していこう。11年は死傷者の出たテロが70カ国で発生している。アジア，中東，アフリカ，欧州，ユーラシア，北米，中南米と地域別にみてもテロと無縁な地域はほとんどない（ほぼ無縁なのが南太平洋諸島国家）。発生国の多さと言う点でテロは「遍在」している。だが同時に，アフガニスタン，イラク，パキスタンの上位3カ国で世界のテロの64％を占める。これら諸国を中心に，インド，タイ，フィリピンと南・東南アジアにかけてのラインと，西に向かってアラビア半島，北・東アフリカ一帯でテロが多い。発生頻度で国や地域を濃淡分けできるから，テロは「偏在」しているとも言える。

　今日，「テロは自爆が多い」と思われる向きもあるが，実際には，それはたとえば11年だと279件しか発生していない（1万283件中）。他の年をみてもそう変わらない。常に圧倒的に少数なのである。ただ，自爆の場合はそうでないテロよりも一度に多数の犠牲者が出る（11年の場合は全犠牲者の21％が自爆テロによる）。その被害規模の大きさから必ずと言ってよいほど報道される。だからテロ情報を報道のみで得ていると，多くのテロは自爆だと印象付けられてしまうのである。

　テロの手段については，昨今は高性能爆薬をテロリスト自ら製造する傾向がある。各国は爆薬の原材料になる化学薬品等の売買に規制をかけているが，それでも合法的に原材料を購入し，比較的簡単に非常に威力のある爆発物が1人もしくは少人数で作れてしまう。手製であってもそれこそ大量殺傷をもたらす事件が1990年代から目立ち始めた。93年2月のニューヨークの世界貿易センタービル爆破事件がその嚆矢になる。

　また，大量殺傷を厭わない個人や組織が現存しているから，現在そして将来にわたって核テロ（nuclear and radiological terrorism），生物テロ（biological terrorism），そして化学テロ（chemical terrorism）の予防と，万一発生した際の被害管理（consequence management）の準備を強いられる。本章では詳しく触れ

ないが，核テロ，生物テロ，化学テロそれぞれの分野でさまざまな国際的な対策が構築され，特にこの20年間，学術的あるいは政策的な議論が深まっている。これらCBRNテロ（Chemical, Biological, Radiological & Nuclear terrorism）は滅多に起きないから，その脅威の過大評価を戒める向きもある。だが，CBRNテロは多数の死者が出ていない範囲でもさまざま起きており，未遂事件や失敗事案も相当数ある。テロに使用されそうな化学剤や病原体，放射性物質などの管理体制も国によって違いがある。引き続きCBRNテロの動向から目を離すべきではないだろう。

2 国際テロリズムからグローバル・テロリズムへ

次にテロリズムをやや長期の視点で捉え直してみたい。すると，国際テロリズム（international terrorism）からグローバル・テロリズム（global terrorism）への変容が読みとれる。その違いはどこにあるのだろうか。

現代国際社会においてテロリズムが単に1国内ではなく，広く国境や大陸を横断して共通の問題であると認識されるようになったのは，1970年代である。中東では，第三次中東戦争（67年）でのアラブ側の敗北を経て，対イスラエル闘争は，パレスチナ解放人民戦線（PFLP：Popular Front for the Liberation of Palestine）などテロ組織が主体となって進められるようになった。当時のテロの推進力は，今日隆盛を極めているイスラーム主義ではなく，左翼イデオロギー，つまりマルクス主義勢力による帝国主義や植民地主義勢力の打倒というドグマであり，加えて失地の回復を目指すナショナリズムとのブレンドであった。日本や西欧，米国で台頭したテロ組織の多くも，各国で左翼革命を目指し，国際的にはパレスチナ闘争との連帯を表明していた。

その一方で，既成の国家からの分離独立を目指すナショナリズム型のテロも猛威を振るった。バスク，北アイルランド，ケベックなどはその代表的な組織が拠点を設ける地域であった。この分離独立ナショナリズム型のテロは，左翼テロ組織よりも起源は古く，また，左翼テロが全般的には衰退した今日においても，（地域によって情勢は異なるが）組織活動は脈々と生き長らえている。

70年代は，左翼テロと分離独立テロが並行しながら，一般市民の犠牲を厭わ

ない無差別的なテロが一般化する時期でもある。この時期に「国際テロ」という用語は既に広く使用されていた。その言葉が明示するように「国」と「国」との関係を抜きにして，このテロを論じることはできない。それは，主に3つの性質を帯びていた。

第一に，テロリストがその出身国を超えて，あるいはテロ組織が誕生した国を超えて活動していたことである。国外でテロ活動を行い，その意味で国際的である。この面は今日のテロリスト，テロ組織の多くにも共通するであろう。

第二の性質は，テロリストの考え方にある。彼らは，革命にせよ分離独立を目指すにせよ，理想とする「国」作りが目標であった。その「国」の政体がなんであれ，現存する主権国家モデルから大きくかけ離れたものではない。世界もその「国」単位で考えていた。

第三の性質として，テロ活動が国家によって支援されていることが常態的に表面化し，それが国家間対立をもたらした。国家機関がテロリストに武器，資金，避難場所（セイフヘブンsafe heavenと称される）などを与え，しかもたった今，テロ行為を実施した者を堂々と受け入れ，訴追もしないというのが珍しくなかった[3]。国とテロリストは切っても切れない関係にあったと言うか，国と国との対立の狭間でテロリストは利用され，泳がされていたとも言える。

このような国際テロの性質が変化し始めるのは90年代以降である。1番目の性質である国境を越えたテロ活動という点では変わらない。しかし，2番目と3番目の性質が大きく変化し，その点で単なる「国際テロ」ではなく，「グローバルテロ」の様相を呈してきたのである。

まず，テロリストの目指すものが，必ずしも現存する主権国家モデルにはない。その背景には宗教的テロ組織の台頭がある。イスラーム過激派は，カリフ制国家の復活を公言する場合もあるし，キリスト教原理主義の一派で反ユダヤ組織は，部外者からみれば幻想にしか思えない「アーリア人国家」を掲げている。さらに，近年台頭したテロに環境保護を名目にした暴力的な破壊活動がある。彼らは新たな「国」を目指しているのではなく，また民族や宗教的な共同体をつくるのでもなく，特定の政策の実現や阻止を狂信的に実行しようとしているのである。その仲間作りに「国」の枠はない。

国際テロリズムの3番目の性質として国家支援を挙げたが，これは90年代か

ら退潮している。その主たる理由は，国家がテロをあからさまに支援することのリスクが大きくなったことと，テロリスト側が国家に依存しなくても活動できる世界になったからである。その変化は，冷戦が80年代末に終わったことと符合する。冷戦の終了によって国際連合の安全保障理事会が機能し始め，テロ問題でも常任理事国が互いに反対票を投じることがなくなった。それによって，テロを支援する国（たとえばスーダン，アフガニスタン），あるいは国家機関が自らテロ行為を行う国（たとえばリビア）に対して国連による制裁が科せられるようになった。これは80年代までにはなかったことである。その後，スーダンは伝説のテロリスト・カルロス（I. R. Sanchez 通称 "Carlos The Jackal"）を逮捕し（94年），それまで厚遇していたビンラディン（O. bin-Laden）も国外追放した（96年）。リビアはロッカビー事件（88年のパンナム機爆破）の容疑者の引き渡しに応じ（99年），その後，国際テロ支援を公式に放棄した。

　勿論，今日において国家支援テロが消滅したわけではない。イランによるヒズボラ支援があるし，パキスタンのISI（軍統合情報局）がアフガニスタンの反政府武装勢力やカシミールの過激派を支援していることもよく知られている。このように国家は対外政策あるいは国内政策上，必要であればテロ組織を支援するであろう。しかし，90年代以降，公然たる支援は国際社会による制裁のリスクを計算せずにはできなくなっているのも事実である。

　さらに重要なのは，テロリストが国家に依存しなくても自律的に活動できる環境が広がっていることである。冷戦時代，共産主義の旧ソ連や東欧諸国では，一般旅行者は意のままに出入国したり，国内を「自由」に移動できなかった。冷戦後，個人レベルでも越境移動，国内移動が容易になった。現在も「不自由」なままの北朝鮮の国土は12万km²だが，ロシア（1700万km²），カザフスタン（270万km²），ウクライナ（60万km²）だけでも北朝鮮の170倍以上もの空間が冷戦後に「自由」になった。また，ヨーロッパ各国は1985年以降，いわゆるシェンゲン協定（Schengen Agreement）の実施国間で国境検査を段階的に撤廃してきた。これもテロリスト予備軍の越境移動に資する面もある。

　ポスト共産主義の世界に台頭した新たな越境組織犯罪は，テロリストにとって重要な資金と武器の調達を平易にした。90年代以降のインターネットをはじめITの急速な普及も，テロリストの宣伝と連絡，情報収集，そしてリクルー

ト（要員の新規獲得）に欠かせぬ道具になっている。武器や危険物質も国家が万全に管理しているわけではない。政変や内戦などで武器庫からの横領や強取も難しくないし，小火器から大量破壊兵器関連の物資までを闇市場で入手したり，爆弾ならば自ら製造したりすればよい。

　国家支援テロは，支援する国にリスクがあるばかりか，支援されるテロリストにとっても行動の足枷に違いない。イラン，イラク，北朝鮮とテロリストの4者を挙げて彼らを「悪の枢軸」と表現したのは米ブッシュ（G. W. Bush）大統領であったが（02年の一般教書演説），事実の誤り以上に，そもそも類は友を呼ぶ式に，悪人は悪人と同盟すると考えるのは単純であろう。悪人ほど猜疑心が人一倍強く互いに信用しない。政敵を粛清してきた独裁者と，非合法的な暴力活動を自覚しているテロリストが手を組むというのは，あったとしても一時的，便宜的なものに過ぎない（ただし前掲したイランのヒズボラ支援はその創設期からで，アドホックな連携ではない）。常に相手から裏切られることが頭から離れない。グローバル化した世界でテロリストが国家から離れて自律的に活動しているのは，それが本来の姿なのであろう。

　テロリストの自律性を高めているもう1つの背景は，破綻国家の出現である。破綻国家（collapsed states）または失敗国家（failed states）とは，独裁体制の崩壊や内戦の長期化などによって統治機構が崩壊し，国際支援も不足し，アナーキー（無政府）状態に置かれている国を指す国際政治の用語である。91年以降のソマリアがその代表例になる。財政破綻の場合も破綻国家に違いないが，ここでは国家権力の真空もしくはそれらの分裂による著しい機能不全状態を指している。そのレベルまで行っていないが，国家権力が機能しつつも，国土の一部にその執行力が及ばない地域を抱えている国もある。テロ情勢との関係では，パキスタン，イエメン，コロンビアなどがある。

　テロリストはこのような国の力の真空や混乱状態を利用できる。アルカイダの伸長にとって90年代後半のアフガニスタン情勢が利するものであったし，その後の「イラク・イスラーム国（ISI）」「アラビア半島のアルカイダ（AQAP）」「シャバーブ」「イスラーム・マグレブ諸国のアルカイダ機構（AQIM）」など系列組織の台頭も，それぞれが拠点を置くイラク，イエメン，ソマリア，そしてアルジェリアなどの政治状況があってのことだ。特に，01年までのアフガニス

タンとアルカイダの関係が示したように，国家がテロ組織を支援するのではなくテロリストが国家を乗っ取るようなケースがこれからも出てくるであろう。

3　ホームグロウン・テロのグローバル性

　ホームグロウン・テロ (home-grown terrorism) とは，この10年ほどの間欧米の当局や専門家，メディアの間で使用されている用語で，その国で生まれた（あるいは育った）人間がその国でテロを行うことである。たとえば，英国にムスリム諸国から移民の子供として渡り，成人してから英国でテロを行うことが問題になっているが，そればかりではない。移民ではなく，その国の多数派として生まれ育ちテロを行う，たとえば米国の極右組織のテロもホームグロウン・テロとして括ることができる。注意すべきは，ホームグロウン・テロが次に述べるような海外との関係性から，単なる国内テロ (domestic terrorism) ではないことである。

　ホームグロウン・テロにはいくつかのパターンがみられる。1つは，欧米諸国のなかでイスラーム教徒のコミュニティもしくは比較的集中して居住している地区のなかから，テロリストが生まれるようなケースである。海外渡航し，爆弾製造の手ほどきを受け，あるいは紛争地で実戦経験を積んでから帰国する。米国のミネソタ州にはソマリア系のコミュニティがあり，その若者20人以上が集団でソマリアに渡り，同国を拠点に活動するアルカイダ系のイスラーム過激組織「シャバーブ」の戦いに参加していた例（2008年）がある。

　もう1つのパターンは，テロリストが自身と出自を同じくするコミュニティに居住していない場合であり，一見すれば社会に完全に溶け込んでいる。2010年5月にニューヨークのタイムズ・スクウェアで自動車爆弾テロの未遂事件があった。もし爆発していれば大惨事が予想されるほどの爆弾量であった。実行犯のシャザード (F. Shahzad) は，パキスタン出身でこそあるが，米国の大学を卒業して，米国の会社に就職した。その後，米国籍をとり，結婚をし，家も購入していた。ところが宗教に傾倒し，パキスタンに渡りテロの手法を学んで戻ってきた。彼の場合は個人で行動していた。

　ホームグロウン・テロのグローバル性をさらに考えるうえで，アウラキ

(A. al-Awlaki)という米国人のケースに触れざるを得ない。彼の両親はイエメン出身だが、彼自身は米国生まれ米国育ちのイスラーム教の導師であり、さまざまなテロ事件を起こした米国人、カナダ人らと直接コンタクトを持ち（上記のシャザードもその1人である）、テロを扇動するなど影響を与えていた。イエメンに渡ったアウラキは、「アラビア半島のアルカイダ」で指導的地位にあったと言われており、2011年9月、米国の無人機攻撃によって殺害された。米国籍を有している自国民にもかかわらず、米大統領承認の下、暗殺の標的とされ、かつ殺害されたことは憲法違反だとして、遺族が連邦裁判所に提訴している。

　人が一般的に過激化していく過程には、モスクや教会でテロを扇動するような宗教指導者と接触があったり、刑務所内で感化されたり、仲間内やコミュニティで影響を受けることが多いが、他方でインターネットや書籍などにのめり込んで、たった1人で過激化するケースもある。2011年7月にノルウェー・オスロでの爆弾テロとウトヤ島での銃乱射で計77人を殺害したブレイヴィク(A. B. Breivik)は最近のその代表的な例になるであろう。これは、ノルウェー人がノルウェーで同じノルウェー人を政治的な動機によって多数殺害したのだから国内テロではあるが、ブレイヴィクの動機がイスラーム教徒など移民の流入を許容する多文化主義への攻撃であったことと、その長文マニフェストがインターネット上で広く拡散したこと、たった1人で長年にわたってテロを計画し大量殺傷に至ったその実行力から、世界中で感化される者が出てきても不思議ではない。このような事件は、犯人の異常性によって引き起こされた単発ものとみなしたいのが人の心理だが、各国で同様の政治的主義がみられるだけに、ホームグロウン・テロのグローバルな性格にこそ注視すべきであろう。

4　テロ対策の進展と限界

　国際的なテロ対策は、多層的かつ領域ごとに複雑に構築されている。多層的とは、国連をはじめとする国際機構、地域機構または域内協力、そして各国単位で取り組まれて、しかもそこには連動性がある。つまり、ある機構や国で決まったことが、別の機構や国でも参照され取り入れられる。国連安保理の決定が加盟国の対策を規定することも多い。

テロ対策の領域には，出入国管理，輸出管理，テロ資金規制，海空港や貨物のセキュリティ，交通保安，核テロ対策，化学テロ，生物テロ対策などがあり，それぞれ関係国際機構，関係省庁や業者，専門家がかかわり対策がなされている。平和構築における治安対策にもテロ対策は含まれる。また，これらを未然防止策と，起きてしまった後の被害管理策に分けることもできる。それらを1つずつ紹介しようとすれば，箇条書きにしても本章の紙幅に収まらない。ここではテロ対策の難しさを読者に考えてもらう論点を2点指摘しておきたい。

　第一は，さまざまな分野や国家間で密接な対テロ協力が実現している一方で，各国の国益，脅威認識，政策の優先順位の違い，政治的意思や国内調整力の欠如，専門的知識と技術不足によって，対テロに非協力的，消極的な国もあるという現実をどう捉えるか。相手がグローバルに活動するテロリストであるならば，対応側もグローバル・スタンダードの取り組みが期待されるのだが，やはり各国の事情もあって同程度の水準にはならない。たとえばテロ資金規制に各国の差が大きい。国連や主要国が遅れた国の能力向上のために恒常的に努力をしてきたことも事実である（広瀬・宮坂 2010：1章）。取り組みのバラつきはどこまで許容されるのだろうか。また，各国の世論においても，何がテロなのか，いかなる暴力ならば正当化できるのか著しい違いがある（クルーガー 2008：2章）。国連では70年代から議論されているにもかかわらず，現在に至るまで世界共通のテロリズムの定義ができないなかで，どうすれば最大公約数的なテロとは何かの了解が得られるだろうか。このままテロが定義できなくても，国際テロ関連諸条約・議定書はある。これらでは，ハイジャックや爆弾テロのようにテロ行為に相当するものを規定している。だが条約なので，その批准，法執行はあくまでも個々の国の裁量になる。

　もう1点はテロの原因をどう考えるかである。どんな問題でも対策を考える上で原因を追究することが必要になるが，それを1つ2つの環境要因に帰することができるほどテロの発生メカニズムは単純なのだろうか。環境要因とは，テロリストが生まれる経済的，政治的な状況であり，たとえば，貧困，若者への教育のあり方，武力紛争や難民の発生，非民主的な政治などを指す。これらはテロの根本原因 (root cause) とも言われ，それを重視する者は，貧困をなくし，紛争解決を実現し，民主化し，「まともな教育」を施せばテロはなくなる

と考える。彼らから見ると，通常のテロ対策，たとえば出入国管理の強化などは対症療法的で小手先なものに映ってしまう。確かに，これら環境とテロ発生との間には，ある国やある地域に限定すれば相関関係は見出せるだろう。たとえば，南米ペルーの左翼テロリストの出自をたどれば大半は貧困家庭，貧しい地域の出身である。ペルーでは貧困の撲滅がテロの減少に一役買うであろう。フィリピン南部の貧困もまた同地を拠点とするテロ組織のメンバーの徴募に利する状況である。しかし，それを強調するあまり，あたかも貧困とテロ発生に因果関係があるとか，あるいは特定の国ではなく普遍的にもそれがあてはまるとみてしまう。テロの種類，目的，出自の多様性に目配せすれば，また，原因と背景の区別を考えれば，テロの原因の一般理論化が容易にできないことにすぐに気がつくであろう。

　イスラーム過激派は貧困の撲滅を目標にしているわけでもないし，その指導的人物の多くは貧困の家庭，地域に育ったわけではない。左翼テロでさえも，70年代の欧米諸国そして日本のテロリストたちのプロフィールを振り返れば，貧困環境とはあまり関係ない。民主化の有無とか紛争の有無も同様でテロの原因論として一般化できるほど，現実のテロリズムは単純ではない。民主主義国からも，武力紛争のない国からもテロ組織は数多く生まれている（滝田・大芝 2008：102）。

　テロと隣接する戦争や犯罪の原因も考えてみよう。それは長年にわたって，さまざまな角度から議論されてきた。戦争ならば国際的な権力構造から指導者たちの誤解や信条まで，犯罪ならば社会的，家庭的な環境から犯罪者の心理・人格までいろいろなレベルでの議論が可能である。原因が1つに特定できるということはない。しかも戦争も犯罪も一言で括れないほど，いくつもの視点から分類できるし，個々の違いもある。テロも同じである。社会環境だけではなく個人的な資質も影響している。

　テロリスト（特にテロ組織の幹部や，組織に所属しないで単独でテロを行う者）は共通して権力欲が人一倍強い。それを政治や社会の表の場で適正に発揮できないので，権力は歪んだ形で現れる。強制力を行使する何の権限もない一私人が，公的な大義を掲げるだけで，突然に人を殺傷したり，施設を破壊したりすることが正しい行為で，自分にはその資格があると自ら信じ，人にも信じ込ま

せようとする，それが彼らの権力行使である。普通，権力は他人との双方向の関係のなかで生まれ行使されるのだが，テロリストの権力は独善的な思い込みで一方的に振るわれる。同じような環境で育ってもテロリストになるごく少数と，ならない多数に分かれるのは，個人の資質，つまりは権力欲の強弱の違いであろう。

　権力欲の強さも人間性の1つなので外部から潰すことはできない。問題はそういう人物が組織を作り，そこに支持者が集まってしまうことである。身近な1例としてオウム真理教がある。麻原彰晃の権力欲は初めから強かったと見受けられる。だがオウムは最初からテロ組織であったわけではない。オウム神仙の会というヨガ道場であり，そこにオカルトや超能力好きな若者が吸い寄せられていった。そういう段階で危険性を見抜いて監視下に置けるとは思えない。

　アルカイダが台頭して国際社会に牙を向くプロセスはより複雑である。80年代のアフガニスタン戦争で米国とパキスタンが，ソ連軍と闘うムジャーヒディーンを間接的，直接的に支援していたことは確かだが，そのとき，彼らは米国やイスラエルと闘っていたわけではない。アメリカの誤ちは，ソ連撤退後のアフガニスタンに対して，戦略的な観点から対策をとらなかったことであろう（コール 2011：第12章〜18章）。アルカイダの隆盛にビンラディンが大きな役割を果たしたとすると，彼を厄介者扱いして市民権をはく奪したサウジアラビアや，彼を受け入れ，都合が悪くなると追放したスーダンに責任はないのか。ビンラディンが再度アフガニスタンに戻ったときに受け入れたジャララバードの軍閥たち，そして実効支配してから彼を客人扱いしたタリバンはどうなのか。ビンラディンの側近としてエジプト人のザワヒリ（A. al-Zawahiri）が果たした役割も大きいが，彼のような危険人物が国外で活動できてしまうのはなぜか。9.11テロの実行犯の1人，アタ（M. Atta）をはじめアルカイダの多くが一堂に会していた都市がハンブルクであった。そこでの動きを見過ごしていたドイツのテロ対策に問題はなかったのか。このようにアルカイダの軌跡と9.11のような特定事件の実行までを振り返っても，テロの原因や責任の所在は1つだけに収まらない。

　テロ対策は，1つの原因だけを除去するアプローチではなく，背景や原因に関係するであろう環境要因の縮減を含めた諸々の未然防止策と被害管理策の両

面で総合的な措置が求められるのであろう。そこに特効薬や根本的解決はない。

5　日本の取り組み

　日本のテロ対策は，特に21世紀に入ってから国際社会の対応と歩調を合わせる形で急速に進歩した。この約10年間で大きく変わったのは，未然防止措置と被害管理である。未然防止については，2004年12月に政府が「テロの未然防止に関する行動計画」を発表し，以後，この基本プログラムに沿って多分野での取り組みがなされている。被害管理については，同年に国民保護法が成立し，全国でテロ発生後の初動訓練が実施されるようになった。その後，幸いにも，大規模テロを未然防止したとか，テロが実際に起きてから適切に対処して被害を最小限に局限化できたという実例は日本ではない。したがって日本の未然防止や被害管理策がどこまで有効なのか実例で検証されていないのである。

　さて，本書は国際関係に主眼が置かれているので，ここでは海外の問題における日本の取り組みを検討してみたい。

　その題材としてアフガニスタンへの関与を考えてみたい。日本は，タリバン政権崩壊後の2002年にアフガニスタン復興会議を東京で開催した。以降，民生分野での支援が続く。復興支援は09年に民主党に政権交代後も継続し，同年から向こう5年間で最大50億ドルの拠出を決定した。その使途は，道路整備やインフラ施設の建設など目にみえる国土整備のほかにも警察支援（給与の支給），元兵士の社会再統合のための職業訓練，雇用機会創出，農業・農村開発など多分野に及ぶ。

　2012年7月には再度東京でアフガン支援会議が開催された。この「アフガニスタンに関する東京会合」では，15年までの4年間に国際社会が総額160億ドルを拠出することを決めた。ただ資金援助するだけでなく，歳入のGDP比引き揚げ率や予算執行率などの目標数値を挙げて，2年ごとの支援国閣僚級会合を開催し，そこを定期検証の場とすることにした。

　こうして日本は会議を主催し，支援継続の主導をとるなど関与の継続を明確にしている。だが支援の続くなかの2014年末にはISAF（国際治安支援部隊）が撤収する。現在のところ和平への道筋は全く見通せない。カルザイ政権の腐敗も

支援を鈍らせる要因になっている。そして何よりも，仮にカルザイ政権が崩壊して，タリバンが復権したらどうなるのか。タリバンでなくても01年までのようなイスラーム主義的な統治が再現されたら復興支援はどうなるのか。再度，人道的な非難が沸き上がるなかで支援は中断するかもしれない。近い将来の予測ができないからこそ，いくつかのシナリオを描いてそれぞれの対応を準備しておく必要があるのだが，シナリオが十分に描けていないように思われる。

　日本の取り組みは行政任せという側面が強い。政治はアフガニスタンにも国際テロ情勢にもさほどの関心を寄せていない。それは海外のテロによって日本の権益が大きく脅かされたことがないこと，膝元の東アジアでグローバルテロ組織が活動していないこと，日本国内で大規模テロがオウム真理教の地下鉄サリン事件（1995年）以降途絶えていることに関係している。

　だが，グローバル化した国際社会で，現在進行中の出来事については一般的な情報であれば容易に取得できるが，その将来的な危険まではわかりにくい。人やモノや資金や情報がどのように流れ，いかなる組織関係が形成され，また人々の間に憎悪や敵愾心，信条が醸成されるのか，その固定したパターンがないからである。たとえば，2012年以降，西アフリカのマリで内戦が勃発し，北部ではイスラーム過激派が活発に活動している。その情勢をフォローしても日本の安全保障にはほとんど何も関係ないと思うのが普通であろう。しかし，知らぬ間に組織間で連携があって他地域に脅威が拡散したり，ある日，突如として日本国内からのテロ支援が明るみに出たり，大規模テロが起きたりするかもしれない。たとえ西アフリカの出来事でも，グローバルな影響をもたらしうる。早期警戒を見逃して，大きな出来事が起きてから腰を上げることはどの国の対応でもみられるが，日本もそれでよいということにはならない。現在の情勢や事案から将来の新しい危機を想像しなければならないのである。

【注】

1） 本文で示すテロ件数はすべてこのデータベースから検索したものである。国家テロ対策センターは2004年の米政府組織改編時に発足したもので，テロのデータは2004年以降のものが集積されている。http://wits.nctc.gov/, last visited 1 September 2012 よりアクセスする。また，同データを下に米国務省で編纂された Country Report on Terrorism 2011（July 31, 2012）も参照した。http://www.state.gov/j/ct/rls/crt/2011/195555.htm,

last visited 1 September 2012.
2) CBRN テロの記録については，米国のモントレー研究所が運営するデータベースが詳しい。http://wmddb.miis.edu/, last visited 1 September 2012 からアクセスする。
3) たとえば，1970年代の日本赤軍が起こした事件で，日本人テロリストの受け入れ先はアラブ諸国であった。ドバイ事件 (1973年) ではリビア，シンガポール・クウェート事件 (74年) では南イエメン，ハーグ事件 (74年) ではシリア，クアラルンプール事件 (75年) ではリビア，ダッカ事件 (77年) ではアルジェリアにそれぞれ「投降」した。

〔参考文献〕

クルーガー，アラン・B. (2008)『テロの経済学　人はなぜテロリストになるのか』藪下史郎訳，東洋経済新報社

コール，スティーブ (2011)『アフガン諜報戦争——CIA の見えざる闘い　ソ連侵攻から9.11前夜まで (上)』木村一浩ほか訳，白水社

滝田賢治・大芝亮編 (2008)『国際政治経済「グローバル・イシュー」の解説と資料』有信堂

広瀬佳一・宮坂直史編 (2010)『対テロ国際協力の構図』ミネルヴァ書房

第14章
ディアスポラ政治

六鹿　茂夫

1　国民国家の擬制性とディアスポラ

　1648年のウェストファリア条約において，主権国家を唯一のアクターとする西欧国際システムが確立された。現代国際社会は，それがグローバル化の過程において全世界に拡大した結果成立したものである。しかし，その後およそ3世紀半の間に，舞台としての国際社会のみならず，唯一のアクターとされた主権国家も絶対主義国家から国民国家へと変容した。ところが，民族自決権に則って樹立される単一民族からなる国民国家（ネーション・ステート）という概念はあくまで理念型としての国民国家であり，現実の国際社会においては，民族分布に基づいた境界線と国家の境界線すなわち国境は必ずしも一致しない。そこで，国家は，ネーションとステートが乖離した国民国家の擬制性を克服し，一民族一国家の理念型としての国民国家を創造するために，しばしば武力による国境の変更や領土の帰属変更を行ってきた。また，国家は現存国境を維持したまま単一民族国家を創造すべく，民族同化政策，民族浄化，住民の強制移住を断行した。今日アイデンティティをめぐるいわゆる「新しい戦争」（カルドー 2003）が世界中至る所で散見されるのは，まさに国民国家の擬制性が冷戦の終焉とグローバル化によって普遍化したことによる。

　国民国家の擬制性の問題に関心が高まる所以であるが，とりわけ近年注目され始めたのがディアスポラである。ディアスポラとは，離散という意味のギリシャ語（Diaspeirein）を起源とする言葉と言われ，当初はパレスティナから離散したユダヤ人共同体を指す言葉として用いられたが，やがてユダヤ人に限らず

海外に離散した民族共同体を意味するようになった (Sheffer 2003：8-13)。冷戦後，ディアスポラが国際政治における重要な研究テーマとして認識されるようになったのは，冷戦時代に二極構造と社会主義的国際主義イデオロギーによって封印されていたソ連，東欧，バルカンのナショナリズムが，冷戦の終焉と同時に息を吹き返し，ディアスポラとそのホスト国家および祖国が織りなすトランスナショナルな関係の解明が焦眉の課題となったためである (Brubaker 1996)。国内にディアスポラを抱えるホスト国家は多数派民族を中核とする民族国家建設へと向かい，近隣諸国に自民族ディアスポラを有する祖国はディアスポラ政策を開始し，旧ユーゴスラヴィアではそれら三者が入り混じって国境線の変更を目指して武力紛争に突入した。近年，移民ではなく，国境の変更によって近隣諸国への残留を余儀なくされたエスニック集団をディアスポラとして捉え，ディアスポラ，祖国，ホスト国家三者の関係に関する研究が盛んになってきた所以であるが (Mandelbaum 2000；King and Melvin 1998)，それはディアスポラが，ホスト国との関係だけが問題となる少数民族とは対照的に，祖国とホスト国家を含む三者の関係の分析を可能にする概念であるからに他ならない。

　本章もディアスポラをこの定義に則して捉え，祖国，ホスト国家，ディアスポラが織りなすディアスポラ政治について，広域ヨーロッパ[1]を中心に考察する。とりわけ，これら3つのアクターがグローバル化時代における国民国家の擬制性の問題にどう対処しながら武力紛争を回避してきたのか，その結果ウェストファリア体制の基本的特徴である国家主権が如何なる変容を迫られつつあるのかについて思量する。したがって，本章では，従来の伝統的な定義としてのディアスポラ (King and Melvin 1998：4-11)，すなわち，移民として外国に定住し，そこで共同体を組織して自己集団のアイデンティティの維持と強化に努めつつ，かつホスト国家のみならず祖国と相互に影響力を及ぼしあうエスニック集団は，分析の対象としないことをあらかじめお断りしておきたい。

2　失地回復主義（イリデンティズム）

(1)　失地回復主義の選択

　祖国，ホスト国家，ディアスポラ三者の関係は，ディアスポラが居住する領

土の失地回復へと向かう場合と，それを回避してトランスナショナルなディアスポラ政治を展開する場合に大別できる。本節では前者について，次節で後者について分析する。

　少数民族およびディアスポラの有無を基準に国民国家を類型化すると，以下の4類型に分類できる。①国内にも外国にも少数民族やディアスポラを抱えない国家，②国内に強い影響力を持つ少数民族はいないが，近隣諸国にディアスポラを有する国家，③国内に少数民族は存在するが，近隣諸国にディアスポラを持たない国家，④国内と近隣諸国に少数民族とディアスポラ双方を抱える国家である。これら4類型のなかで，失地回復主義に最も走りがちなのは第2類型である。国内に少数民族問題を抱えないため，分離主義による領土の喪失を恐れる必要がないので，失地回復主義への歯止めがかかりにくいからである。それ故，ディアスポラの間で祖国との統一機運が高まり，なおかつEU/NATOなど国際機構への加盟やグローバル経済への参加を不可欠と考える社会層が祖国において強力でなければ，第2類型の祖国とディアスポラは失地回復主義へと向かう傾向が強くなる。その際，ホスト国家が領土保全に固執すれば武力紛争は避けがたく，この典型が1980年代後半に起きたナゴルノ・カラバフの帰属をめぐるアルメニアとアゼルバイジャンの戦争である。

　アルメニアの失地回復主義は，祖国のアルメニア人およびナゴルノ・カラバフ在住のアルメニア系ディアスポラ双方によって支持されたが，とりわけ後者のアゼルバイジャンからの分離独立要求とアルメニアへの帰属願望の強烈さが，失地回復主義の原動力であった。ナゴルノ・カラバフのディアスポラ政治エリートは，欧米の圧力を受けて妥協の道を模索し始めた祖国の政治エリートに代わって同国の政治・軍事ポストを掌握し，失地回復政策を推進した。アゼルバイジャン政府によるアルメニア系ディアスポラに対する差別政策，オスマン帝国によるアルメニア人大虐殺の記憶，アルメニア系ディアスポラの多くがナゴルノ・カラバフ自治区に集合して住んでいるという地政学的要因が，アルメニア系ディアスポラを排他的民族主義へと駆りたて，祖国アルメニアとの統一へと向かわせたと言われる（Saideman and Ayres 2008：78-104）。

　しかし，国内に少数民族を抱える第4類型でも，自民族ディアスポラが居住する地域の失地回復に向かったケースがある。ユーゴスラヴィア連邦崩壊直後

のセルビアとクロアチアである。1991年6月にスロヴェニアとクロアチアが独立を宣言すると，セルビアのミロシェヴィッチ（S. Milošević）大統領はユーゴ連邦軍を率いてスロヴェニアとクロアチアに対し武力行使に踏み切り，クロアチアのセルビア系ディアスポラ居住区の失地回復を達成した。その後ミロシェヴィッチは，クロアチアのトゥジマン（F. Tudman）大統領と共謀してボスニア・ヘルツェゴヴィナの分割に乗りだし，前者はボスニアのセルビア系居住区，後者はクロアチア系居住区の併合に着手した。その際，ボスニアのセルビア系ディアスポラの多くは大セルビア主義を支持したが，クロアチア系ディアスポラは大クロアチアの創設をめぐって分裂した。そのうち，クロアチアの議会選挙で民族政党に投票したり，同国政府や軍部の主要ポストを掌握して失地回復に積極的に動いたのは，ヘルツェゴヴィナのクロアチア系ディアスポラであった。また，欧米在住のクロアチア系ディアスポラは資金援助を介してボスニア攻撃を支援したが，それは遠隔地ナショナリズムに加え，両大戦間期の民族主義政党であるウスタシャの精神が彼らに受け継がれていたからであると言われる。さらに，歴史的観点に立てば，ボスニア紛争は，セルビアとクロアチア両民族が第一次および第二次世界大戦で成就できなかった国民国家を完成させるための試みであり，それはグローバル経済への参与やEU/NATO加盟より遙かに重要な民族的利益とみなされた。また，ボスニアとセルビアおよびクロアチアとの領界が国際的に承認された国境でなく，ユーゴスラヴィア連邦内の境界線に過ぎなかったことも，彼らを国境変更のための武力紛争に駆りたてた（Saideman and Ayres 2008：52-77）。

（2） 失地回復主義の放棄

　上記2例とは対照的に，近隣諸国にディアスポラを有しない第1類型と第3類型はもとより，セルビアやクロアチアと同じ第4類型のロシア，国内に深刻な分離主義を抱えない第2類型のハンガリーも失地回復主義へと向かうことはなかった。とりわけ，戦間期を通じて失地回復主義に固執し，第一次ウィーン裁定（1938年11月）と第二次ウィーン裁定（1940年8月）で各々スロヴァキア南部とカルパティア・ルテニアおよびトランシルヴァニアの一部領土の回収に成功したハンガリーが，冷戦後失地回復主義を放棄したことは注目に値する。

ハンガリーは1920年のトリアノン条約で国土のおよそ3分の2を喪失し，それに伴いおよそ3分の1の国民が自らの意志に反して近隣諸国への残留を余儀なくされディアスポラとなった。そのハンガリーが冷戦後，失地回復主義を放棄したのは，同国の国民とエリートがグローバル経済への参与とEU/NATO加盟を介した発展戦略を選択したからである。また，中・東欧諸国がEUに加盟すれば加盟諸国間の人の往来が自由化されるため，失地回復へと向かわなくとも，EUのなかで祖国とディアスポラが民族のアイデンティティを維持・発展させることが可能になるからであった（六鹿 2000b）。

　他方，1991年末のソ連邦の崩壊によっておよそ2,500万人のロシア人がディアスポラとして近隣諸国に残留したにもかかわらず，ロシアは現状維持政策を踏襲した。それは，ロシアがチェチェンをはじめとする分離主義問題を国内に抱えていたことに加え，エリツィン政権が民主化とグローバル経済への参与を最優先したため，欧米諸国との摩擦を回避すべく近隣諸国に対する軍事力の行使を控えたからであった。また，ロシア政府がロシア人アイデンティティとは何かを明確に定義できなかったことや（King and Melvin 1998 : 212），ロシア系ディアスポラが分離独立に向け動員できなかったことも，ロシアの失地回復主義の放棄につながった（六鹿 2000a）。さらに，クリミアの独立運動に際しても，ロシアはセヴァストーポリのロシア黒海艦隊基地の2017年までの租借とクリミアの領土自治の保障と引き換えに，クリミアのロシア領への再編は控えた（Kuzio 2007）。また，トランスニストリアに関しても，ロシアは同地の分離独立を非公式に支援し続けてはきたものの，同地をカリーニングラードのようにロシアの飛び地に組み入れることはなかった。2003年11月のコザック・メモランダムが示すように，ロシアはトランスニストリアを，モルドヴァのEU／NATO加盟やルーマニアとの統一を阻止するための手段として用いてきたに過ぎないのである（六鹿 2004）。

3　ディアスポラ政治

（1）　ホスト国家とディアスポラ・祖国の関係

　このようにして，失地回復主義へと向かわなかったディアスポラとその祖国

は，ホスト国家との間でディアスポラ政治を展開することとなる。マケドニア，クロアチア，ウクライナ，ポーランド，スロヴァキア，ハンガリー，ルーマニア，ブルガリア，スロヴェニア，イタリアなどディアスポラの祖国は，憲法において，ディアスポラに対する権利保護を国家の責任であると規定し，対ディアスポラ政策を推進する部局を設置した（European Commission 2002：18-19,176-181, 285-293, 296）。他方，新たに独立した旧ソ連邦諸国およびソ連ブロックから解放された中・東欧諸国は，自国領内に少数民族を抱えている場合でも，憲法において多数派民族からなる民族国家であることを明記した。これに対し，ディアスポラとその祖国は少数民族を二級市民扱いするものであるとホスト国家に抗議するとともに，たとえばハンガリー系少数民族政党の在ルーマニア民主ハンガリー連盟（UDMR）は欧州審議会（CoE）に対してルーマニアの加盟を認めないよう要請した（Memorandum 1993）。また，マケドニアでは，マケドニア民族国家を規定した憲法が，政府軍とアルバニア系武装集団の間で締結されたオフリド和平合意（2001年）において修正された（Framework Agreement 2001）。

　このようにして，冷戦が終結するやいなや，多数派民族を中核とする民族国家建設へと向かうホスト国家，それに抗して教育や司法・行政機関における母語の使用など少数民族の権利保護を主張するディアスポラ，さらにディアスポラの権利の遵守をホスト国家に要請する祖国の三者が，トランスナショナルな次元でディアスポラ政治を展開し始めたのである。しかし，同諸国が旧ユーゴスラヴィアのように国境の修正を求めて武力紛争に至らなかったのは，祖国とホスト国家が二国間条約を締結して，領土保全とディアスポラの権利保護を相互に保障したことが大きく影響していた。たとえば，ハンガリーとスロヴァキアは，領土および少数民族問題を克服しない限りEU/NATO加盟は有り得ないとの西側からの圧力を受け，1995年3月21日のパリにおける安定条約調印直前に善隣友好協力条約を締結した。さらに，NATO加盟を最優先するハンガリーの社会党政権は，ルーマニアと国家条約を締結しなければNATO加盟の見直しもあり得るとの圧力をアメリカ政府から受け，ディアスポラ政策で大幅な譲歩をして国家条約の締結にこぎつけた（六鹿 1999）。

　武力紛争の回避に貢献したもう1つの要因は，ディアスポラ政党と多数派民

族政党との連立内閣の樹立である。たとえば，ルーマニアやスロヴァキアではハンガリー系政党のUDMRと「ハンガリー連立党」，ブルガリアではトルコ系政党の「権利と自由のための運動」，マケドニアではアルバニア系政党の「民主繁栄党」「アルバニア人民主党」「統一のための民主連合」が多数派民族政党との連立内閣に加わった。ディアスポラが自らの権利を議会内で主張し，その権利を法制化する道が開かれたことは，民族間の武力紛争回避にとってきわめて重要であった。しかしながら，多数派民族と連立内閣を組むためには少数民族政策の穏健化は不可避なため，ディアスポラ政党内においてそれに不満を抱く急進派と穏健派の間で対立が先鋭化することとなる。たとえば，UDMR内急進派は2003年7月にハンガリー市民連盟（UCM），10月にセクイ民族評議会（CNS），さらに12月にトランシルヴァニア・ハンガリー民族評議会（CNMT）を組織した。UCMは2008年1月にハンガリー市民党（PCM）を結成し，南チロルの成功例に倣ってセクイ地域の領土自治創設を目指すCNSの運動を積極的に支援している（Z. O. 2008）。

（2） 祖国のディアスポラ政策——地位法と二重国籍

祖国がディアスポラの権利を保護するための1つの手段は，国内法を介したディアスポラへの便宜供与である。スロヴァキアは1997年2月14日，ルーマニアは1998年7月15日，ロシアは1999年5月24日，ブルガリアは2000年3月29日に各々ディアスポラに関する法律を採択した（European Commission 2002：375-404）。しかし，近隣諸国のみならず国際社会を巻き込んだ論争にまで発展したのは，ハンガリーが2001年6月19日に採択した「近隣諸国在住ハンガリー人に関する2001年第62号法律」いわゆる「地位法」である（Waterbury 2010：85-106）。同法は，2004年のEU加盟によりハンガリーがシェンゲン条約の規制対象国となり，近隣諸国在住ハンガリー人ディアスポラの祖国ハンガリーへの入国が難しくなるため，彼らの福祉と繁栄および言語や文化の民族的アイデンティティの維持に努めるとともに，ディアスポラと祖国の結びつきを強化する目的で採択された（Kántor et al. 2004：371-395）。

これに対し，ルーマニア政府は，地位法は自国の法律を外国の領域内で適用しようとするもので国家主権原則に反するし，ハンガリー系ディアスポラに対

する優遇措置はルーマニア国民を民族基準にのっとって差別するものであり，少数民族保護に関する欧州の基準を逸脱しているばかりか，両民族を平等に扱うという1996年の国家基本条約にも違反していると批判した (Curierul Naţional 2001)。そこで，ヴェニス委員会は2001年10月に「祖国による少数民族優遇策に関する報告書」を採択し，祖国がディアスポラに便宜供与することに賛意を示しつつも，次の4原則を厳守すべきであるとの立場を明確にした。それらは，①領土主権原則，②条約の遵守，③諸国家間の友好関係，④人権と基本的自由，なかんずく差別禁止の遵守である (Kántor et al. 2004：365-370)。

　この地位法以外に，最近注目され始めたのがディアスポラへの二重国籍の付与である。近隣諸国がディアスポラを介して内政干渉してくることを恐れ，ウクライナのように二重国籍を禁じている国もあるが (King and Melvin 1999/2000：126)，ロシアやルーマニアなどは冷戦終結直後から二重国籍を認めてきた。ハンガリーでも，青年民主連盟―ハンガリー市民党 (Fidesz-MPSZ) がディアスポラへの二重国籍の付与を選挙公約に掲げて2010年の議会選挙で大勝すると，同年5月26日にハンガリー国籍取得手続きの簡素化に関する法律を採択して，国籍付与条件からハンガリーへの永住義務を削除し，二重国籍取得対象者をハンガリー人の祖先を持つハンガリー語を話す人々に広げたのである (Szymanowska 2011)。

　以上から，祖国のディアスポラ政治は，現実の国境線を認めた上で，「想像の共同体」を介してディアスポラとの紐帯とエスニック・アイデンティティを強化しようとするものであることが理解できた。この意味で，ディアスポラ政治は，基本的にはトランスナショナルなアイデンティティ政治であると言えるが，それ以外の要因によっても推進されることに留意すべきである。たとえば，移民の帰還を促す祖国はドイツ，イスラエル，アイルランドなどごく少数の国に限られており，大半の祖国はディアスポラを外国に残留させることで，彼らとの「想像の共同体」を介して近隣諸国に影響力を及ぼそうとする。その場合，ディアスポラは，祖国の影響力強化，さらには内政干渉のための道具としての役割を果たすことになる。たとえば，ロシアは「ロシア人世界」の概念の下に，旧ソ連領土に在留するロシア国籍保持者やロシア語を話す人々を介して，ロシア勢力圏の構築を図ろうとしてきた (Pelnens 2009：44-48)。また，南

オセチア在住ロシア人の保護を大義名分として，ロシアが2008年8月のグルジア軍事侵攻を行ったことはわれわれの記憶に新しい。8月31日のメドヴェージェフ・ドクトリンにおいて，ロシア政府は「どこにいようとも市民を保護する」姿勢を再度強調し，他国に軍事介入する根拠を再確認したのである (RIA Novosti 2008)。

　また，ディアスポラ政治は，祖国の政治闘争，政党政治，選挙戦略の文脈において展開される場合もある。たとえば，ソ連邦崩壊直後，ロシアの民族派勢力はディアスポラが置かれている困難な状況を引き合いに出して，民主化と親欧米外交に専念するエリツィン政権に揺さぶりをかけた (六鹿 1992)。また，ハンガリーのFidesz-MPSZは当初民族主義を党綱領に掲げていなかったが，ディアスポラ政策を鼓舞することでハンガリー民主フォーラムの選挙基盤を自党の支持基盤に組み入れる戦略に変更し，選挙で勝利を収めたのである (Waterbury 2010：53-87)。同じ傾向はルーマニアでもみられ，2009年のルーマニア大統領選挙は決選投票までもつれ込んでの混戦となったが，その趨勢を決めたのはディアスポラ票であった (Burean 2011：83-105)。

　加えて，ディアスポラ政治は，経済発展政策，労働力の確保，移民政策との絡みで展開されることもある。ハンガリーの地位法の目的の1つは労働力を確保することにあったし，祖国政府がディアスポラ企業家に投資や経済協力を呼びかけることは目新しいことではない。また，多民族国家における少数民族の比率は，有権者数や権力機構に占める民族比に影響するため看過できない重要な要因である。カザフ共和国が当初ディアスポラの帰国政策に熱心であったのは，同国に占めるカザフ系民族の比率が37％と低かったため，その民族比を高める必要性に迫られていたからである (King and Melvin 1999/2000：127-130)。

　さらに，祖国のディアスポラ政治は，NATO/EU加盟等の外交政策の優先度や，国際規範によっても影響される。NATO/EU加盟以前は両機構のコンディショナリティー効果が発揮され，善隣友好条約の締結など，祖国，ホスト国家，ディアスポラが両機構への加盟を目指して協力する構造がハンガリー，ルーマニア，スロヴァキアなどで確認された。同じ構造は，コソヴォ紛争後西バルカン諸国に適用された「安定連合プロセス」においてもみられる。しかし，加盟後はコンディショナリティー効果が効力を喪失するため，先に加盟した国

は近隣諸国に対してより大胆なディアスポラ政治を展開できる有利な立場に立つ。ハンガリーが2001年に地位法を採択したのは，1999年にルーマニアに先駆けてNATO加盟を果たし，EU加盟交渉も有利に進めるなど，同国の優越した国際的地位と無関係ではなかろう。

　また，祖国のディアスポラ政策は，国際機構の動向や国際情勢にも左右される。ハンガリーとスロヴァキアおよびルーマニアとの二国間条約の締結が，欧米国際社会による強い働きかけの下で行われたことは既に指摘した。また，2001年の同時多発テロを受けて米国が対テロ戦争に踏み出したことで，国際社会は少数民族の権利保護より領土保全を重視する安定戦略に重点を移した。これを境に，ハンガリーの地位法に関する国際社会の評価も，マケドニア政府とアルバニア系ディアスポラの憲法をめぐる対立に関する国際社会の立場も，共に多数派民族支持へと移行したとの印象はぬぐい去れない（六鹿 2002）。

（3）　ディアスポラと祖国の関係

　ディアスポラは，ホスト国家に対して権利を主張するのみならず，祖国の内政や外政に対しても影響を及ぼそうとする。冷戦期に欧米諸国に亡命していたディアスポラが祖国に帰国し，旧ソ連諸国や中・東欧諸国において大統領をはじめとする要職に就いて国政を司った例は少なくない。なかには，祖国政府の重要ポストに就いて失地回復のための武力紛争を指導したリーダーもいれば，アルバニア，アルメニア，クロアチアのディアスポラは失地回復のための祖国の武力紛争を資金や武器の調達を通じて支援した。2001年2月に勃発したマケドニア政府軍とアルバニア系武装集団の民族解放軍（NLA）の戦闘には，コソヴォ解放軍（KLA）が多数加わっていた（Kola 2003：372-382）。また，欧米諸国に移住したディアスポラによる祖国への送金が，困窮する祖国経済を支えているケースも稀ではない。さらに，二重国籍を得ることで祖国における選挙権を獲得し，投票を通じて祖国の国政に影響を及ぼす機会も増えている。

　これに対し，既にみたように，祖国はディアスポラとの連帯の強化に努めるが，国境線によって長期間分断されていた祖国の国民とディアスポラの間に，異なるアイデンティティ意識が育まれることも稀ではない。祖国のハンガリー人はディアスポラを「われわれ」ではなく「彼ら」とみなしていると言われるが

(Saideman and Ayres 2008：126)．実際トランシルヴァニア在住ハンガリー人の多くが，自分たちはルーマニアでは少数民族扱いされ祖国では外国人扱いされると筆者に語っている。また，モルドヴァ共和国でルーマニア語を母語とする住民は，ルーマニア人アイデンティティとモルドヴァ人アイデンティティの2つの集団に分かれている。このように，祖国とディアスポラの関係は，同じアイデンティティを共有する国境を越えた「想像の共同体」として括られる程単純な関係ではない。ルーマニアとモルドヴァ共和国の統一や，アルバニアとコソヴォさらにはマケドニア北西部とモンテネグロ南部のアルバニア人居住区を併せた大アルバニア創設の脅威がしばしば指摘されながらも，これら分断国家はドイツのように統一へと向かわなかった。それは，領土保全を唱える国際社会の圧力，主権独立国家を維持したいディアスポラの政治エリート，祖国の経済不振，モルドヴァ共和国内のトランスニストリアおよびコソヴォ内のセルビア人居住区ミトロヴィッツァの分離主義などの要因に加え，祖国とディアスポラの間に横たわる分断されたアイデンティティの存在が，分断国家の統一を妨げてきたからである。

　さらに，祖国の国益とディアスポラの利益は必ずしも一致しないため，祖国とディアスポラは協力のみならずしばしば対立する。たとえば，NATO加盟を最優先するハンガリー社会党政権が，アメリカの圧力の下でルーマニアと二国間条約を締結した際，UDMRは集団の権利が保障されていないなどの理由で同条約の締結に反対した。さらに，祖国はいくつもの政治集団に分かれているしディアスポラも一枚岩ではないため，祖国とディアスポラの諸々の政治集団が錯綜した複雑な関係を築くことになる。たとえば，連立内閣に参加して穏健的な民族政策を実現しようとするUDMRは，民族政策に余り重きを置かないハンガリー社会党との関係を強化しようとする。これに対し，ディアスポラの急進派集団は祖国の民族主義政党との関係強化に向かうが，前者も後者も一枚岩ではないため，たとえば2012年6月のルーマニアの地方選挙に際しては，Fidesz-MPSZのオルバン（V. Orbán）首相グループはトランシルヴァニア・ハンガリー人民党（PPMT）を支援し，キョヴェール（L. Kövér）議会議長グループはハンガリー市民党（PCM）を支援した（六鹿 2012）。

　このような祖国とディアスポラの諸々の集団間の関係とは別に，複数の国々

に散在するディアスポラのトランスナショナルな協力関係もみられる。たとえば，ハンガリー人は1990年以降毎年トランシルヴァニアで「夏の大学」と呼ばれる集会を開催し，トランシルヴァニア在住のハンガリー系ディアスポラのみならず，ハンガリー国内や近隣諸国のハンガリー人代表，なかんずくカルパチア盆地ハンガリー代表者フォーラム代表らが集まって意見交換を行っている。ちなみに，同フォーラムは，2004年12月にハンガリー，ルーマニア，スロヴァキア，ウクライナ，セルビア，クロアチア，スロヴェニアのハンガリー系国会議員によって結成された組織である。また，1999年には，世界中のハンガリー人の協議機関としてハンガリー常設会議が創設された。さらに，2009年9月にはブリュッセルにハンガリー少数民族欧州代表者事務所が創設され，ハンガリー，ルーマニア，スロヴァキアで選出された30名のハンガリー系欧州議会議員が欧州人民党グループに所属し，少数者インターグループにも加わって，ハンガリー民族の利益を推進するための活動を展開している。たとえば，2012年5月に政権に就いたルーマニアの社会自由連合が前政権のハンガリー少数民族政策を覆すと，UDMRの欧州議員は社会自由連合が所属するEU内会派の社会民主進歩同盟グループや欧州自由民主同盟グループに文書を送付してその実情を訴えた (Sógor 2012)。ホスト国家における政府とディアスポラの政争が，ホスト国家はもとより，祖国，ホスト国家，ディアスポラの三者関係を超えて，欧州議会において展開されることを示すものである。

(4) ディアスポラ政治と国家主権の変容

　本章では，現代国際社会の本質的課題である国民国家の擬制性について，ディアスポラを中心に考察した。そこでは，国境の変更により誕生したディアスポラの存在が祖国とホスト国家を武力紛争へと駆りたてる場合と，祖国，ホスト国家，ディアスポラの三者が国境を維持したまま展開するトランスナショナルなディアスポラ政治について分析した。その結果，グローバル化によりますます活発化するディアスポラ政治が，国家主権のあり方を根底から変えつつあることが明らかになった。言うまでもなく，グローバル化によって国家機能が衰退することはなく，むしろ国家はその機能を強化しながら国際社会における基本的なアクターとして存続し続けている (Baylis 2001：20-24)。しかし，本

章で検討したように，ディアスポラ政治が国家主権を変容させつつあることは否定できない事実であり，トランスナショナルなアクターが展開する国際関係やレジームの発展を想起すれば，主権国家からなる国際社会は今や根底から変容を迫られていると言っても過言ではない。

【注】
1） 広域ヨーロッパとは，欧州審議会加盟の47カ国からなる地域を指す。そこには，中央アジアを除く旧ソ連地域も含まれる。

〔参考文献〕
Baylis, John and Smith, Steve eds. (2001) *The Globalization of World Politics*, Oxford: Oxford University Press.
Brubaker, Rogers (1996) *Nationalism Reframed: Nationalism and the National Question in the New Europe*, Cambridge: Cambridge University Press.
Burean, Toma (2011) "Political Participation by the Romanian Diaspora", King, Ronald F. and Sum, Paul E. eds., *Romania under Basescu*, Lanham: Lexington Books.
Curierul naţional, Nr.3123 din iunie 12, 2001.
European Commission for Democracy through Law (2002) *The Protection of National Minorities by Their Kin-State*, Strasbourg Cedex: Council of Europe Publishing.
Framework Agreement concluded at Ohrid, Macedonia, signed at Skopie, Macedonia on 13 August 2001, (http://www.unhcr.org/refworld/category,LEGAL,,,MKD,3fbcdf7c8,0.html, last visited 3 April 2013)
Kántor, Zoltán et al. eds. (2004) *The Hungarian Status Law*, Sapporo: Slavic Research Center, Hokkaido University.
King, Charles and Melvin, Neil. J. eds. (1998) *Nations Abroad: Diaspora Politics and International Relations in the Former Soviet Union*, Boulder: Westview Press.
King, Charles and Melvin, Neil. J. eds. (1999/2000) "Diaspora Politics", *International Security*, Vol.24, Nr.3 pp.108-138.
Kola, Paulin (2003) *The Search for Greater Albania*, London: Hurst & Company.
Kuzio, Taras (2007) *Ukraine-Crimea-Russia*, Stuttgart: ibidem-Verlag.
Memorandum by the Democratic Alliance of Hungarians in Romania (RMDSZ) on Romania's admission to the Council of Europe (August 26, 1993).
Mandelbaum, Michael ed. (2000) *The New European Diasporas*, New York: Council on Foreign Relations Press.
Pelnens, Gatis ed. (2009) *The "Humanitarian Dimension" of Russian Foreign Policy Toward Georgia, Moldova, Ukraine, and the Baltic States*, Riga: Center for East European Policy Studies.
RIA Novosti (2008) "Medvedev outlines five main points of future foreign policy". (http://

en.rian.ru/world/20080831/116422749.html, last visited 3 April 2013)
Saideman, Stephen M. and Ayres, R. William (2008) *For King or Country: Xenophobia, Nationalism, and War,* New York: Columbia University Press.
Sheffer, Gabriel (2003) *Diaspora Politics at Home Abroad,* Cambridge: Cambridge University Press.
Sógor, Csaba (2012) "DAHR's MEPs called for the intervention of the European socialist and liberal sister parties in the case of the anti-Hungarian measures of the Romanian Government". (http://www.sogorcsaba.eu/mywork/?l=en&m=4&sm=22&id=1029, last visited 3 April 2013)
Szymanowska, Licie (2011) "The Implementation of the Hungarian Citizenship Law", Center for Eastern Studies. (http://www.osw.waw.pl/en/publikacje/ceweekly/2011-02-02/implementation-hungarian-citizenship-law, last visited 3 April 2013)
Waterbury, Myra A. (2010) *Between State and Nation: Diaspora Politics and Kin-state Nationalism in Hungary,* New York: Palgrave Macmillan.
Z. O. (2008) "Lungul drum al transformarii Uniunii Civice in Partidul Civic Maghiar", *Ziua.* (http://adatbank.transindex.ro/regio/ispmn/sajto/?oldal=html%7C1326&cale=organ%7C11%7C, last visited 3 April 2013)
カルドー，メアリー (2003) 『新戦争論——グローバル時代の組織的暴力』山本武彦・渡部正樹訳，岩波書店
六鹿茂夫 (1992) 「モルドヴァ「民族」紛争とロシア民族派・軍部の抬頭」国際問題12月号，46-60頁
六鹿茂夫 (1999) 「NATO・EU拡大効果とその限界」ロシア・東欧学会年報，1998年版，27号，11-21頁
六鹿茂夫 (2000a) 「なぜバルトでは民族紛争が回避されたのか」外交フォーラム7月号，77-88頁
六鹿茂夫 (2000b) 「ルーマニアとスロヴァキアのハンガリー人問題解決モデル」外交フォーラム10月号，68-89頁
六鹿茂夫 (2002) 「ポスト9・11——塗り替えられるバルカン・東欧政治地図」世界698号，136-145頁
六鹿茂夫 (2004) 「拡大後のEUが抱えるもう一つの難題——広域欧州における「欧州近隣諸国」vs「近い外国」」外交フォーラム7月号，68-75頁
六鹿茂夫 (2012) PPMT議長ティボール (T. Tibor) 氏とのトゥシュナド (Tuşnad) におけるインタヴュー (7月27日)。

第15章
新しいパブリック・ディプロマシーの系譜

齋藤　嘉臣

1　グローバル・ガヴァナンスとパブリック・ディプロマシー

　冷戦が終結して20年が経過した。第二次世界大戦後約半世紀の間，グローバルに展開されたイデオロギー対立の下で，東西の両陣営は政治体制の優劣を競い合った。各国は，同盟を正当化し自らを平和陣営だと訴え，対立の根源を敵対陣営に帰し，そのための情報を積極的に発信した。「人心（hearts and minds）」を掌握する争いであった冷戦においては，イデオロギー的な価値や文化的魅力，敵対陣営批判の言説を発信するプロパガンダが大きな役割を持ったためである。

　その冷戦が終結すると，一方で国際政治は脱イデオロギー化し，他方で民族的アイデンティティや宗教・信条をめぐる争いが多発した。冷戦終結の直後に語られたフクヤマ（F. Fukuyama）の「歴史の終わり」的な世界ではなく，われわれが目の当たりにしたのはハンチントン（S. Huntington）の「文明の衝突」的な世界であった。そうした中で1990年代に頻発した幾多の紛争は，改めて価値や文化の政治学に焦点を当てる必要性を，われわれに突きつけたのである。

　価値や文化をめぐる争いは，情報通信技術の発展と相俟って，各国における情報発信の有用性を高めている。その結果，今日の外交戦略において重要な位置づけを与えられているのが，パブリック・ディプロマシー（public diplomacy）である。ナイ（J. Nye）によるソフト・パワー論が注目されて久しいが，特有の価値体系を国内外に向けて発信し，その文化的偉業や生活様式を説明するとともに対外政策への理解を仰ぐことは，軍事力の整備や経済的利益の獲得と並び

(時にはそれ以上に)，各国の外交戦略のなかで重視されるようになった。特にアメリカではこの傾向が顕著で，2001年の同時多発テロ事件以降，アメリカ的価値観と外交政策を対外的に説明することが，テロ対策上も有効な手段であると強調されてきた。イラク戦争後のアメリカの軍事政策に対するグローバルな反発に対処し，悪化するアメリカのイメージの改善を図るための情報発信の意義も，強く認められてきた。民間出身の文化外交担当次官の就任，中東におけるアラブ語での雑誌発刊・ラジオ放送開始は，それが具体化した事例の一部に過ぎない。

　一方で，アメリカがテロ対策の観点を重視しがちなのに対し，カナダやノルウェーのようにハード・パワーの限られた国家にとっても，国際的な発言力の確保やアイデンティティ強化といった実利的観点から，パブリック・ディプロマシーが重要となっている。これら「ミドル・パワー」に特徴的なのは，NGOや国際機構との協調関係を維持しながら，そのネットワークを活用することで，大国間協調が困難な地球規模の問題の解決に一定の貢献を行ってきた点である。くわえて，欧州連合 (EU) 独自の取り組みを行いつつある。独自の政策遂行能力が限られているNGOにとっても，地球規模の問題の解決に取り組むにあたり，掲げる大義を発信しながら国際世論を喚起するためのパブリック・ディプロマシーは重要となっている。

　このように，多様な主体によって実践されるパブリック・ディプロマシーの目的はさまざまであるが，近年注目されるのは，国際社会の共通利益（グローバル公共財）の充足を図る手段としてのパブリック・ディプロマシーである。国家や国際機構，NGOの取り組みが必ずしも利他的な思想に支えられている訳ではないが，それでも多様な主体が実践するパブリック・ディプロマシーが，結果的に地球規模の課題に対する国際世論を喚起し，その解決の糸口となるのであれば，グローバル・ガヴァナンスのなかでパブリック・ディプロマシーが果たしうる役割について考察する意味は大きいと言えるだろう。

　以下，本章では，冷戦後のパブリック・ディプロマシーにみられる旧来の手法からの変化と，多様な主体による活動の実態を，グローバル・ガヴァナンスとの関連で検討し，パブリック・ディプロマシーが果たしうる機能を考察する。

2　パブリック・ディプロマシーの系譜

　そもそもパブリック・ディプロマシーとは何であり，通常の外交といかなる関係にあるのだろうか。一般的な意味での外交とは，国家間関係を円滑に保ち，国際的懸案を交渉によって処理するための一連の活動のことである。主に，外務省を中心にした政府代表が，対外的な折衝を行うことが想定されている。もちろん，非政府主体による「トラックⅡ」外交がそれを補完することがあるが，あくまで副次的な位置づけにあることは否定できない。外交交渉にはしばしば機密性が伴うため，市民の目が必ずしも届かない空間で外交が展開することも多い。これに対して，パブリック・ディプロマシーの特徴は，対象国政府を必ずしも媒介せず直接的に市民との関係を構築するところにある。その目的は，対象国の世論に直接働きかけることで影響を与え，情報発信国の価値や政策についての理解を促して望ましい環境を創造することにある。

　用語として「パブリック・ディプロマシー」が使用された古い事例としては，19世紀の新聞紙面上にまで遡ることができるようである（Cull 2009a：19-23）。その後，戦間期に執筆された『危機の二十年』のなかで，カー（E. H. Carr）は国際政治の力学の一端を説明する要素として権力，利益とともに思想（idea）の重要性を指摘し，発信される価値体系や思想が国際世論に広く支持されることが重要なパワー源泉となることを示した。戦後，イデオロギーの優劣を争う冷戦下で，東西の両陣営は政治体制の優劣を競いあった。同盟体制を支える社会的基盤を構築するため，同盟の存在を正当化する情報が国内外に向けて発信されたほか，友好的・非政治的な外套を纏った情報発信・文化交流が東西をまたいで展開された。これらは時に，プロパガンダと呼ばれ，きわめて高度な冷戦戦略として位置づけられた。

　しばしば指摘されるように，対外的な情報発信を行う活動形態としてのプロパガンダとパブリック・ディプロマシーには多くの類似点があり，学術上はいずれも価値中立的な概念，相互交換可能な概念としても使用される。だが，大戦中のプロパガンダが虚偽の情報発信も含んでいたことが当該用語に否定的な含意を与えており，プロパガンダは公的な政策用語としては使用が限定されて

いく。1965年に元アメリカ外交官ガリオン（E. Gullion）がパブリック・ディプロマシーの用語を使い始めたのは，重要な修辞学的工夫であったとともに，実態として古くから行われていた情報発信活動に新たな装いを与え，同種の活動が社会的支持を得る契機でもあった。

　大戦前から続くパブリック・ディプロマシーの系譜を概観すると，それは国益増進のための伝統的な外交手段として定位することができる。第一次世界大戦後の「新外交」時代の幕開けとともに世論や国家・同盟イメージが重要な意味を持ち，イデオロギー対立としての冷戦がそれに拍車をかけた。だが（あるいはだからこそ），冷戦終結後に各国は，情報発信に費やす予算を軒並み削減した。最も典型的なのはアメリカであり，それまでパブリック・ディプロマシーを支えてきたアメリカ広報文化庁（USIA）が1999年に国務省に統合された。その活動も，北米自由貿易協定（NAFTA）に関する広報活動に制限される等，通商政策を支援するものが主体となった。

　この傾向が大きく変化する契機となったのが，2001年の同時多発テロ事件であった。これ以後，アメリカは過去10年間のパブリック・ディプロマシーに対する評価を改め，積極的に「アメリカ」の売り込みを図ってきた。そして，当該分野での活動主体は水平的・垂直的な広がりをみせ，主要国以外にも多くの国際機構やNGOが独自の大義や政策を対外的に発信している。これら主体の拡大により，近年のパブリック・ディプロマシーは従来と大きく異なった様態を示し始めている。

3　新しいパブリック・ディプロマシー

　上述したように，パブリック・ディプロマシーはプロパガンダとの類似性を指摘され，時に必ずしも新しい外交手法でないと指摘される。しかし，20世紀後半におけるポスト消費社会の到来と情報通信革命は市民社会を変容させ，民主主義国内における世論や説明責任原則の重要性を一層高めてきた。それに伴い，政府による一方的な情報発信によって影響を受けることを前提にした市民像そのものにも，大きな修正が迫られている。

　必然的に，従来のパブリック・ディプロマシーの手法にも大きな変化が表れ

ている。たとえば，マーケティング的手法を外交政策に取り込むことによる，国家ブランド戦略の拡大である。ブレア政権が「クール・ブリタニア」の名の下に行った国家ブランド戦略が最も良く知られている。これは，魅力的な国家イメージを形成することで投資や旅行者を呼び込むという産業政策的な観点も強いが，国家イメージの改善を通して有利な外交環境を創造することを企図するものでもあった。国家イメージの上昇が一国の影響力の増加に深く連関しているとの認識があることで，ブランド調査機関アンホルトGMIによる国家ブランド指標に政府は一喜一憂する。だが，より本質的な問題として，パブリック・ディプロマシーを国益追求の手段として捉える伝統的な見方に代わり，利他的とは言えなくともグローバルな公共財に対する意識の高まりを反映したパブリック・ディプロマシーの可能性が模索されている。

それは「新しいパブリック・ディプロマシー」と呼ばれ，一方通行的な情報発信に代わって，双方向的なコミュニケーション活動を重視する。また，短期的に対象国の世論を説得する試み (persuasion) から，対象国の社会との長期的な関係構築 (relationship building) に活動の焦点が移行している。従来のパブリック・ディプロマシーの場合，対象国の社会に影響を与えることで現地政府に間接的な圧力をかけ，情報発信国に有利な外交環境を創り出すことが課題となるが，新しいパブリック・ディプロマシーの場合，情報受信者とのネットワークを構築すること，彼らを政策決定の過程そのものに関与させることが課題となる。もちろん，すべての国家や国際機構，NGOが新しいパブリック・ディプロマシーを実践している訳ではなく，伝統的なパブリック・ディプロマシーがいまなお支配的ではある (Szondi 2008：10-11)。しかし，パブリック・ディプロマシーが国益の観点から捉えられがちなのに対して，新しいパブリック・ディプロマシーは公共財の観点からも議論がなされやすい。

オランダの学者メリッセン (J. Melissen) は，新しいパブリック・ディプロマシーに対する注目の高まりの背景について，次のように指摘している。第一に，主権国家による活動は依然として大きな影響力を持っているものの，非国家主体の多くが積極的に自らの掲げる大義や活動方針を対外発信している実情がある。必ずしも軍事力や十分な経済力を持っていない国際機構やNGOにとって，掲げる大義や政策の妥当性と正当性を説得的に説明することは，自ら

の存在を正当化し，活動への支持を拡大する重要な手段となる。第二に，これまで峻別されてきた，基本的に国外を向いた情報発信活動と国内向け広報活動との間の明確な区分けが曖昧になり，両者はより交錯した関係を示すようになった。対外的な情報発信が，多民族国家の国民統合を図る国内向けの政策としても機能するといった事例は，カナダやベルギーにおいてみられる。第三に，国家から外国の市民に向けた情報の一方的発信ではなく，国際メディアや市民との間により密接な関係を構築することが模索されてきた。その目的は，繊細な問題に関して政治対話を促すことや投資・貿易促進まで多様である(Melissen *et al.* 2007：12-14；Melissen 2011：9)。

　伝統的な類型にせよ新しい類型にせよ，パブリック・ディプロマシーの実践目的には，実利的な通商上の利益の獲得から地球的問題群の解決まで幅がある。このうち本書のテーマとの関連で重要なのは，パブリック・ディプロマシーとグローバル・ガヴァナンスとのかかわりであり，脱国家化する安全保障上の脅威に対処する手段，さらには公共財を提供する手段としてのパブリック・ディプロマシーの意義と限界を考察することであろう。そこで，以下ではテロ対策として安全保障上の考慮から進められるパブリック・ディプロマシーと，グローバルな公共財の提供を視野に入れたパブリック・ディプロマシーの各々について，超大国アメリカとカナダやノルウェーといった「ミドル・パワー」の活動事例を批判的に検討し，グローバル・ガヴァナンスとの関連について考察したい。

4　対テロ戦略としてのパブリック・ディプロマシー

　上述の通り，冷戦後のアメリカにとって自国の価値観や政策の妥当性を対外的に発信することは，必ずしも重視される領域ではなかった。国務省へ統合される以前のUSIAが，主にNAFTAのための広報媒体として利用されたことに，それは象徴されている。もちろん，戦時の非日常的な状況下で軍事力が使用され，その正当性がきわめて重要な問題となる際，たとえばボスニア紛争やコソヴォ紛争時には，民間の広告代理店が関与してアメリカや北大西洋条約機構（NATO）のイメージ改善が図られたように，国際世論を意識した活動が進

められたことはよく知られている (Smith 2009)。だが平時におけるこうした情報発信は，限定的であった。

　しかし，同時多発テロ事件以降に「テロとの戦い」が日常化するなかで，アメリカではパブリック・ディプロマシーに対する再評価がもたらされ，それに伴ってアメリカの価値体系を発信し対外政策を説明する試みが開始された。もともとアメリカ国内では，ソ連との文化的冷戦に勝利したとの認識が強く，テロという新しい脅威に直面しても，その根源を「アメリカ的価値」に対する無理解に求め，アメリカへの「誤解」を解くことで理解を深めてもらえれば，抑え込むことが可能との期待があった。国防総省では，「戦略的コミュニケーション」概念が採用され，心理戦を含めて戦地でのアメリカに対するイメージを改善する活動が重視された。イラク戦争後に各地で高まる反米気運を抑え込むことはブッシュ政権が最も重視した政策領域の1つであり，軍事的なテロ対策にくわえて情報発信や文化関連の予算が増額された。だが，「アメリカの価値を売り込む (selling the American way)」そのやり方は，必ずしも双方向的なコミュニケーションとはならず，成果は芳しくない。

　2003年には，大手広告会社からビアーズ (C. Beers) がパブリック・ディプロマシー担当の国務次官に就任し，マーケティング手法を取り込みながらアメリカの価値発信を始めた。パウエル (C. Powell) 国務長官等の閣僚がアルジャジーラをはじめとした中東の報道番組に出演したほか，アラブ語雑誌『ハイ』の創刊，中東向けの新放送局であるラジオ・サワの放送開始，アメリカ国内で幸福に居住するイスラーム教徒の姿を映した映像の制作等が行われた (Seib 2011)。だがこれらのすべてが効果を持った訳ではなく，映像はしばしば現地放送局により放送を拒否された。反米感情を払拭するブッシュ政権の当初の思惑は，発信される情報と実際のアメリカの対外政策との間に大きなギャップがあったことで失敗したとの評価が多い。

　ブッシュ政権による一連の活動は，国家安全保障上の考慮が強く働いている。対テロ戦争を「思想の戦い」と捉える見解は，アメリカが発信するメッセージとは何であるべきかを明確に定めたうえで，国外に普及する「誤った」アメリカ・イメージを修正することを重視するものであった。そのために，アメリカの価値観の一方的な発信という側面が強く，パブリック・ディプロマシーは

冷戦期の情報発信の延長としての性格を強く残した。

近年は，対話的アプローチを目指すことで，双方向的なコミュニケーションの確立を図ることが，長期的な対テロ戦略として最も効果的であるとする主張がなされる (Fitzpatrick 2011：6)。大統領就任式において，「相互の利益と敬意」に基づいたイスラーム世界との関係構築を訴えたオバマ (B. H. Obama) 大統領は，その後も言行の一致を強調する戦略的コミュニケーション報告書を議会に提出し，国家安全保障会議に当該分野を担当する部局を設置する等，前政権のパブリック・ディプロマシーとは異なる路線をとる姿勢を示してきた (山本・金子 2012：97)。オバマ政権の『国家安全保障戦略』や『4年毎の外交と開発政策の見直し』をはじめとするパブリック・ディプロマシー関連報告書では，国外の市民との対話，彼らとの関係構築の必要性，NGOとのネットワーク構築の重要性が説かれており，新しいパブリック・ディプロマシーの要素を反映するものとなっている (Fitzpatrick 2011：32-33)。

だが，新しいパブリック・ディプロマシーが対話や相互性を基調とすることを念頭に，報告書は以下の点で批判されてもいる。アメリカ対外政策の正当性を維持し，国益や安全保障を高める手段として外国の市民との関係構築を捉えている点，国外世論を喚起してパートナーシップを構築する必要性を語り，アメリカの市民の対外的な役割を指摘する一方で，アメリカ側の他国理解の必要性が語られておらず「相互理解」への意思が欠如している点等である。結局，オバマ政権のパブリック・ディプロマシーは，アメリカの利益を高める戦略的手段であり，「非対称的関与 (asymmetric engagement)」に過ぎないという批判である (Fitzpatrick 2011：33-36)。

アメリカの対外政策に国益が反映されることは，自然ではある。だが一方で，パブリック・ディプロマシーが非アメリカ的価値を持つ地域との関係構築を進め，自由主義の勝利に対する確信に基づいた「フクヤマ的外交」から脱却することは，より長期的な国益と安全保障を担保する手段となろう。

5 脱国家中心的なパブリック・ディプロマシー

近年，国家以外の主体によるパブリック・ディプロマシーの実践例が増えて

いる。NATOは2003年に専門部局を設置し対外情報発信に従事しているほか，EUや欧州安全保障協力機構（OSCE）も域内外に活動情報を発信している。

　主権国家のような権力基盤を持たないNGOにとっても，パブリック・ディプロマシーは国際政治に影響を与える主要な基盤となる。たとえば，問題解決を遅らせる既存ルールやそれに固執する国家を批判し，普遍的な規範を創造して国際社会に共有させるための説得力を持った言説を発信することは，NGOの影響力を左右する重要な活動となる。逆に国家にとっても，もはや高度に情報化した世界で国際報道を管理することはできず，メディアやNGOを通して自らの対外政策に正当性と適切性を与え，NGOが持つネットワークを効果的に活用することが課題となっている。そのため，各国が国際機構やNGOとの連携を模索する場面が増えてきた。NGOとの連携とそのネットワークの活用は，効果的なパブリック・ディプロマシーにとって不可欠なのである。

　大義を共有するNGOや他国家との協調を模索し，そのネットワークの中心に立って彼らとの関係構築を図ることで，伝統的な外交では不可能な国際制度を作り出す外交スタイルは，「触媒外交（catalytic diplomacy）」と呼ばれる。たとえばイギリスのブレア政権は，アフリカの貧困状況に国際社会の焦点を当てるべく，著名人やNGOと協働し，G8議長国とEU議長国を務めた2005年をアフリカの年にすることで，優先課題として貧困問題を議論する環境を整備した（Van Ham 2010：117）。カナダやノルウェーといった「ミドル・パワー」による実践例もあり，例えば1997年に署名された対人地雷撤廃条約（オタワ条約）に至るオタワ・プロセスや，クラスター弾禁止条約（クラスター弾条約）に結実するオスロ・プロセスにおける，国家とNGOの協調関係を挙げることができる（Hocking 1999；Zaharna 2009；山本・金子 2012）。

　対人地雷撤廃条約は，全会一致を基本とする特定通常兵器使用禁止・制限条約による交渉では全面的な規制が困難であった地雷について，それまで地雷の全面禁止を主張して慎重派諸国と対立していた有志国がNGOと協力した結果，わずか1年2カ月で締結されたものである。各国で独自の運動を行っていたNGO「地雷禁止国際キャンペーン」（ICBL）には，カナダ政府をはじめとする諸国がその広範なネットワークと動員力を利用するため，交渉において発言を許可される等の便宜が図られた。彼らは，地雷の非人道性をさまざまなメディ

アを用いて訴え，それに呼応して各国世論は地雷撤廃を支持するようになった（足立 2008：5-6）。世界各地のNGOと情報を共有し，専門家や国際機構とのネットワークを活かし，それらを通して参加国の世論に直接的な影響を与えたことは，オタワ・プロセスの大きな成功要因であった。NGOやメディアとの連携は，国際刑事裁判所の設立をめぐるカナダ外交にも看取できる（塚田 2005）。

　不発となった子弾が戦後に民間人へ与える被害が問題となっていたクラスター弾については，ノルウェー政府が主導し有志国やNGOが関与して続けられた交渉（オスロ・プロセス）がある。オスロ・プロセスの特徴は，オタワ・プロセスと同様，NGO「クラスター弾連合」の大きな貢献を背景に，ノルウェー政府をはじめとする有志国が参加した交渉によって条約が締結された点である（福田 2009）。2007年に交渉が開始されると，2008年にはクラスター弾条約（オスロ条約）が締結された。広範なNGOネットワークが活用され，メディアを通した訴えがなされたことも，オタワ・プロセスとの類似点である。中東和平プロセスで裏方に徹した姿とは対照的に，オスロ・プロセスでのノルウェーの行動は国家イメージの積極的な投影というノルウェー独自の課題に応えたものでもあった。大国と異なり国家イメージそのものの弱さを改善する必要性，グローバル化による注目を浴びる多くの他国家・NGOの登場，加盟していないEUが平和維持や人権，開発のような従来ノルウェーが重視してきた分野で存在感を高めている事態に直面し，2003年以降ノルウェーは強い「国家ブランド」の構築を求めていた（Petrova 2007：18）。つまり，オスロ・プロセスはノルウェーが伝統的に得意としてきた領域での活動において，冷戦後の国家アイデンティティを確保する狙いと，パブリック・ディプロマシーによる国家ブランドの強化を行う必要性が接ぎ木されて生じたものであったとも言える。

　これらは，一国では強い影響力を持ち得ない政策領域において，外部主体とのネットワーク構築により政策選好の充足が図られた典型的な事例であろう。その際，国益と公共財の提供がともに充足されるためには，単にネットワークを構築すれば良いのではなく，その中心で関係構築の軸となること，発信される言説が正当性と共感性を持つことが必要となる。

6　ソフト・パワーを超えて

　オタワ条約にせよオスロ条約にせよ，調印国が限定され，しかも大国の参加が必ずしも得られていないことは，「ミドル・パワー」外交の限界として指摘される。だが，このような兵器規制条約の成立により，規制対象となる兵器は人道的観点から使用しにくくなる。また，使用時には国際世論の強い反発が予測される。その意味で，両条約の成立はパブリック・ディプロマシーの成果であると同時に，非締約国の行動さえ一定程度拘束する効果も持っている。

　また，これらの事例は，ファン・ハム（P. Van Ham）が主張する「ソーシャル・パワー」の実践例でもある。「ソーシャル・パワー」は，強制や利益の誘惑なしに，正当で望ましいとみなされる規範や価値を創り出す能力のことである（Van Ham 2010：8）。その能力には，新しい言説や思考枠組みを創り出す力，規範を啓発する力，議題設定能力等が含まれ，パブリック・ディプロマシーはその重要な手段となる。このような概念が生まれる背景として，軍事力や経済力といった伝統的なパワー概念に代わり，ネットワークを構築しその中心にいて影響力を持っていることや，対外活動の正当性が重視される，冷戦後のポスト・モダン的な国際関係の出現を指摘することもできる。そこでは，実施される対外政策の実態が重要なのは言うまでもないが，何が「善」で「適切」な行為かを規定する能力も，同時に問われる。

　同様の観点としては，ナイによるソフト・パワー概念がある。しかし，ソフト・パワー概念が従来のパワー概念に再考を促した一方で，いかに魅力的な国家像を提供するか，いかに対外政策に関する理解を取り付けるかといった観点から議論され，NGOとの共闘や正当性の確保のような，今日のグローバル・ガヴァナンスで重視される観点がしばしば欠けている（Van Ham 2010：159-160；Parmar and Cox 2010）。だが，ナイ自身もネットワークを柔軟に利用するNGOの台頭が新しいパブリック・ディプロマシーを登場させたと指摘し，その特徴を「他国の市民社会との関係を構築すること，国内外の非政府行為体の間のネットワーク構築を容易にすることである」と述べている（ナイ 2004；Nye 2010）。一方通向の情報発信でなく，よりグローバルな公共財の提供を意識し

たソフト・パワーに関する議論の高まりが,期待される。

　本章は,パブリック・ディプロマシーとグローバル・ガヴァナンスの接点を探った。また,通商・観光政策上の利益獲得やブランド戦略として狭くパブリック・ディプロマシーを捉える視角を超えた,新しいパブリック・ディプロマシーの可能性を指摘した。もちろん,これからも伝統的な政府間外交は残るし,国内外の世論に直接的に働きかけて「人心」を獲得することは,各国の外交戦略において重要な課題となるであろう。ポスト・モダン的な国際関係は特に先進諸国間に見出せるものであり,主権国家建設が枢要な位置を占める多くの国家間でみられるものではない。しかも,ポスト・モダン的な欧米地域においてすら,国家ブランドの普及策として同活動を狭く捉える場合も多い。畢竟,パブリック・ディプロマシーも国益重視となる。

　だが,グローバルな公共財を提供する,狭いソフト・パワー論に立脚しない新しいパブリック・ディプロマシーが,必ずしも利他的な活動である必要はない。必要なのは,対話に関与する当事者のすべてに利益が生まれるような,新しいパブリック・ディプロマシーの実践である。カナダおよびノルウェーの事例が示すように,国外の市民社会との広範なネットワーク構築によるパブリック・ディプロマシーは,市民社会を情報の受信者として捉えるのではなく,共通の課題を解決するパートナーとして捉えている。それはまた,地球規模の問題群を解決するような社会的資本ともなりうる。ここに,将来のグローバル・ガヴァナンスにおけるパブリック・ディプロマシーの大きな可能性が,示されているのではないだろうか。

〔参考文献〕

Camerona, Maxwell A. (1998) "Democratization of foreign policy: The Ottawa process as a model", *Canadian Foreign Policy Journal*, vol.5 issue 3, pp.147-165.

Cull, Nicholas J. (2009a) "Public Diplomacy before Gullion: The Evolution of a Phrase", in Snow, Nancy and Taylor, Philip M. eds., *Routledge Handbook of Public Diplomacy*, London: Routledge.

Cull, Nicholas J. (2009b) "Public Diplomacy: Lessons from the Past", *CPD Perspectives on Public Diplomacy*, Los Angeles: Figueroa Press.

Fitzpatrick, Kathy R. (2011) "U.S. Public Diplomacy in a Post-9/11 World: From Messaging to Mutuality", *CPD Perspectives on Public Diplomacy*, Los Angeles:

Figueroa Press.
Gonesh, Ashvin and Melissen, Jan (2005) "Public Diplomacy: Improving Practice", *Clingendael Diplomatic Paper*, no.5.
Hocking, Brian (1999) "Catalytic Diplomacy: Beyond 'Newness' and 'Decline'", in Melissen Jan ed., *Innovation in Diplomatic Practice*, Hampshire: Palgrave Macmillan.
Melissen, Jan et al. (2007) *The New Public Diplomacy: Soft Power in International Relations*, Hampshire: Palgrave Macmillan.
Melissen, Jan (2011) "Beyond the New Public Diplomacy", *Clingendael Paper*, no.3.
Nye, Joseph S. Jr. (2002) "The American National Interest and Global Public Goods", *International Affairs*, vol.78 no.2.
Nye, Joseph S. Jr. (2010) "The Pros and Cons of Citizen Diplomacy", *The International Herald Tribune*, October 4.
Parmar, Inderjeet and Cox, Michael eds. (2010) *Soft Power and US Foreign Policy: Theoretical, Historical and Contemporary Perspectives*, London: Routledge.
Petrova, Margarita H. (2007) "Small States and New Norms of Warfare", *EUI Working Papers*.
Porte la Teresa (2011) "The Power of the European Union in Global Governance", *CPD Perspectives on Public Diplomacy*, Los Angeles: Figueroa Press.
Potter, Evan H. (2010) *Branding Canada: Projecting Canada's Soft Power Through Public Diplomacy*, Ontario: Mcgill Queens University Press.
Seib, Philip (2011) "Public Diplomacy, New Media, and Counterterrorism", *CPD Perspectives on Public Diplomacy*, Los Angeles: Figueroa Press.
Smith, Mark (2009) "The Kosovo Conflict: U.S. Public Diplomacy and Western Public Opinion", *CPD Perspectives on Public Diplomacy*, Los Angeles: Figueroa Press.
Szondi, Gyorgy (2008) "Public Diplomacy and Nation Branding: Conceptual Similarities and Differences", *Discussion Papers in Diplomacy*.
Van Ham, Peter (2010) *Social Power in International Politics*, London: Routledge.
Zaharna, R.S. (2009) "Mapping out a Spectrum of Public Diplomacy Initiatives: Information and Relational Communication Frameworks", Snow, Nancy and Taylor, Philip M. eds., *Routledge Handbook of Public Diplomacy*, London: Routledge.
足立研幾 (2008)「国際制度形成過程における政府―NGO関係―共鳴・協働・競合」立命館国際研究21巻1号
カー, E. H. (1996)『危機の二十年――1919-1939』井上茂訳, 岩波書店
金子将史・北野充編著 (2007)『パブリック・ディプロマシー――「世論の時代」の外交戦略』PHP研究所
塚田洋 (2005)「カナダ外交における『人間の安全保障』」レファレンス4月号
ナイ, ジョセフ, Jr. (2004)『ソフト・パワー』山岡洋一訳, 日本経済新聞社
福田毅 (2009)「オスロ・プロセスの意義と限界――クラスター弾条約とダブリン会議の分析」レファレンス2月号

山本吉宣・金子将史（2012）「国際的なパワーバランスの変化に伴う適正な外交資源の配分」平成23年度外務省委託調査報告書

第IV部

求められるグローバル・ガヴァナンス

第16章

人権ガヴァナンス

勝間　靖

1　グローバル・ガヴァナンスと国連

　グローバル・ガヴァナンスという言葉は，ブトロス・ガリ（B. Boutros‒Ghali）国連事務総長（当時）の支持を受けて1992年に設置されたグローバル・ガヴァナンス委員会と，その報告書 *Our Global Neighbourhood*（Commission on Global Governance 1995）によって，広く知られるようになった。それでは，グローバル・ガヴァナンスとは何だろうか。本章では，「世界政府が存在しない国際社会において，地球規模課題（global issues）の解決へ向けて世界的な取り組みを進めるために，多種多様な行為主体（actors）によってつくられた複数の仕組みと活動の総体」と簡潔に定義しておきたい。以下では，グローバル・ガヴァナンスの概念をさらに明確化したうえで，地球規模課題の1つである「人権の国際的保障」に焦点を絞り，その解決における国連の役割と限界をみる。

（1）　国際レジームとグローバル・ガヴァナンス

　グローバル・ガヴァナンスと関連した用語として，国際レジーム（international regime）がある。1970年代前半から観察された国際社会の変動のなかで，国家間の関係を特徴づける際に，無政府状態（anarchy）と階層（hierarchy）秩序との中間に位置する一形態（山本 2008：34-36）として，レジームという概念が先に生まれていた。本章では，国際レジームの定義を「特定の国際的課題（international issues）において，行為主体（狭義には国家）の間で慣習化され，さらに明文化されるような国際規範。それに加えて，その国際規範に関連して制

図表 16-1　国際レジームとグローバル・ガヴァナンスの比較

	解決すべき課題	取り組みの地理的範囲	行為主体	仕組みと活動
国際レジーム	特定の国際的課題	地域的，または世界的	国家のみによる（広義には，企業のみによる国際レジームや，NGOのみによる国際レジームも含まれる）	国際規範の形成，意思決定手続きの制度化，国際機構の設置
グローバル・ガヴァナンス	地球規模課題（課題別，または複数の課題の複合）	世界的	国際機構，地域的機構，国家，地方自治体，企業，NGO	関連した複数の国際レジーム（国際規範の形成，意思決定手続きの制度化，国際機構の設置），多種多様な行為主体による国家間的およびトランスナショナルな活動

出典：筆者作成

度化される意思決定の手続き」(勝間 2011b：217) としておこう。それでは，グローバル・ガヴァナンスの概念は，国際レジームと何が違うのであろうか。

　両者の共通点として，一国で解決できない課題が存在すること，その解決のために複数の行為主体が国際的な仕組みをつくることがある。その仕組みの中核には，国際規範の形成や意思決定手続きの制度化があり，それが進展した場合には，それぞれの行為主体から権限が移譲された国際機構が設置される。

　他方，両者には相違点もある。狭義の国際レジームは，国家間レジーム (inter-state regime) であり，関係する国家の間で特定された課題について，地域的または世界的に，国家が解決に取り組むものである。広義の国際レジームには，企業またはNGOの間に構築されるトランスナショナル・レジーム (trans-national regime) も含まれる。いずれにせよ，国際レジームは，同じ種類の行為主体の間で構築されるのが基本で，多種多様な行為主体が同時に同じ国際レジームを構築する例は稀である。本章では，国際レジームは，狭義で用い，国家間レジームを指す。そして，非国家的な行為主体（企業やNGOなど）によるものは，民間主導によるトランスナショナル・レジームとして区別する。

　グローバル・ガヴァナンスは，すべての国に関係した地球規模課題の解決へ向けて，多種多様な行為主体によって，世界的に取り組まれる。国家だけでな

く，国連のような国際機構，東南アジア諸国連合（ASEAN）のような地域的機構，地方自治体，企業，NGOなどの多種多様な行為主体が，同じ地球規模課題のグローバル・ガヴァナンスの強化にかかわろうとする。そして，その中核的な仕組みとして国際レジームが構築されていることが多い。しかし，世界政府のない国際社会において，国際レジームの実施や執行は限定的であるため，多種多様な行為主体が，それぞれ別に，あるいは協調しながら，トランスナショナルな活動を展開している。こうした活動も，グローバル・ガヴァナンスの内容の1つとして視野に入れておきたい。国際レジームとグローバル・ガヴァナンスの共通点と相違点を整理すると，図表16-1のようになる。

（2） 地球規模課題としての「人権の国際的保障」と国連

国際社会においてグローバル・ガヴァナンスを通して解決すべき課題は，地球規模課題と呼ばれる。地球規模課題にはいろいろあるが，国際の平和と安全，経済社会開発，人権と社会的「弱者」の保護といった3つの大きな領域に分類することも可能である。本章では，人権と社会的「弱者」の保護という領域に注目し，そのなかでも「人権の国際的保障」という地球規模課題を例にとり，その解決を目的としたグローバル人権ガヴァナンスについて議論を進める。

人権の国際的保障へ向けた仕組みの第一は，普遍的な人権規範の形成であり，それは国連を基盤に進展してきた。第二次世界大戦後の1945年に創設された国連の設立文書「国連憲章」は，国際の平和と安全の維持とともに，人権と基本的自由の尊重（第1条3項）を国連の目的とした。そして，国連の総会は，第68条を根拠として1946年に経済社会理事会に設置された人権委員会へ，国際人権章典の起草を委ねた。その成果として1948年に国連総会で採択された「世界人権宣言」は，国際的な共同宣言なので，加盟国を国際法上に拘束しない。その後，人権委員会は，国際人権規約の起草を始めた。そして，「市民的及び政治的権利に関する国際規約」（自由権規約）と「経済的，社会的及び文化的権利に関する国際規約」（社会権規約）が総会で採択されたのは1966年であった。

世界人権宣言，自由権規約および社会権規約とそれらの選択議定書からなる国際人権章典は，包括的な普遍的人権規範である。世界人権宣言は，国連憲章にある「人権と基本的自由」の内容を明示化したものとして，国連加盟国に慣

習的に受容されてきた。それに対して,自由権規約と社会権規約は,署名および批准の手続きを経た締約国のみを国際法上に拘束する国際人権条約である。

2 国際人権レジームとグローバル人権ガヴァナンス

グローバル人権ガヴァナンスの仕組みの中核には,国家間の合意に基づく国際人権レジームがある。その構築には,国際規範の形成,意思決定手続きの制度化,国際組織の設置という仕組みが重要である。以下では,国際人権レジームが構築される段階的なプロセスを,意思決定手続きの発展に沿って論じたい。

(1) 国際人権レジームの構築

ドネリー (J. Donnelly) は,国際人権レジームにおける意思決定手続きを,促進活動,実施的活動,執行的活動の3つに分類した (Donnelly 2003:127-135)。これを参考として,国際人権レジームの構築を4段階から捉えることができる (勝間 2011b:219-220)。つまり,国際的宣言 (declaration),国際的促進 (promotion),国際的実施 (implementation),国際的執行 (enforcement) の4段階を経て,国際人権レジームの構築が進展すると想定できる。

第一の国際的宣言の段階では,それまで慣習化されていた人権規範が複数の国家によって共同で宣言される。それは,国際法上の拘束力を持たないが,国家の政治的意思が国際社会で表明されたものとして規範性を持つ。

その後,普遍的な人権規範が国際法上に拘束力のある国際人権条約となり,それに国家が締約していくプロセスが,第二の国際的促進の段階である。主権国家を前提とした国際社会においては,締約国のみが国際法上に拘束される。そして,締約国は,それを国内的に実施する義務を負うことになる。

第三の国際的実施の段階では,締約国が国際人権条約を遵守しているかどうかを監視するための国際人権組織が設置される。具体的には,人権諸条約に基づいて設立された委員会が,締約国からの定期的な報告を審査したのち,改善などを含む意見や勧告を述べるなど,国際的に実施を進める。場合によっては,申立制度を設けて,個々の申立てに基づいた審査を行うこともある。

最後に,国際的執行の段階である。意思決定手続きの制度化がさらに進み,

行為主体性が付与された国際人権組織が設置される。たとえば国際人権裁判所は，国家から自律した行為主体として，締約国が国際人権条約を遵守しない場合，その執行のために法的拘束力のある判決を下す。実際には，この第4段階に到達している国際人権レジームは欧州や米州の地域に限られている。

（2） 国連における意思決定手続きの制度化

国際人権章典をめぐる意思決定手続きは，国連憲章に基づく国際人権組織（国連人権理事会など）と，国際人権条約に基づく条約委員会とに大別される。

第一に，国連憲章に基づく国際人権組織は，すべての国連加盟国のための意思決定手続きを制度化した成果である。総会では，その第3委員会が人権に関する審議を行ったのち，決議案を総会の本会議へ送る。また，人権委員会は2006年に活動を終了し，それに代わって，国連人権理事会が創設された。

国連人権理事会は，総会の補助機関であり，総会において国連加盟国の絶対過半数によって選出された47の理事国の政府代表で構成されている。そこに新しく導入された意思決定手続きは，人権に関する普遍的定期的審査（UPR）である。すべての国連加盟国を対象として，作業部会で各国の人権状況が定期的に審査されたのち，国連人権理事会において，結論および勧告とそれに対する被審査国の回答を含んだ結果文書が採択される。その際，被審査国は，個々の勧告を受容するかどうかを明らかにしなくてはならない。さらに，国連人権理事会では，国別手続きやテーマ別手続きといった特別手続きが，前身の人権委員会から引き継がれ，実施されている。

このほか，1993年の世界人権会議で採択された「ウィーン宣言と行動計画」を受けて，国連人権高等弁務官が国連総会決議で創設された。国連人権高等弁務官事務所は，本部のほか12の地域事務所と12の国別事務所を設置しており，フィールドでの開発プログラムにおいても「人権の主流化」を促進している。また，国連人権理事会と条約委員会の双方の事務局を担当するほか，国連人権理事会の特別手続きなどに対して専門家による技術協力を提供している。

第二の制度化の成果として，個々の国際人権条約には，その遵守について締約国を監視する国際人権組織として，独立した専門家から構成される条約委員会を伴うものがある。自由権規約に関しては，その第28条に基づき，自由権規

図表 16-2　国際人権章典と国際人権組織

	普遍的な人権規範 （採択年，発効年）	締約 国数[*1]	国際的な実施を行う主要な国際人権組織と 意思決定手続き	
国際人権章典	世界人権宣言（1948，非該当）	(193)[*2]	国連人権理事会（UPR，特別手続き）	国連人権高等弁務官（リーダーシップ）と国連人権高等弁務官事務所（国連人権理事会と条約委員会の事務局機能，専門家による技術協力）
	国際人権規約［自由権規約］（政府報告の審査，国家申立の審査）(1966, 1976)	167	自由権規約委員会（政府報告の審査，国家申立の審査[*3]，個人申立の審査[*4]）	
	・第1選択議定書（個人申立の審査）(1966, 1976)	115		
	・第2選択議定書（死刑廃止）(1989, 1991)	78		
	国際人権規約［社会権規約］（政府報告の審査）(1966, 1976)	161	社会権規約委員会（政府報告の審査，国家申立の審査[*5]，個人申立の審査[*5]，調査[*5]）	
	・選択議定書（国家申立の審査，個人申立の審査，調査）(2008, 2013)	11		

注：[*1]：2013年10月20日現在。　　　　　　　　[*4]：第1選択議定書への締約による。
　　[*2]：国連加盟国の数。　　　　　　　　　　[*5]：選択議定書（未発効）への締約による。
　　[*3]：自由権規約41条の受諾宣言による。
出典：筆者作成

約委員会が設置された。また，社会権規約との関連では，経済社会理事会の決議に基づき，社会権規約委員会が設けられた。国連人権理事会ではすべての国連加盟国がUPRの被審査国となるのに対して，条約委員会では，締約国のみが監視の対象となる。国際人権規約の遵守を監視するための条約委員会での意思決定手続きとして，政府報告の審査，国家申立の審査，個人による申立の審査，調査の制度がある。政府報告制度は，締約国となることで自動的に適用される。

以上のような包括的な国際人権レジームは，普遍的な人権規範の形成と意思決定手続きの制度化という視点から整理すると，図表16-2のようになる。

（3）　国連を中心とした国際人権レジームの限界

国連を中心とした国際人権レジームの構築は，着実に進展している。しかし，それが第四段階まで進むことは容易でない。国際社会では，主権を持つ国家の多くは，自律的な国際機構へ行為主体性を付与するどころか，監視のための国際機構への権限委譲さえも躊躇する，というのが現状である。したがっ

て，国際的な執行は限定的であり，人権の国際的保障への道のりはまだ遠い。

図表16-2を見ると，193カ国ある国連加盟国のうち，自由権規約の締約国は167カ国のみであるし，その選択議定書の締約国数はさらに少ない。同様のことは，社会権規約についても言える。つまり，国際人権レジームの第二段階である拘束力のある国際人権条約すら受容していない国がまだ存在する。

これに対して，国連人権理事会は，国連加盟国それぞれについて，その国が個々の国際人権条約の締約国かどうかにかかわらず，定期的に人権審査を行う。国連加盟国すべてを対象とした包括的な人権審査が制度化された意義は大きい。しかし，国連人権理事会は監視のための国際人権組織であり，その勧告を受け入れるかどうかは被審査国に委ねられている。つまり，国連を中心とした国際人権レジームは，第三段階かそれ以前にとどまっているため，国際的な実施と執行が限定的にならざるを得ないという限界がある。

国際社会では，こうした国連の限界を踏まえて，多種多様な行為主体がグローバル人権ガヴァナンスの模索を始めている。その第一の方向性は，特定の地理的範囲にある国家間の合意に基づく，地域的な人権レジームの構築である（第3節を参照）。第二の方向性は，非国家的行為主体によるトランスナショナル・レジームまたはネットワークである（第4節を参照）。

3 地域的な人権レジームとグローバル人権ガヴァナンス

地域別の人権規範の形成は，図表16-3の通り，地域的機構を基盤としている（勝間 2011a：12-17）。第二次世界大戦後，まず欧州と米州で，欧州審議会（CoE）と米州機構（OAS）を基盤とした地域別の人権規範がそれぞれに形成された。

（1） 欧州地域の人権レジーム

欧州審議会のほか，欧州安全保障協力機構（OSCE）や欧州連合（EU）を基盤とした動きが並行し，多層的な欧州地域人権レジームが構築されている。

「欧州人権条約」は，1953年に発効しており，国連を中心とした世界的な動きよりも先行している。自由権を中心とする欧州人権条約は，14の議定書の追加を通して，欧州地域人権レジームを構築してきた。それに，欧州審議会は，

社会権を中心とした「欧州社会憲章」を加えた。欧州人権条約の第11議定書（1998年発効）は，フランスのストラスブールに常設的な欧州人権裁判所を設置し，国家と個人による申立てを制度化している。申立について，委員会，小法廷，大法廷，閣僚委員会という4つの手順を経て，法的拘束力のある判決が下される。つまり，欧州人権条約を地域的に執行できる国際人権組織が存在する。

次に，OSCEは，欧州だけでなく北米や中央アジアの国も加盟した，欧州地域の安全保障のための広域な地域的機構である。1975年の「ヘルシンキ宣言」以来，OSCEは，安全保障を脅かす要因を包括的に捉え，安全保障の「人間の側面」として人権を重視している。最後に，EUは，地域的機構というよりも，政治・経済統合体である。2000年にEUが採択した「欧州連合基本権憲章」は，リスボン条約の発効（2009年）により，国際法上の拘束力が付与された。

（2） 米州地域の人権レジーム

米州では，OASを基盤として，米州地域人権レジームが構築されている。地域別の人権規範として，1945年に「米州人権宣言」が採択された後，1978年に「米州人権条約（サンホセ規約）」が発効した。さらに，「サンサルバドル社会権追加議定書」（1988年）が採択されているが，2013年まで未発効である。

米州における人権の地域的実施は，米州人権委員会と米州人権裁判所が担っている。米州人権委員会は，1959年の第5回外務大臣協議会議において設置が決議され，その委員会規程が翌年のOAS理事会で承認された。そこでは，政府報告書の審査，国家申立，個人申立，調査などの手続きが制度化されている。米州人権裁判所は，米州人権条約の発効後，1979年にコスタリカのサンホセに設立された。米州人権裁判所に付託できるのは，当事国と米州人権委員会である。したがって，個人によるものは，まず米州人権委員会への申立てが尽くされた後，委員会がそれを米州人権裁判所に付託することになる。

（3） アフリカ地域の人権レジーム

アフリカで地域別の人権規範が形成されたのは1980年代である。1970年代後半の大規模な人権侵害を受けて，アフリカ統一機構（OAU）は，1981年に「アフリカ人権憲章」を採択した。2002年にOAUから改組されたアフリカ連合

(AU)の設立目的には，人および人民の権利の保護が明記されている。

アフリカ人権憲章の地域的実施のため，アフリカ人権委員会が設置され，そこで政府報告の審査，国家申立ての審査，個人および団体による申立てが制度化されている。

なお，2006年，アフリカ人権委員会がダルフールでの人権状況に関する決議を採択したのに対して，AU加盟国はアフリカ人権委員会の権限を疑問視した。

（4） アラブ地域とイスラーム諸国における人権レジーム

中東と北アフリカを中心とするアラブ地域では，アラブ連盟（LAS）が基盤となって，地域的な人権レジームの構築が進められてきた。1968年にテヘランで開催された世界人権会議に触発されて，アラブ人権委員会が設置された。そして，最初のアラブ人権会議が開催された。その後，アラブ人権委員会は人権憲章の作成に着手したが，LAS加盟国での合意は順調に形成されなかった。

他方，地理的な区分でないが，2011年にイスラーム協力機構と改名したイスラーム諸国会議機構（OIC）がある。アジア，アラブ，アフリカ，南米などにまたがる加盟国から構成されるOICは，1990年に「カイロ人権宣言」を採択するなど，アラブ地域を含んだ広域な地域別の人権規範を形成してきた。これに影響されて，1994年，LASは「アラブ人権憲章」を採択した（2008年発効）。その地域的な実施では，アラブ人権委員会が政府報告の審査などを担っている。

アラブ地域人権レジームは，女性の社会的地位や自由権の一部に関して，締約国の国内法を優先させるなど，普遍的な人権規範と相容れないところもある。国際人権レジームとの調和という点で，大きな課題が残されている。

（5） 東南アジア地域の人権レジーム

アジア全体では地域的人権レジームの構築が進展しておらず，東アジアなどが空白になっている。まず，欧州審議会のような地域的機構が不在という限界がある。そこで，アジアのサブ地域ごとの人権レジームが期待される。

1993年の世界人権会議での「ウィーン宣言と行動計画」の採択を受けて，同年の第26回ASEAN閣僚会議は，人権と基本的自由への取り組みと，人権への共通アプローチの策定を共同声明として採択した。当時，ASEAN加盟国は，

図表 16-3　地域的な人権レジーム

	地域別の人権規範 (採択年・署名年, 発効年)	地域的機構 (略称：加盟国数[*1])
欧州	欧州人権条約 (1950, 1953) と14の議定書；欧州社会憲章 (1961, 1965)；改正欧州社会憲章 (1996, 1999)	欧州審議会 (CoE：47)
	ヘルシンキ宣言 (1975)；パリ憲章 (1990)	欧州安全保障協力機構 (OSCE：57)
	欧州連合基本権憲章 (2000)	欧州連合 (EU：28)
米州	米州人権宣言 (1945)；米州人権条約 (1969, 1978)；社会権追加議定書 (1988)	米州機構 (OAS：35)
アフリカ	アフリカ人権憲章 (1981, 1986)；アフリカ司法・人権裁判所議定書 (2008)	アフリカ連合 (AU：54)
アラブ	アラブ人権憲章 (1994, 2008)	アラブ連盟 (LAS：22)
アジア	ASEAN 人権宣言 (2012, 非該当)	東南アジア諸国連合 (ASEAN：10)
イスラーム	カイロ人権宣言 (1990, 非該当)	イスラーム協力機構 (OIC：57)

注：[*1]：2013年10月20日現在。
出典：筆者作成

まだ6カ国のみであったが，その後，1995年にヴェトナム，1997年にラオスとミャンマー，1999年にカンボジアが加わった結果，合計10カ国となった。政治体制の違いもあり，ASEAN地域人権レジームの構築は進まなかった。

しかし，近年，新たな展開がみられる。ASEANは，2007年採択の「ASEAN憲章」が翌年に発効した結果，国際法上の地域的機構となった。ASEAN憲章は，前文，第1条，第2条，第14条において，人権と基本的自由の促進と保護を謳っており，ASEAN地域人権レジームを構築する動きが始まったのである。

第14条は，ASEAN人権組織の設置を規定している。これに基づき，2008年の第41回ASEAN閣僚会議で任命された「ASEAN人権組織に関するハイレベル・パネル」は，ASEAN人権組織へ委譲する権限を定める「委託事項」の作成に着手した。そして，2009年の第15回ASEAN首脳会議で，この委託事項 (勝間 2011a：239-246) を任務とするASEAN政府間人権委員会 (AICHR) が設置された。AICHRに委託された事項の1つに，ASEAN人権宣言の起草がある。起草作業を経て，2012年の第21回ASEAN首脳会議で，「ASEAN人権宣言」が採択された (勝間 2013：39-50)。今後，東南アジアにおける地域人権レジームの構築

が期待される。

4　グローバル人権ガヴァナンスを模索する非国家的行為主体

　国際社会では，国連の限界を踏まえて，多種多様な行為主体がグローバル人権ガヴァナンスの模索を始めているが，その第二の方向性は非国家的行為主体によるトランスナショナル・レジームまたはネットワークであると第2節の最後に述べた。非国家的行為主体として，政府から独立して機能する国家人権機関と，国際NGOである国際標準化機構（ISO）に注目する。国家人権機関は，普遍的人権規範を国内的に実施するうえでの国際協力を推進するため，トランスナショナルなネットワークを発展させている。他方，ISOは，企業を含めた多種多様な組織のために「社会的責任に関する国際規格」という民間主導によるトランスナショナル・レジームを構築している。

（1）　国家人権機関のトランスナショナル・ネットワーク

　国連人権理事会の前身である人権委員会は，1992年，「国家機関の地位に関する原則」（パリ原則）を確認し，国連加盟国へそれぞれの国内に人権機関を設置するよう促した。政府から独立した行為主体として，普遍的な人権規範を国内的に実施するうえで重要な役割を担うことが期待されている。

　同じ地域にある国家人権機関が相互に協力するために，トランスナショナルなネットワークが発展している。たとえば，1996年からアジア太平洋国家人権機関フォーラム（APF）が開催されている。第1回APFは，1996年，オーストラリアとニュージーランドの国家人権機関の主導で開催された。当時のメンバーは，この2カ国のほか，インド，インドネシア，フィリピンの合計5カ国の国家人権機関であった。その後，パリ原則に沿った正規メンバーは，15カ国の国家人権機関に増えている。ASEANからの4カ国（インドネシア，フィリピン，マレーシア，タイ）のほか，韓国などが正規メンバーとして参加している。

　相互に経験を共有することで，各国の国家人権機関の能力強化が図られている。また，近年のAPF年次会合では，NGOを対象とした研修が並行して実施されることもあり，国家人権機関とNGOとの協力関係の強化にも役立ってい

る。このように，国家人権機関によるトランスナショナル・ネットワークは，NGOとも連携をとりながら，発展していくと期待されている。

（2） ISOによる社会的責任（SR）規格の構築

ISOは，1947年にスイスで設立されたNGOである。電気および電子技術分野を除く全産業分野に関する国際規格を形成するという公益事業を，民間主導で国際的に進めている。161カ国からそれぞれの国の代表的な標準化機関が1団体ずつ加盟しているが，日本からは日本工業標準調査会が参加している（Murphy and Yates 2008：68-88）。企業をはじめとする組織による自発的な合意によって，品質管理のほか，環境管理や社会的責任の規格が国際的に標準化される。

ISOは，「持続可能な開発」という地球規模課題の解決に取り組むなか，2010年，国際規格ISO26000『社会的責任に関する手引』（ISO/SR国内委員会 2011）を発行した。認証規格ではなく手引（guidance）であり，企業の社会的責任（CSR）ではなく社会的責任（SR）規格となっており，企業だけでなく多種多様な組織を対象とした行動規範を形成する。そこでは，7つの中核主題（組織統治，人権，労働慣行，環境，公正な事業慣行，消費者課題，コミュニティへの参画およびコミュニティの発展）が扱われる。

ISO26000の箇条6.3では，人権について規定されている。その内容は，「人権と多国籍企業などの企業活動に関する国連事務総長の特別代表」のラギー（J. Ruggie）教授が定式化した「人権侵害から保護する国家の義務」「人権を尊重する企業の責任」「人権侵害からの救済手段の重要性」という「保護・尊重・救済」の枠組みに沿っている（関 2011：75-84）。

ISO26000の発行を受けて，日本経団連は，その『企業行動憲章』と『実行の手引』を改定した。今後，企業を含めた多種多様な行為主体（地方自治体，学校，NGOなど）がISO26000を採用していくことによって，人権を含めた社会的責任に関するトランスナショナル・レジームの構築が進展すると期待される。

5　グローバル機構への転換を迫られる国連

人権の国際的保障という地球規模課題の解決へ向けて，国際機構としての国

連は，加盟国の合意に基づく国際人権レジームの構築を進めてきた。これまで国際規範の形成，意思決定手続きの制度化，国際機構の設置において，多くの成果を挙げてきた。しかし，こうした国際人権レジームは，第三段階かそれ以前にとどまっているため，国際的執行は困難である（第2節を参照）。こうした今日の国連の限界を踏まえながら，世界政府が存在しない国際社会においてグローバル人権ガヴァナンスが可能かどうか，多種多様な行為主体が模索を始めている。その第一の方向性は，地域的機構を基盤とした地域人権レジームの構築である。欧州地域人権レジームは地域的な執行を可能としているのに対して，AUとLASにおいては重要な課題が残されていると論じた（第3節を参照）。第二の方向性は，非国家的行為主体によるトランスナショナルな動きである。国家人権機関によるトランスナショナル・ネットワークと，国際NGOであるISOによる民間トランスナショナル・レジームを紹介した（第4節を参照）。

　グローバル人権ガヴァナンスの模索に積極的に参画するため，国連は，加盟国の合意に基づく国際人権レジームを構築する国際機構にとどまるべきでなく，地域的機構や非国家的行為主体とも緊密に連携するグローバル機構へと転換していかなくてはならない。それでは，どうすれば国連は変われるのか。

　第一に，国連は，地域的な人権レジームを構築する地域的機構との連携をより緊密にしなくてはならない。それぞれの地域人権レジームは，普遍的人権規範について，国連での国際的な実施を補完しながら，地域的な実施を担うよう期待されている。12の地域事務所を持つ国連人権高等弁務官事務所は，地域的機構との連携を徐々に強化している。しかし，今後はより高いレベルで，国連が地域に常駐していく必要があるだろう。現在のニューヨークとジュネーブの本部を中心とした国連が，これまで以上にフィールドに機能を移転することが，グローバル人権ガヴァナンスを強化するうえで求められている。

　第二に，国連は，非国家的な行為主体との連携をより緊密にしていく必要に迫られている。国家人権機関については，パリ原則に基づいて国連加盟国に設置が促されたものであり，国連人権高等弁務官事務所との協力は既に比較的に進んでいると言える。今後は，国家人権機関のトランスナショナル・ネットワークともこれまで以上に緊密に連携していく必要があるだろう。

　他方，国連と企業との連携については，1999年の世界経済フォーラムでアナ

ン（K. A. Annan）国連事務総長（当時）が企業に対して提唱した国連グローバル・コンパクトがある。そこでは，人権・労働・環境・汚職防止に関する10原則が提示され，個々の企業がその遵守を自発的に宣言するよう奨励されている。また，国連グローバル・コンパクトは，ISOとも提携しており，企業をはじめとする多種多様な行為主体に対してISO26000を促進することが期待される。しかし，企業との新しい連携が，国連のなかで主流化されたとまでは言えない。

　今後，グローバル・ガヴァナンスを強化するために，国連は，国際レジームを構築する国際機構にとどまらず，地域的機構や非国家的行為主体とも緊密に連携するグローバル機構へ転換するよう迫られている。その実現には，加盟国のための国連から脱皮して，多種多様な行為主体と協働して地球規模課題の解決へ貢献する国連へと転換させるための大胆なビジョンが必要であろう。

〔参考文献〕

Commission on Global Governance (1995) *Our Global Neighborhood: The Report of the Commission on Global Governance,* New York: Oxford University Press.（グローバル・ガバナンス委員会 (1995)『地球リーダーシップ——新しい地球秩序を目指して』京都フォーラム監訳，NHK出版）

Donnelly, Jack (2003) *Universal Human Rights in Theory and Practice [2nd Edition],* Ithaca: Cornell University Press.

Murphy, Craig N. and Yates, Joanne (2008) *The International Organization for Standardization (ISO): Global Governance through Voluntary Consensus,* New York: Routledge.

ISO/SR国内委員会監修 (2011)『ISO26000：2010——社会的責任に関する手引』日本規格協会

勝間靖 (2011a)「アジアにおける人権レジームの構築——グローバル人権規範の受容とASEAN人権委員会」勝間靖編著『アジアの人権ガバナンス（アジア地域統合講座専門研究シリーズ第1巻）』勁草書房

勝間靖 (2011b)「国際人権レジーム」齋藤純一編著『講座人権論の再定位第4巻　人権の実現』法律文化社

勝間靖 (2013)「ASEAN人権宣言 (2012)——採択の背景と今後の課題」アジア太平洋討究21号

関正雄 (2011)『ISO26000を読む——人権・労働・環境：社会的責任の国際規格——ISO/SRとは何か』日科技連出版社

山本吉宣 (2008)『国際レジームとガバナンス』有斐閣

第17章

兵器ガヴァナンス

足立　研幾

1　ガヴァナンス，ルール，支持

　冷戦終焉後，化学兵器禁止条約，対人地雷禁止条約，クラスター弾条約などが相次いで形成された。また，国連軍備登録制度やワッセナー・アレンジメントが設立され，兵器の輸出管理も強化されつつある。その一方で，1998年にインド，パキスタンが核実験を行い，2006年，2009年，2013年には朝鮮民主主義人民共和国（北朝鮮）が核実験を実施した。他に核開発を疑われる国もあり，核拡散が懸念されている。冷戦終焉後，なぜ軍縮・軍備管理が進展するようになったのであろうか。またそうした傾向のなか，なぜ核兵器に関しては拡散懸念がむしろ高まっているのであろうか。本章では，兵器ガヴァナンスの現状について検討し，こうした問いに答える[1]。そのうえで，今後の兵器ガヴァナンスについて展望する。

　兵器ガヴァナンスについて見ていく前に，本節ではまずは鍵概念である「ガヴァナンス」，「ルール」，「アクターの支持」の関係について検討しておきたい。世界政府が存在しないなかで，いかにグローバルな秩序を形成・維持するのか。グローバル・ガヴァナンス委員会は，グローバル・ガヴァナンスを「公的および私的な個人や組織が共通の問題群を管理・運営する多くの方法の総体」と定義している（The Commission on Global Governance 1995：2-3）。実際，グローバル・ガヴァナンスについて議論する際，多様なアクターがガヴァナンスに関与するという点に焦点が当たることが多い。しかし，多様なアクターが常にガヴァナンスにかかわるわけではない。とりわけ，安全保障分野において

は，国家アクターによるガヴァナンスが一般的であった。勢力均衡や集団安全保障によって，戦争勃発を防ごうとする試みはそうした例である。

　国家アクターに限られるにせよ，多様なアクターがかかわるにせよ，実際に共通の問題群を管理・運営するためには，アクター間で共有されたルールの体系が必要となる。ロズノー（J. N. Rosenau）は，ガヴァナンスを「間主観的な意味に依拠したルールの体系」と定義している。そして，「ガヴァメントはその政策に対する幅広い反対に直面しても機能可能なのに対して，ガヴァナンスは多数の（または，最もパワーの強い）アクターによって受け入れられたときのみ機能するルールの体系」であると指摘している（Rosenau and Czenpiel 1992：4）。世界政府が存在しない以上，それぞれのルールに対する幅広いアクターによる支持の存在が，共通の問題群の管理・運営にとって重要であることは改めて強調されてよいと思われる。

　各アクターが，ルールを支持する動機はさまざまである。大国のパワーに強[2]制されてルールを支持する場合もあれば，当該ルールに従うことに利益を見出す場合もある。あるいは，ルール自体の内容を正当と考えて支持する場合もある。安全保障にかかわる問題領域においては，大国が支持しないルールに基づいて共通の問題群の管理・運営を行うことはとりわけ困難である。ただし，安全保障にかかわる分野であっても，大国が自らの望むルールに基づいて共通の問題群の管理・運営がいつもできるわけではない。大国がパワーを背景に他のアクターを強制するにせよ，あるいは他のアクターがルールに従うことに利益や正当性を見出すにせよ，幅広いアクターの支持がなければ安定的に共通の問題群の管理・運営を行うことは困難である。この点に留意しつつ，次節以降で，兵器ガヴァナンスの発展と変容についてみていくこととしよう。

2　大国主導による兵器ガヴァナンスの発展

　兵器使用に関するルールの体系は長らく存在しなかった。兵器の破壊力が増すにつれ，戦闘が著しく悲惨な結果をもたらすようになった。そうしたなかで，非人道的で，不必要な苦痛を与えるとされた兵器の規制が徐々に試みられるようになっていった。こうした規制の試みの嚆矢とされるのが1868年のサン

クト・ペテルブルク宣言である。この宣言には，いわゆる総加入条項が挿入されており，非締約国，非加入国が1国でも交戦に加われば，そのときからこの宣言は効力を失うとされていた。この宣言の締約国はヨーロッパ諸国とペルシャ（当時）の16カ国のみであった。1899年，ハーグ平和会議で，不必要な苦痛を与える兵器の使用を規制すべく，「陸戦の法規慣例に関する条約の付属書」や3つの宣言（ダムダム弾禁止宣言，毒ガス禁止宣言，軽気球よりの投射物禁止宣言）が採択された。これらについても，その適用範囲は限定的であった。実際，植民地本国軍による植民地に対するダムダム弾の使用が，ダムダム弾禁止宣言違反の非難を受けることはなかったという。また，「陸戦の法規慣例に関する条約の付属書」は，不必要な苦痛を与える兵器の使用禁止を明文化したものの，どの兵器が不必要な苦痛を与えるのかを判断することは容易ではなかった。たとえば，不必要な苦痛を与え違法であるとする見解が一般的であった焼夷弾を，第二次世界大戦中アメリカが大量に使用した。すると，第二次世界大戦後，焼夷兵器を合法とみる説が現れた（藤田 2000：93-95）。

　1980年には特定通常兵器使用禁止制限条約（CCW）が成立し，地雷や焼夷兵器などの使用規制が定められた。特定兵器の規制を行ったという意味ではこの条約は画期的であった。しかし，この条約は，兵器を禁止するのではなく，一般住民に対する使用の禁止など，特定の使用方法を規制したに過ぎない。不必要の苦痛を与える恐れがある兵器についても，軍事的有効性に配慮しつつ，その使用を規制するにとどめたと言える。兵器を合法か否か判断する基準は恣意的で，それはしばしば大国の国家安全保障上の要請に左右された。

　核兵器問題には，大国の国家安全保障上の要請がより顕著に反映されている。核開発競争が激化し，フランス，中国が相次いで核実験を行うと，核拡散や核戦争勃発が危惧されるようになった。そうしたなか，1970年に核不拡散条約（NPT）が発効した。この条約は既に核兵器保有国となっていた米英仏ソ中については，核兵器の他国への譲渡を禁止し（第1条），「誠実に核軍縮交渉を行う」ことを義務づけている（第6条）。そして，その他の国については，核兵器を製造・取得することを禁止することで（第2条），一層の核拡散を防ごうとした。NPTは核兵器保有国については核兵器保有を認める一方で，その他の国の核兵器保有を禁止するという不平等性を内包している。それにもかかわら

ず，多くの国がNPTに加盟し，NPTが核兵器ガヴァナンスの中心となってきた。

多くの国がNPTの不平等性を受け入れた理由の1つは，核保有を断念する代わりに，原子力の平和的利用を促進するための協力を受けられるとされたからである（第4条）。また，一層の核拡散を防ぐこと自体は望ましいことであるという認識が広く共有されていた。加えて，一方が核兵器を使用すれば他方が確実に核兵器で報復する状況（相互確証破壊）に東西両陣営が置かれ，核戦争が抑止されることが重要という考え方は一定の説得力を有していた。1972年には，弾道弾迎撃システム制限条約（ABM条約）が米ソ間で締結され，相互確証破壊を安定させる制度的基盤も整っていった。こうして，積極的にせよ消極的にせよ，NPTを中心とする核兵器ガヴァナンスは幅広く受け入れられていった。

兵器の破壊力が増すにつれ，兵器問題の管理・運営をすべく，大国の国家安全保障上の利益を反映したルールが整備されてきた。こうしたルールの体系は，大国に限らず幅広い国に受け入れられていた点は重要である。軍事的有効性に配慮しつつ不必要な苦痛を与える兵器を規制するという兵器ガヴァナンスの原則自体に，明示的に反対する国はほとんど存在しなかった。また，一層の核拡散を防ぎつつ，東西両陣営が相互確証破壊状況にあえてとどまることで核兵器使用を抑止しようとする試みは，大国以外の多くの国にも一定の理解を得ていた。しかし，このような状況は冷戦終焉以後大きく揺らぎ始めた。

3　冷戦終焉とレジームの増加[3]

兵器ガヴァナンスは，冷戦終焉によって3つの意味で大きく変容した。1つ目の変化は，この分野でグローバルな協力を行う余地が大きくなったことである。兵器取引の透明性向上の取り組みはこうした例である。冷戦期には第三世界への武器輸出の覇権をめぐって米ソが競っていたこともあり，兵器取引の透明性向上に向けた取り組みが実を結ぶことはなかった（佐藤1992：40-41）。軍事に関する情報は，できる限り秘匿することが自国の安全保障につながると考えられていた。しかし，冷戦終焉プロセスにおいて，東西ヨーロッパ諸国間で

は軍事情報についての透明性が，双方の不安や不信感を取り除くことに役立ち，ひいては安全保障上の利益となることが認識されるようになった。1990年，いわゆる欧州通常兵力条約が署名され，NATO諸国とワルシャワ条約機構諸国の間で大規模な通常兵器軍縮が実施された。この条約自体は，冷戦末期に交渉が進められた，ヨーロッパ地域限定のものであった。しかし，兵器取引の不透明さを最大限活用し軍事大国化したイラクがクウェートに侵攻したこともあり，国際的な兵器取引の透明性向上が重要という認識は強まった（神余 1991：4）。そして，1992年，国連軍備登録制度が設立された。この制度は，戦車，装甲戦闘車両，大口径火砲システム，戦闘用航空機，攻撃ヘリコプター，軍用艦艇，ミサイルおよびミサイル発射装置の7カテゴリーの通常兵器について，輸出入その他の情報を国連事務局に提出するというものである。設立以降，170カ国以上が少なくとも1回は登録国となっている[4]。

　通常兵器の輸出管理も喫緊の課題となった。冷戦期の輸出管理体制である対共産圏輸出統制委員会（COCOM）は，そもそも西側陣営の国から東側陣営の国に武器や武器技術が流出することを防ぐために設立されたものであった。それゆえ，冷戦終焉とともに廃止要請が高まり，1994年3月末に解散した。代わって，旧COCOM加盟国に加えてロシアや東欧諸国の参加も得て「通常兵器および関連汎用品・技術の輸出管理に関するワッセナー・アレンジメント」が1996年7月発足した。ワッセナー・アレンジメントは，COCOMとは異なり，対象国をあらかじめ特定せずグローバルに輸出管理を行おうとするものである。

　化学兵器禁止条約も，冷戦終焉によって形成が促進された。1980年代のイラン・イラク戦争において化学兵器が使用され，化学兵器拡散の脅威が高まった。こうしたなか，化学兵器使用の矛先が自らに向くことを恐れた米ソが主導し，1992年にこの条約が採択された。冷戦終焉後の新たな国際環境の下，国家安全保障の観点から，兵器問題に関するレジームが次々と形成され，兵器ガヴァナンスが進展したのである。

4　人道規範の強まり[5]

1990年代後半以降，上記とは趣の異なるレジームも数多く形成されるように

なった。その背景には，兵器使用に際し人道的配慮を強化すべきと訴える声が強まったことがある。これが，冷戦終焉後顕著になった2つ目の変容である。軍事的緊張が激しかった冷戦期には，兵器使用に伴って民間人の被害者が出たとしても，それはやむを得ない犠牲とみなされがちであった。しかし冷戦が終焉すると，たとえ国家安全保障上有効な兵器であっても，非人道的な被害をもたらす兵器は廃絶すべきとのNGOなどの声が強まり始めた。たとえば，NGOは対人地雷が非人道的被害を引き起こしている点を強調し，その廃絶を訴えた。当初，ほとんどの国は，軍事的有効性が高いとされていた対人地雷の禁止には消極姿勢を示していた。しかし，NGOの訴えに対する支持が各国世論の間で高まると，対人地雷禁止を支持する国も増え始めた。そうしたなか，NGOとカナダの主導によって対人地雷禁止条約形成交渉——いわゆるオタワ・プロセス——が開始された。プロセス開始時点では，5大国をはじめ対人地雷禁止に消極的な国が少なくなかったものの，1997年，プロセス開始からわずか1年余りで例外留保を認めない厳格な対人地雷禁止条約が作成された（足立 2004：160-244）。2013年8月，本条約の締約国は161カ国となっている。

　人道規範の強まりは他の兵器問題にも波及した。小型武器は，その氾濫に苦しむマリ政府の訴えによって，1990年代に入り国際問題化した。その後，対人地雷問題で活躍したNGOが人道問題として小型武器問題に積極的に取り組むようになったこともあり，この問題への関心は高まった。2001年に採択された小型武器行動計画では，小型武器が人道的観点から問題であると認識されるようになり，この行動計画に基づきさまざまな対策が実施されるようになった（足立 2009：83-108）。

　2003年には，CCWに，不発弾や遺棄弾の処理などについて定める第5議定書が追加された。CCWの時間的適用範囲は，本来原則的に国際的，および非国際的武力紛争の事態に限定されていた（第1条）。しかし，不発弾などによる文民被害回避という人道的要請にこたえるべく制定された第5議定書の「多くの条文は，実質的内容からして武力紛争終了後において適用されることを想定している。また一般的防止措置については，恒常的になされることが期待されている（真山 2006：441）」。CCWは本来の時間的適用範囲を事実上拡大してまで，人道的配慮を強化したと言える。

第17章　兵器ガヴァナンス　　235

さらに，2008年にはクラスター弾を禁止するクラスター弾条約が成立した[6]。クラスター弾とは，多数の小さな子弾を容器に詰めた弾薬である。クラスター弾は，目標上空で子弾を散布し，広範囲を一度に攻撃するものである。「最も適切な空中投下型兵器」「軍事的に必要不可欠」といった見方も少なくなかったが，最新型のものでも一定の不発率があり，不発化したクラスター弾は対人地雷と同様に多くの民間人の被害者を生んでいた。そのため，一定割合で不発化するクラスター弾の使用自体を慎むようNGOが求め始めた。こうした声を受け，ノルウェー政府の主導によってオタワ・プロセスに類似した条約形成交渉——オスロ・プロセス——が開始された。開始当初は主要大国が消極姿勢を示していたにもかかわらず，交渉開始から1年余りで条約が形成された（足立2009：109-159）。2013年8月時点で，112カ国が本条約に署名している。また，通常兵器輸出の際に人道的影響に考慮することを求める武器貿易条約が2013年4月に採択された。

　これらの動きには2つ特徴がある。1つ目は，大国がこれらの兵器の禁止や規制強化に消極あるいは反対姿勢を示していたにもかかわらず，上記の条約や行動計画が採択されたことである。国家安全保障の観点からすれば，兵器使用規制には不利益が伴う。それにもかかわらず，また大国が消極的であるにもかかわらず，人道規範の強まりにこたえるべく，これら兵器の規制強化が進んでいる。2つ目の特徴は，NGOが重要な役割を果たしている点である。安全保障問題において，非国家主体が重要な役割を果たすことは困難であった。しかし，兵器による被害者支援に取り組んできたNGOの知識や能力が，ガヴァナンスの実施局面において高く評価されるようになった。さらに，そうした経験に裏打ちされた提言が，ルール形成に際しても無視し得ないものとなってきた。人道的観点から特定兵器の禁止や規制強化を訴えるNGOの声に，耳を傾けたり賛同したりする国家も現れるようになった。時として大国が訴えるガヴァナンスのあり方以上に，NGOが訴えるガヴァナンスのあり方が支持を集めることすらでてきた。

　本節でみてきたように，1990年代以降，兵器問題に関するレジームが増加したのは，冷戦終焉によってその形成が容易になったからだけではない。人道規範が強まり，NGOが兵器ガヴァナンスにおける存在感を増すようになったこ

とも，その背景にある。冷戦後増加した兵器問題に関するレジームには，異なるタイプのレジームが混在している。そして，これらの2つのタイプのレジーム群の間には，国家安全保障上の考慮と人道的配慮のバランスのとり方に相違がある。兵器問題に関するレジームの増加は，一見兵器ガヴァナンスの進展を示すようにみえるが，その実ガヴァナンスのあり方をめぐる緊張をはらんでいるのである。

5　NPT体制の揺らぎ

冷戦終焉後，南アフリカ，アルゼンチン，ブラジルや，旧ソ連の核が配備されていたカザフスタン，ウクライナ，ベラルーシなどがNPTに加盟し，フランス，中国はNPTを批准した。1996年には包括的核実験禁止条約，1997年には国際原子力機関の包括的保障措置協定追加議定書が採択されている。しかし，その間NPTの不平等性に対する不満も高まってきた。これが，冷戦後顕著になった3つ目の変容である。冷戦が終焉し東西間の核戦争の脅威が後景に退くと，核保有国の論理による核兵器ガヴァナンスに対する不満を抑え込む力が弱まった。

1991年にはイラク，1993年には北朝鮮の核開発が疑われた。NPT締約国である両国の核開発が疑われたことは，NPTを中心とする核兵器ガヴァナンスが揺らいできた証左である。また，核軍縮が進展しないことに対する不満も高まり始めた。NPT第6条では，核保有国が誠実に核軍縮交渉を行うことが規定されている。それにもかかわらず，東西核戦争の脅威が大幅に低下した後も核兵器の削減は遅々として進まなかった。こうした状況に不信感を募らせる非核国も少なくなく，1995年に開催されたNPT運用検討会議では核保有国の核軍縮問題をめぐって紛糾した。最終的には，NPTの無期限延長が合意されたものの，核兵器国による究極的廃絶を目標とした核軍縮努力が強調された。

核兵器問題においても，人道規範の強まりやNGOの存在感増大の影響が観察された。国際反核兵器法律家協会などのNGOによる働きかけを受けて，1993年には世界保健機関が，また1994年には国連総会が核兵器使用の合法性について国際司法裁判所に勧告的意見を要請する決議を採択した。[7]国連総会の要

請に対して，国際司法裁判所は「核兵器の威嚇または使用は武力紛争に適用される国際法の規則に一般的には違反する」との意見を与えた。一方で，「国家の存亡そのものが危険にさらされるような自衛の極端な状況における，核兵器の威嚇または使用が合法であるか違法であるかについて裁判所は最終的な結論を下すことができない」ともしている。

核兵器使用を規制しようとする動きに加え，核軍縮を求める声も強まった。核廃絶を求めるNGOのネットワークである「アボリッション2000 (Abolition 2000)」が1995年に設立された。そうした動きに呼応し，核軍縮を求める非核国グループの新アジェンダ連合が1998年に結成された[8]。新アジェンダ連合は，核廃絶を求める決議案を国連総会に提出するなど，核軍縮の具体的推進を求めている。遅々として進まない核軍縮に対していらだちをみせるアクターが増え始めた。

1998年には，NPT未署名のインド，パキスタンが相次いで核実験を行った。また，2001年9月11日の同時多発テロ以降，テロリストなど非国家主体への核拡散も懸念されるようになった。パキスタンのカーン (A. Q. Khan) 博士が中心となっていたとされる「核の闇市場」の存在が明るみに出ると，核拡散において非国家主体が重要なアクターとなりうることが明白となった。非国家主体には，従来の核兵器ガヴァナンスの論理は通用しない。とりわけ，核による報復攻撃を恐れない非国家主体に対しては核抑止が効かない。2002年6月，アメリカはABM条約から脱退しミサイル防衛の開発に邁進した。アメリカは相互確証破壊の重要な基礎となってきたABM条約から脱退してでも，テロリストへの核拡散の脅威に対処しようとした。さらに，ブッシュ (G. W. Bush) 大統領（当時）は，守るべき国家も国民も持たないテロリストに対しては，「抑止」「封じ込め」は効果がなく，「先制攻撃」が必要であると主張した[9]。加えて，「実効性」をより重視し，政策に共鳴できる有志国によって核拡散を防ごうとする「拡散に対する安全保障構想 (PSI)」を追求した。しかし，その後も核拡散の動きが収まることはなかった。2003年にはNPT加盟国であるイランの核開発が疑われるようになり，北朝鮮がNPT脱退を宣言した。北朝鮮は2006年，2009年，2013年の3回にわたり地下核実験を行い，核保有を宣言するに至っている。また，2007年にはNPT加盟国のシリアが北朝鮮に支援を受けて核開発を進めて

いるとの疑惑が持ち上がるなどした。

　核保有を断念することで，原子力の平和利用促進への協力を得られるようにしたことも，核兵器ガヴァナンスの重要な要素の1つであった。それにもかかわらず，2005年，アメリカはNPT非締約国のインドと原子力分野における協力推進に合意し，2007年に米印原子力協力協定を締結した。この協定には，核不拡散強化のためにインドを孤立させるのではなく取り込もうとする意図がある。経済成長や戦略的重要性を背景に，インドとの関係を強化したいという外交戦略上の考慮もあろう。しかし，NPTに加盟せずとも核保有国から原子力の平和利用への協力を受けられるという事実は，これまでNPTを支持して核開発を断念してきた非核国に不公平感を生む。冷戦終焉後，大国主導の核兵器ガヴァナンスに対する不満は高まりつつあり，新たな脅威に対するアメリカの対応が，核兵器ガヴァナンスの土台をさらに掘り崩す状況となっているのである。

6　混迷する兵器ガヴァナンスの行方

　冷戦終焉後，東西対立が後景に退き，兵器問題に関するレジームが相次いで形成された。しかし，冷戦後形成されたこれらのレジームのなかには，人道規範の強まりに伴って形成された，従来とは性質が異なるものが少なからず存在する。加えて，冷戦期に機能してきた核兵器ガヴァナンスも激しく動揺している。兵器ガヴァナンスが大きく進展しているようにみえたその背後で，実は従来の大国主導のガヴァナンスが大きく揺らいでいるのである。冷戦終焉までは，兵器問題をめぐっては，国家アクター，とりわけ大国が主導し，国家安全保障上の考慮を最優先してルールの体系を整備してきた。人道的配慮も徐々になされるようになったが，それはあくまで国家安全保障を優先しつつ行われた。

　しかし，冷戦終焉後，存在感を増すNGOの声を受けて，時として国家安全保障上の考慮よりも人道的配慮を優先するかに見えるルールが形成されるようになった。主要大国が消極姿勢を示していたにもかかわらず，NGOと，カナダ政府やノルウェー政府の主導によって，対人地雷やクラスター弾の禁止条約が形成された。これらの条約に多くの国が参加している現状は，必ずしもパ

ワーに訴えかけなくとも，兵器問題においてもルール形成やルールへの支持拡大が可能であることを示しているのかもしれない。規範に訴えかけて，ルール形成やルールへの支持拡大を行えば，たとえパワーバランスが変化したとしても，ガヴァナンスが不安定化することは少ない。国家安全保障上必要不可欠と言われていた兵器を禁止する条約が形成され，そこに多くの国が参加している現状は，パワーではなく規範に基づく兵器ガヴァナンス実践の可能性を示すものなのだろうか。ただ，人道規範の強まりを受けて形成されたこれらのルール群も，グローバルに十分に共有されるには至っていない。米中ロなどに受け入れられていないこれらの条約が，果たしてどの程度機能しうるのか不透明な面もある。[10]

　一方，核兵器ガヴァナンスについては，パワーに頼って新たな脅威に対処しようとする動きが顕著になりつつある。冷戦が終焉し，NPTを中心とする核兵器ガヴァナンスでは対処できない事態が頻発するようになった。こうした状況に対して，アメリカはABM条約から脱退し，核先制攻撃も辞さない姿勢を示し，あるいは有志連合によるPSIを実施したり，米印原子力協力協定を締結するなどした。しかし，NPTを中心とするガヴァナンスとは必ずしも相容れない対処法を追求したことで，これまで築きあげてきた核兵器ガヴァナンスへの支持すら失いかねない状況になった。また，脅威の源泉が国家に限られなくなったため，核ガヴァナンスにあたっても国家以外の幅広いアクターの支持を得ることの重要性も増している。この点が認識されたからこそ，アメリカの国防政策の中枢を担ってきた重鎮やオバマ（B. H. Obama）大統領自身から「核なき世界」を追求すべきとの声が上がるようになったのかもしれない。[11] 2010年のNPT運用検討会議の最終文書でも核軍縮を進めるための措置がうたわれた。また同文書には，核兵器に関して人道法を遵守する必要性があることを確認するとの文言が入った。[12] 幅広いアクターからの支持を得るためには，核軍縮を進める意思を示すとともに，人道規範と整合的なガヴァナンスを追求する姿勢を示す必要が出てきたのかもしれない。とは言え，アメリカ政府が今後もこのような姿勢を継続する保証はない。また，すぐに核兵器が全廃されることも考えにくい。一方で，NPTを中心とする核兵器ガヴァナンスは，それへの支持にもその実効性にも疑問符がつくようになりつつある。

冷戦構造が崩壊し，非国家主体が良くも悪くも存在感を増すなかで，安全保障分野におけるガヴァナンスの主体，客体とも多様化しつつある。そのような状況下で，従来の大国主導で形成されてきた兵器ガヴァナンスは，大きく変容しつつある。国家安全保障の考慮から軍備管理が進む兵器がある一方で，人道的配慮を強化すべく使用規制が進展する兵器も存在する。また，核兵器問題の管理・運営体制は大きく揺らぐ状況に陥っている。近年の軍縮・軍備管理の進展も，深刻化する核拡散の脅威も，兵器ガヴァナンスの混迷を映し出す同根の現象なのである。人道的配慮を重視するガヴァナンスの試みは，大国にも支持されていなければ実効性に疑問符がつく。一方，大国主導のガヴァナンスの試みも，脅威の源泉が多様化するなかでは，幅広いアクターの支持を得ることなしには十分に機能しない。幅広いアクターの支持を得ることができ，脅威に実効的に対処できる方策を見出すことは困難を極める。しかし，兵器ガヴァナンスが適切になされなければ，グローバルな秩序はきわめて不安定になってしまう。現在，人道的要請と国家安全保障の間でうまくバランスをとり，幅広いアクターの支持が得られる実効力のある兵器ガヴァナンスを早急に構築するという，困難極まりない作業が必要とされているのである。

【注】
1）　本章では，兵器ガヴァナンスという語を「公的および私的な個人や組織が，兵器に関する共通の問題群を管理・運営する多くの方法の総体」という意味で用いる。そのなかでも，核兵器に関する問題群を管理・運営する多くの方法の総体について述べるときには核兵器ガヴァナンスという語を用いる。
2）　本章では，「パワー」という語を，軍事力，および経済力といったハード・パワーの意味で用いる。
3）　一般に，国際レジームは「ある特定の問題領域において，行為主体の期待がそこに収斂するような，暗黙または明示的な原理や規範，ルール，決定手続き」と定義される（Krasner 1983：2）。本章は，こうした「レジームの束が，ガヴァナンスを構成する」というロズノーと同様の立場をとっている（Rosenau 1995：16）。
4）　国連武器登録制度の詳細，および登録状況については，国連事務局軍縮部のウェブサイト（http://www.un.org/disarmament/convarms/Register/, last visited 5 January 2013）を参照。
5）　本章では，規範という語を「間主観的に共有された行動の基準」という意味で用いる。また，本節題の「人道規範の強まり」とは，「兵器使用に際して人道的配慮を強化すべき」という行動基準を，間主観的に共有するアクターが国際社会において増加しつつある状

況を指す.
6） 本条約では，1つの子弾が規定重量（4キログラム）を超え，全子弾が10個未満で，単独の攻撃目標を攻撃し，自己破壊装置および自己不活性化装置が付いたものは禁止対象外としているが，この規定は当時存在したほぼすべてのクラスター弾を禁止するものであった.
7） 世界保健機関は，「武力紛争下における核兵器使用の合法性」について，国連総会は「核兵器による威嚇，または使用の合法性」について，それぞれ国際司法裁判所に勧告的意見を求めており，その要請内容は同一ではない.
8） 新アジェンダ連合は，ブラジル，エジプト，アイルランド，メキシコ，ニュージーランド，南アフリカ，スウェーデン，スロヴェニアの8カ国により設立された（スロヴェニアはその後脱退）.
9） "President Bush Delivers Graduation Speech at West Point", United States Military Academy, June 1, 2002, http://georgewbush-whitehouse.archives.gov/news/releases/2002/06/20020601-3.html, last visited 1 August 2012.
10） ただし，対人地雷禁止条約やクラスター弾条約に参加していない国も，これらを無視しているわけではない．米中ロをはじめとする非締約国にも，これらの兵器の輸出を控えたり，使用を縮小したり慎んだりする傾向が観察されている（足立 2009：77, 153）．こうした状況は，対人地雷禁止やクラスター弾禁止に向けて，米中ロも含め「行為主体の期待が収斂」しつつある状況とみることも可能である．本章で，これらの条約に対してもレジームという概念を用いることには，そうした含意がある.
11） 2007年1月，キッシンジャー（H. Kissinger）元国務長官，ペリー（W. Perry）元国防長官，シュルツ（G. Schultz）元国務長官，ナン（S. Nunn）元上院議員の4人が，ウォール・ストリート・ジャーナル紙に「核なき世界」を追求すべきと主張する論考を寄稿した．Schultz, George P. *et al.* "A World Free of Nuclear Weapons", *Wall Street Journal*, January 4, 2007．また，2009年，アメリカのオバマ大統領はチェコ共和国のプラハにおける演説で「核なき世界」における平和と安全保障の実現を目標として掲げた．Remarks of President Barack Obama at Hradcany Square Prague, Czech Republic on April 5, 2009. http://www.whitehouse.gov/the_press_office/Remarks-By-President-Barack-Obama-In-Prague-As-Delivered, last visited 20 August 2012.
12） *2010 Review Conference of the Parties to the Treaty on the Non-Proliferation of Nuclear Weapons Final Document, Volume 1*, p. 19.

〔参考文献〕

Krasner, Stephan (1983) "Structural Causes and Regime Consequences: Regimes as Intervening Variables", in Krasner, Stephan ed., *International Regimes*, Ithaca: Cornell University Press.

Rosenau, James N. (1995) "Goverenance in the Twenty-first Century", *Global Governance*, Vol. 1, No. 1.

Rosenau, James N. and Czenpiel, Ernst-Otto eds. (1992) *Governance without Government: Order and Change in World Politics*, Cambridge: Cambridge University Press.

The Commission on Global Governance (1995) *Our Global Neighbourhood,* Oxford: Oxford University Press.
足立研幾(2004)『オタワプロセス——対人地雷禁止レジームの形成』有信堂
足立研幾(2009)『レジーム間相互作用とグローバルガヴァナンス——通常兵器ガヴァナンスの発展と変容』有信堂
佐藤栄一(1992)「武器輸出の現状と通常兵器移転登録制度」国際問題387号
神余隆博(1991)「通常兵器移転国連登録制度に関する国連総会決議(上)」月刊国連12月号
藤田久一(2000)『新版　国際人道法増補』有信堂
真山全(2006)「爆発性戦争残存物(ERW)議定書の基本構造と問題点——文民・民用物に生じるunintended effectの武力紛争法上の評価」浅田正彦編『二一世紀国際法の課題〈安藤仁介先生古稀記念〉』有信堂

第18章

地球環境ガヴァナンス

上村　雄彦・池田まりこ

1 問題の所在——地球環境の危機とガヴァナンスの欠如

　気候変動，森林破壊，水資源の汚染と枯渇など，地球環境破壊はますます深刻度を増している。気候変動に関する政府間パネル（IPCC）の第4次評価報告書によると，2100年までに地球の平均気温は1980～1999年の平均気温と比べて1.1～6.4度上がり，海面も18～59センチ上昇する（IPCC 2007a：7）。もし平均気温が産業革命以前に比して2度上がり，海面が50センチ上昇した場合，日本では90兆8千億円の資産が水没で失われること，農業への影響では，最悪の場合，中国で米の収穫量が78％，モンゴルで小麦の収穫量が67％減少することが指摘されている（Watson et al. 1998：371-373）。さらに，温暖化の影響で世界で水不足を含めた水ストレスが深刻になり，2025年には50億人（IPCC 2001：9），2050年には70億人が水不足に陥ると国連が警告を発している（United Nations 2003：10）。

　このような状況に対処するために，1997年12月に，先進国に温室効果ガスの削減を義務づけた京都議定書が締結された。温暖化防止のためには，先進国は2020年までに1990年比で25～40％，世界全体では2050年までに2000年度比で50％（先進国は80～95％）以上の温室効果ガスを削減しなければならない。しかし，京都議定書で決まった削減率は5.2％でしかなかった（IPCC 2007b：15）。

　また，この議定書は先進国が対象であって，途上国は削減義務を負っていない。二酸化炭素の排出量世界第1位の中国（24％）や第4位のインド（5％）は対象外である。さらに，世界で最も温室効果ガスを排出していたアメリカ

(18％) も議定書から離脱していることを踏まえて，ノードハウス (Nordhaus) は，京都議定書で包摂している温室効果ガスは30％に過ぎず，多くの国々が議定書に参加したとしても地球平均気温に対してほとんど影響を与えないことを明らかにしている (Nordhaus 2005：2)。

その京都議定書も2012年で第一約束期間が終了し，ポスト京都の枠組みについて，国連気候変動枠組条約締約国会議 (COP) などで議論が続けられているが，後述するようにまさに混迷状態にあり，気候変動を緩和し，効果的に対応できる状況にはなっていない。

次に，森林に目を向けてみよう。20世紀初頭，地球上には推定50億ヘクタールの森林があったが，毎秒テニスコート20面分の割合で破壊され (山本 2003：49)，現在は40億ヘクタールに減少している (FAO 2010：13)。とりわけ，世界の森林の3分の1を占める原生林の減少は深刻な状況にある (FAO 2010：18)。このままでは50年後にすべての自然林が消失してしまう国が出る。たとえば，ハイチは大部分が森林で覆われていたが，現在森林面積は国土の2％に満たない (Brown 2006：82)。また，温暖化によって，2100年にはアマゾンの森の3分の2が消滅し，砂漠になるとの予測もされている (NHK取材班＋江守 2006：78)。もしそれが現実化した場合，熱帯林の二酸化炭素吸収力が失われるのみならず，逆に熱帯林は排出源になり，現在人類が放出しているすべての二酸化炭素の8年分を放出することになる。その結果，2090年代には二酸化炭素濃度が980ppmに達する可能性も指摘されている (NHK取材班＋江守 2006：79)。

森林は，土壌の形成と保全，保水，生物種の育成，気候の安定，二酸化炭素の吸収など，生存環境の保全に重要な役割を果たしている。国連の提唱によって2000年から2005年にかけて行われた「ミレニアム生態系評価」によれば，森林生態系に直接依存する世界の人口は約20億人に達する。特に，開発途上国において，森林は木材生産機能だけではなく，重要なセーフティネットとなっている。このような貴重な機能を持つ森林の破壊による人間生活や生態系への悪影響は計り知れない。それにもかかわらず，京都議定書のように森林破壊を法的拘束力を持って防止するための条約は現在のところ存在しない。

両者に代表される地球環境問題を解決するためには，効果的なグローバル・ガヴァナンスと，それを機能させるための資金が欠かせない。グローバル・ガ

ヴァナンスについて統一した定義はないが，ここではさしあたり「グローバルなレベルにおける多様なアクターによる課題設定，規範形成，政策形成・決定・実施を含めた共治」としておき（上村 2009：45），本章では関連国際機構のガヴァナンスとともに途上国のキャパシティ・ビルディング（能力構築）をベースにしたガヴァナンスにも着目していきたい。

　まず，地球環境分野でのガヴァナンスであるが，1972年に設立された国連環境計画（UNEP）の予算総額は，その創設時から20年間で10億ドル以下であり，職員数も300～400名で，各国の環境関係省庁の平均人数よりも少ない（高木 2007：2）。1991年に世界銀行，国連開発計画（UNDP），UNEPが創設した地球環境ファシリティ（GEF）は，途上国および市場経済移行国が，地球規模の環境問題に対応した形でプロジェクトを実施する際に追加的に負担する費用につき，原則として無償資金を提供しているが，ドナーである先進国の意向が強く反映されるガヴァナンスになっているため，多くの途上国が反発している（寺島委員会 2010：39）。

　次に，資金の現状をみてみよう。気候変動に関するNGOの世界的ネットワークである気候行動ネットワーク（CAN）は，気候変動の適応には年間500億ドル，緩和には年間600億ドル，技術移転と普及には年間500億ドル，途上国の森林減少対策には年間350億ドル，合計で年間1,950億ドル（約19兆5,000億円。1ドル＝100円で計算。以下同様）が必要との試算を行っている（寺島委員会 2010：33-34）。また，国際エネルギー機関（IEA）によると，2050年までに世界の二酸化炭素排出総量を2005年レベルから半減するには，実に年間1兆1,000億ドル（約110兆円）かかると試算している（IEA 2008：4）。2012年度の世界の政府開発援助（ODA）の総額が1,256億ドル（約12兆5,600億円）であることに鑑みると，気候変動や森林破壊対策に必要な費用を賄うには程遠く，行うべき対策が取られない理由が浮かび上がる。

　したがって，地球環境危機を乗り越えるために現在最も要請されることは，まずは地球環境破壊に効果的に対応できる地球環境ガヴァナンスを構築することであり，ガヴァナンスを十全に機能させる資金を創出することであることがわかるだろう。

　そこで，本章ではまず気候変動ガヴァナンスについて，その現状と課題を明

らかにした上で，ガヴァナンスを有効に機能させる方策を探る。次に，森林問題を事例に，ガヴァナンスの現状と課題を明らかにする。そのうえで，ガヴァナンスの運営に欠かせない資金問題について論じる。とりわけ，その調達手段としてグローバル・タックスに着目し，その税収規模を検討する。以上の検討を通じて，あるべき地球環境ガヴァナンスを構築するための方向性を浮き彫りにすることが本章の目的である。

2　気候変動ガヴァナンスの現状と課題——その改善に向けて

(1)　気候変動ガヴァナンスの現状と課題

　気候変動ガヴァナンスの中核は，国連気候変動枠組条約締約国会議 (COP) と京都議定書締約国会合 (CMP) である。COPの下で1997年に京都議定書が締結され，先進諸国は温室効果ガスの排出削減，ならびに途上国への資金提供と技術供与を法的に義務づけられた。このCOPとCMPが気候変動ガヴァナンスの核であるが，その他にも多国間開発銀行によって設立された気候投資基金 (CIF) や気候変動にかかわる二国間援助などが存在する。このような状況はレジーム複合体と表現され (Keohane and Victor 2010)，この大きな俯瞰図を射程に入れて，ガヴァナンスを論じる研究も多い。

　たとえば，亀山は「気候変動への対処のための国際枠組みが，『多国間中心』あるいは『自主的取り組み中心 (二国間協力)』のどちらに向かいそうか」という問いを投げかけ (亀山・高村 2011：13-14)，ビールマン (F. Biermann) らは，二酸化炭素削減の対費用効果の観点から，分散型ガヴァナンス (レジーム複合体) よりも統合型ガヴァナンスの方が，利益が大きいと論じている (Biermann *et al.* 2010：309)。これに対して，コヘイン (R. O. Keohane) とヴィクター (D. Victor) は，各国の関心が多様で，関与する能力が異なる気候変動の分野においては，レジーム複合体の方が統合的かつ包括的なレジームよりも政治的実現可能性の観点から利点があると論じている (Keohane and Victor 2010)。

　以上のガヴァナンスの概念と議論に留意しつつ，2012年に第一約束期間が終了した京都議定書後の交渉とその結果をみてみよう。2013年以降の気候変動対策にかかわる国際的枠組みをいかなるものにするかというポスト京都交渉につ

いては，まず2007年のCOP13において「バリ行動計画」が策定され，新しい包括的な枠組みを議論する作業部会が設置された。ここでは，世界の温室効果ガス排出量を2050年までに現状から半減させることが必要であり，そのために先進国全体で2020年に1990年比で25～40％の削減が必要であるとの確認がなされている（気候ネットワーク 2008：2-3）。

　バリ行動計画を受けて，2009年のCOP15では，先進国，途上国の削減目標・義務のリスト化を明記した「コペンハーゲン合意」が議論された。その内容は，①地球の気温の上昇を2度以内に抑えること。②先進国は2020年までに削減すべき目標，途上国は削減のための行動をそれぞれ決めて，2010年1月末までに提出すること。③先進国の削減目標と途上国の削減行動の結果は，COPによって確立される（既存も含む）ガイドラインによって，測定，報告，検証（MRV）がされること。④途上国の温暖化対策を支援するため，先進国合同で2010～2012年に300億ドルと，2020年までに毎年1,000億ドルを支援動員の目標とすること，というものであった。しかしながら，キューバ，ボリビア，スーダンなどが反対したため，COPの正式な決定とはならず，この合意は各国によって「留意」されるにとどまった。

　しかし，2010年に開催されたCOP16では，コペンハーゲン合意に基づいて各国が提出した削減目標・行動を国連文書にとりまとめ，留意するとともに，MRVに関するガイドラインの検討，グリーン気候基金（GCF）の創設などを盛り込んだ「カンクン合意」が正式に決定された。他方，途上国が京都議定書の第二約束期間の設定を強く主張する一方，日本，ロシア，カナダは第二約束期間には参加しない意思を表明した。これらの国々が参加を見送った主な理由は，改定京都議定書がすべての主要排出国が参加する公平で実効性のある国際的な枠組ではないからというものである。同様の理由で，アメリカもこれには加わっていない。

　このような状況下で2011年に開催されたCOP17では，2020年までにすべての国に適用される将来の法的枠組み構築に向けた道筋（ダーバン・プラットフォーム特別作業部会の設置）に合意し，その間カンクン合意の実施のための仕組みの整備を行うこと，ならびに京都議定書第二約束期間の設定に向けた合意がなされた。同時に，途上国の気候変動対策のために資金調達を行い，途上国

に供与するためのGCFの創設も決定された。

　そして，2012年に開催されたCOP18では，2013年から2020年までの平均で少なくとも18％の温室効果ガスの削減など，京都議定書第二約束期間の詳細を定めた京都議定書改正文書，ならびにダーバン・プラットフォーム特別作業部会の今後の作業計画の合意など含む「ドーハ気候ゲートウェイ」を採択した。他方，京都議定書第二約束期間で義務を負う先進国と負わない途上国という図式に，新たに義務を負わない先進国（そもそも京都議定書を離脱したアメリカ，カナダに加えて，日本，ニュージーランド，ロシアが参加しないこととなった）が加わり，気候変動ガヴァナンスの一層の分散化が進んだ。また2020年までに毎年1,000億ドルを確保するという長期資金の調達の道筋についても合意に至らなかった（気候ネットワーク 2013）。

　すなわち，ポスト京都の交渉では，先進国全体で2020年までに1990年比で25～40％の削減が必要であること，同年までにすべての国々に適用可能な新しい枠組みを策定すること，同年までに途上国の気候変動対策のために，年間1,000億ドルの資金を提供することなど，重要な論点についての合意をみた。他方，京都議定書第二約束期間で定められた削減率は18％にしか過ぎず，相変わらず途上国も不参加の上に，先進国の一部も改正京都議定書から離脱することになった。また，資金面では，資金調達の道筋について合意に至らなかった。

　換言すれば，このまま事態が推移すれば，少なくとも2020年までは統合的・包括的な気候変動ガヴァナンスは構築されず，十分な資金の供給も保証されない。そのような資金を欠いた分散型ガヴァナンスで，気候変動に十分な対策ができるのか，とりわけバリ行動計画で確認された2020年までに25～40％の温室効果ガスを削減しつつ，途上国の気候変動対策を十分に支援できるのかという問いが突きつけられているのである。

（2）　望ましい気候変動ガヴァナンスの構築に向けて

　そのような状況で，今後の動向の鍵の1つと考えられるのが，グリーン気候基金（GCF）の行方である。GCFが創設された背景には，ポスト京都議定書の枠組みに途上国を入れ込みたい先進国の思惑と，先進国が義務を負っている気候資金の提供を大規模かつ確実に得たい途上国の要望が合致したことがある。

これまで途上国は，GEFから気候変動を含む地球環境対策に105億ドル，特別気候変動基金から1億8,888万ドル，後発開発途上国基金から3億4,600万ドル，適応基金からは1億6,500万ドルの無償援助を受けているが，これらの合計額である約112億ドルは，気候変動対策に必要な額（年間1,000億ドルの単位）に比して，あまりにも小さい。しかし，もしこの資金ギャップを埋めることができれば，一方で途上国は効果的な気候変動対策をとれるようになり，他方でそれによりポスト京都議定書の枠組みに途上国が加わることも容易になる。それを具現化するために設置されたのが，GCFである。
　GCFは，途上国が温室効果ガスを削減し，気候変動の悪影響に適応できるよう支援することを通じて，低炭素かつ気候変動耐性型開発へのパラダイム・シフトを目指している。そのために，GCFは国内・国際レベルで公的・民間双方の気候資金の触媒となり，新規で追加的，十分で予測可能な資金を途上国に供給することを目的に掲げている（GCF 2012a：2）。
　GCFは理事会，暫定事務局，暫定受託機関から構成され，暫定受託機関は世界銀行が務める一方，事務局は2012年に韓国に設置された。ここで，最大のポイントとなるのが，そのガヴァナンス，とりわけ理事会の構成，意思決定方法，資金の確保である。まず理事会の構成であるが，理事は先進国，途上国理事が同数の24名から構成されることとなり，先進国理事，途上国理事からそれぞれ1名ずつ議長が選出される共同議長制を敷くこととなった（GCF 2012b：3-5）。すなわち，GCFは，理事数において先進国と途上国が平等となるガヴァナンスを備えることとなったが，ここで注目されるのが，理事として，京都議定書第二約束期間に参加していないアメリカ，日本，ロシアとともに，排出大国である中国，インドも入っていることである。
　さらに注目されるのが，GCFが市民社会や民間企業などの多様なステークホルダーの関与を掲げ，これらのアクターが理事会に参加することを可能にしている点である。その体現が「アクティブ・オブザーバー」である。オブザーバーは2つのカテゴリーに分けられている。最初のカテゴリーはいわゆるオブザーバーであり，2つ目のカテゴリーが「アクティブ（活動的）」オブザーバーである（GCF 2012c：1）。アクティブ・オブザーバーは市民社会から2名，民間企業から2名選出され（ともに先進国と途上国から1名ずつ），たとえば，議長の

許可を得て理事会で発言し，議論に参加することができるなど，理事に近い形での参加が可能になっている。

　すなわち，これまで設立された気候変動にかかわる国際機構の多くは，ドナーである先進国の意向が強く反映されるガヴァナンスになっているため，多くの途上国が反発したことは既にみたが，GCFはその反省を踏まえ，市民社会や民間企業の参加も含めた包括的なガヴァナンスの構築を試みている。このことは，今後排出を増やす見込みである途上国が，包括的なガヴァナンスに参加する可能性を高めるという意味で重要な布石となろう。

　他方，資金に関してGCFは，民間とのパートナーシップとの拡大などを通じて得ていくとしているが，現在のところ，事務局を運営する資金以外には獲得していない模様である。したがって，GCFがうまく機能し，途上国や他のステークホルダーを含めた包括的な気候変動ガヴァナンスを創造できるかどうかは，資金調達にかかっていると言えよう。

3　森林ガヴァナンスの現状と課題

　気候変動ガヴァナンスと異なり，森林ガヴァナンスには法的拘束力のある包括的なガヴァナンスは存在しない。他方，法的拘束力を持たない森林原則声明，京都議定書の一部としての森林吸収源とクリーン開発メカニズム（CDM），ならびにREDD（途上国の森林減少・劣化からの温室効果ガス排出削減），そして持続可能な森林の利用・管理のために構築された森林認証制度は，森林ガヴァナンスの形成に寄与している。森林ガヴァナンスの特徴は，グローバルなレヴェルでの法的拘束力を持たない大枠のなかで，各国レヴェルのプロジェクトやキャパシティ・ビルディング（プロジェクトを実施するための人材育成を含む能力構築），ならびに森林認証制度を核にした分散型ガヴァナンスとして存在している点にある。以下ではそれぞれについて検討を行うことで，森林ガヴァナンスの現状と課題を浮き彫りにしたい。

（1）　森林原則声明と京都議定書

　森林保全に関する国際交渉の経緯は，1992年に開催された環境と開発に関す

る国連会議（地球サミット）において，「リオ宣言」・「アジェンダ21」とともに合意された「森林原則声明」に遡ることができる。これは，法的拘束力を持たない文書ではあるが，森林の持続可能な経営（SFM）の実施に向けた各国の目標が定められたという意味で，森林ガヴァナンスの出発点と言える。

　また，森林ガヴァナンスは京都議定書とも密接に関連している。議定書では，森林の吸収源が主な論点の1つとなり，1990年以降に行われた新規植林・再植林に限定し，京都議定書の第一約束期間における先進国の削減義務目標に適用が可能となった。さらに，2001年にCOP 7で採択されたマラケシュ合意では，CDMの植林・再植林版であるCDM（植林：afforestation, 再植林：reforestation：A/R CDM）に関する詳細な運営ルールが定められた。しかし，森林はその消失や伐採による減少，年月の経過とともに吸収源から排出源にもなるという性質から，吸収・固定効果が不確実であり，プロジェクト化が進まなかった。

　このようなCDM植林の反省と経験を踏まえて，2005年にCOP11の場で初めて議題として取り上げられたのがREDDである。京都議定書では，植林・再植林に限定したメカニズムしか存在せず，深刻化する原生林の減少を抑制する努力を評価する仕組みがなかったためとられた措置であった。

　2007年のCOP13における，「バリ行動計画」において，先進国・途上国の双方がREDDの推進に向けて大きく前進した。その実施にあたっては，参照排出レベルの設定，測定・報告・検証（MRV）などの技術方法論の確立，資金メカニズムについての国際的な合意が必要となる。REDDはCDMのようなプロジェクトベースの活動とは異なり，国または準国（行政区画）レベルで，各国の状況や能力を考慮したフェーズ・アプローチに基づいて実施される。具体的には，国家戦略策定や実施に必要な能力の向上を行う「準備段階」，各国の能力に応じて活動を試行する「試行段階」，確立されたMRVシステムによるRBM (Result Based Management：結果重視マネジメント）の活動である「完全実施段階」が設定されている。これらのフェーズにおいて必要な資金は，先進国が主体となり多国間・2国間のチャネルを通じて提供されることが求められている。実際には，国際的な合意によらない，自主的なREDDのパイロット・プロジェクトが，世界銀行のFCPF（森林炭素パートナーシップ基金）等，援助機関，民間企業，政府によって行われている。すなわち，現在のREDDは分散型ガ

ヴァナンスの典型と言えよう。

　その後，REDDは，社会的・経済的側面として，地域住民の森林利用・管理の制限などの懸念を踏まえ（井上 2011：79），その概念は森林保全の役割，持続可能な森林経営，森林炭素蓄積の強化を含むREDD＋に拡張された。現在，国・地方レヴェルで各国の能力や状況に応じた形で，世界銀行をはじめとする援助機関や，民間企業によるパイロット・プロジェクトが行われている。

　REDDやREDD＋の成果についてはさらなる検討が必要であるが，いずれにしてもその実施には多額の資金が必要となる。したがって，今後は公的機関・民間企業による基金方式の仕組みに加えて，排出権市場のような市場ベースの仕組みや革新的資金による資金調達メカニズムの確立が求められている。

（2）　森林認証制度

　森林認証制度とは，適切に管理された森林から産出した木材などに認証マークを付すことを通じて持続的な森林経営から産出された木材であることを消費者に保証するものである。現在は，環境NGOが中核となって進めているグローバル・スタンダードとしての森林管理協議会（FSC：Forest Stewardship Council）による認証制度と，FSCに対抗する形で林業協会が牽引し，世界33カ国の認証制度が参加して相互認証を行っている森林認証プログラム（PEFC：Programme for the Endorsement of Forest Certification Schemes）の2つの潮流がある。FSCとPEFC制度の目的と構造を比較すると，FSC認証は中央集権的な国際制度であり，意思決定における市民団体やNGOの優位性が強い。他方，PEFCは，既存の法制度を前提にした業界を中心とする認証制度であり，木材生産を優先している。

　森林認証制度の利点は，市場が持続可能な森林管理を支援することにより，消費者が間接的に世界の森林保全を応援することができる点にある。しかし，違法な伐採を防止する効果がある一方で，インドネシアでは，FSCの認証を取得している企業でありながら，合法性の疑わしい伐採による木材を原料にした製品を輸出し，FSC認証を剥奪される事例が存在したのも現実である。

　今後の課題は，多種の森林認証制度が存在するなかで，認証の質を維持することであるが，近年国家認証制度と国際的認証制度の相互承認が進んでいるこ

とは望ましい動向である。このような異なる性質を持つ，異なるレヴェルのガヴァナンスが相互に承認しあい，いずれ有機的な連携が形成されることが，望ましい森林ガヴァナンス形成への１つの方向性だと考えられる。

4　グローバル・タックスの可能性

　これまでみたように，気候変動の分野でも森林の分野でも，そのガヴァナンスを機能させ，有効な施策を進めるために，多額の資金が必要であることが確認された。そこで，注目されるのがグローバル・タックスの可能性である。グローバル・タックスとは，「グローバルなモノや活動にグローバルに課税し，グローバルな活動の負の影響を抑制しつつ税収を上げ，グローバル公共財の供給やグローバル公共善の実現のために，税収をグローバルに再分配する税のシステムのこと」をいう（Uemura 2007：114；上村 2009：177-178）。

　2010年２月，潘基文国連事務総長は，気候変動対策に必要な資金をいかに調達するかを検討するために，気候資金に関するハイレヴェル諮問グループを創設した。諮問グループが出した最終報告書の主要な結論は，2020年まで毎年1,000億ドル規模の資金調達は可能だが，ODAの増額や多国間開発銀行の増資などの従来の資金だけでは達成できないので，新たな資金創出のアプローチが不可欠であるというものであった（High-Level Advisory Group 2010）。そのアプローチの主柱がグローバル・タックスである。

　諮問グループは，民間資本，炭素市場，多国間開発銀行を通じた資金供給とともに，国際炭素税，国際航空税，国際船舶税，金融取引税などのグローバル・タックスもその資金源として提示し，分析を行っている。先進国が二酸化炭素１トン当たり20〜25米ドルの炭素税を課し，税収の10％を気候資金に拠出すれば年間300億ドル，国際航空や船舶に課税し，税収の25〜50％を気候資金にまわせば年間100億ドル，金融取引税の税収の25〜50％を気候変動に充てるとすると，0.001％の税率で20億ドル，0.01％で270億ドルの資金調達が可能となると論じている（High-Level Advisory Group 2010：5-6, 25）。

　また，国連は，2012年７月に『世界経済社会調査2012』を発表し，気候変動を含む地球規模課題の解決のために，年間4,000億ドル規模の新たな資金創出

方法を提案している。それは以下の４つの柱からなる。第一の柱は，先進国が１トン当たり25ドルの炭素税を実施し，税収を国際協力に用いることである（税収見込みは年間2,500億ドル）。次に，税率0.005％の通貨取引税をドル，ユーロ，円，ポンド取引に課税することであり（年間400億ドル），第三に，現在実施に向けて検討されている欧州金融取引税（年間710億ドル）の一部を地球公共財にまわすことである。最後の柱は，国際通貨基金（IMF）の特別引出権を活用することである（年間1,000億ドル）(United Nations 2012)。

ここで注目されるのは，両者ともグローバル・タックスを主要な資金源として正面から打ち出していることならびに，その税収規模である。諮問グループでは670億ドル（金融取引税の税率を0.01％とした場合），国連では2,900億ドル（＋欧州金融取引税の一部）の規模となる。現在の世界のODAの合計が1,256億ドルであることに比して，670～2,900億ドルは相当な規模となる。さらに，シュルマイスター(S. Schulmeister)は，仮に金融取引税を欧州に加えて，主要な国々で実施した場合，0.01％で2,860億ドル（約28兆6,000億円），0.05％で6,550億ドル（約65兆5,000億円）という巨額の税収が得られると試算している(Schulmeister 2009：12-15)。

グローバル・タックスによる税収は，IEAの言う年間１兆1,000億ドルには及ばないが，CANの提示する年間1,950億ドルやGCFが目標とする年間1,000億ドルという気候変動に対処するために必要な資金を十分に満たすことがわかる。ここに，グローバル・タックスの資金創出の可能性が明確に示されている。

5　今後の展望——鍵となる資金調達

これまでの議論で，森林，気候変動ともに，ガヴァナンスが不十分であるとともに，資金も大幅に不足していることが明らかになった。森林分野においては，森林の持つ社会・経済的機能を保全する制度として，ガヴァナンスの相互承認と密な連携を備えたREDDや森林認証制度の発展の必要性が論じられた。また，気候変動の分野では，グリーン気候基金が創設され，途上国がオーナーシップを持てるガヴァナンスを構築し，今後すべての国々が参加する新しい枠組み構築の可能性が開かれつつあることも浮き彫りになった。

しかしながら，最大の問題は巨額の資金の不足である。ODAの増額が望めず，民間からの資金調達も不透明ななか，今後グローバル・タックス導入の要求はますます高まってくると思われる。それが現実化し，地球環境ガヴァナンスに十分な資金が備わって初めて，効果的な地球環境対策が打たれることになることは間違いないだろう。

〔参考文献〕

Biermann, Frank et al. (2010) *Global Climate Governance Beyond 2012: Architecture, Agency and Adapation,* Cambridge: Cambridge University Press.

Brown, Lester R. (2006) *PLAN B 2.0: Rescuing a Planet under Stress and a Civilization in Trouble,* New York: W.W. Norton & Company, Inc.

FAO (2010) *Forest Resources Assessment 2010,* Rome, Italy.

GCF (2012a) *Governing Instrument for the Green Climate Fund,* Bonn: Green Climate Fund.

GCF (2012b) "Additional rules of procedure of the Board", GCF/B. 01-12/02, Bonn: Green Climate Fund.

GCF (2012c) "Arrangements for observer participation in the Board meetings", GCF/B. 01-12/03, Bonn: Green Climate Fund.

High-Level Advisory Group on Climate Change Financing (2010) *Report of the Secretary-General's High-Level Advisory Group on Climate Change Financing,* New York: United Nations.

IEA (2008) "ENERGY TECHNOLOGY PERSPECTIVES 2008: FACT SHEET-THE BLUE SCENARIO: A sustainable energy future is possible-How can we achieve it? ", Paris: International Energy Agency.

IPCC (2001) *Climate Change 2001: Impacts, Adaptation, and Vulnerability* (Summary for Policymakers), A Report of Working Group II of the Intergovernmental Panel on Climate Change.

IPCC (2007a) *Fourth Assessment Report Climate Change 2007: Synthesis Report Summary for Policymakers.*

IPCC (2007b) *Contribution of Working Group III to the Fourth Assessment Report of the Intergovernmental Panel on Climate Change Summary for Policymakers.*

Keohane, Robort and Victor, David (2010) "The Regime Complex for Climate Change", *Discussion Paper,* 10-33, The Harvard Project on International Climate Agreements.

Nordhaus, William D. (2005) "Life After Kyoto: Alternative Approaches to Global Warming Policies" (http://www.econ.yale.edu/~nordhaus/kyoto_long_2005.pdf, last visited 29 August 2007).

Schulmeister, Stephan (2009) "A General Financial Transaction Tax: A Short Cut of the

Pros, the Cons and a Proposal", *WIFO Working Papers,* No.344.
Uemura, Takehiko (2007) "Exploring Potential of Global Tax: As a Cutting-Edge-Measure for Democratizing Global Governance", *International Journal of Public Affairs,* Vol.3, pp.112-129.
United Nations (2003) "Executive Summary of the 1st UN World Water Development Report: Water for People, Water for Life".
United Nations (2012) *World Economic and Social Survey: In Search of New Development Finance 2012,* New York: United Nations.
Watson, Robert *et al.* eds. (1998) *The Regional Impacts of Climate Change: An Assessment of Vulnerability,* A Special Report of IPCC Working Group II, Cambridge: Cambridge University Press.
井上真(2011)「温暖化対策としての森林保全――REDD＋制度設計の課題」森林環境研究会編著『森林環境2011』朝日新聞出版，78-97頁
上村雄彦(2009)『グローバル・タックスの可能性――持続可能な福祉社会のガヴァナンスをめざして』ミネルヴァ書房
NHK「気候大異変」取材班＋江守正多(2006)『NHKスペシャル気候大異変――地球シミュレーターの警告』日本放送出版協会
亀山康子・高村ゆかり編(2011)『気候変動と国際協調――京都議定書と多国間協議の行方』慈学社出版
気候ネットワーク(2008)「バリ会議(COP13/CMP3)の結果について」
気候ネットワーク(2013)「ドーハ会議(COP18/CMP8)の結果と評価」
高木功介(2007)「地球環境を改善する国際枠組みと国連の役割」第24回佐藤栄作賞優秀賞論文
寺島委員会(2010)『環境・貧困・格差に立ち向かう国際連帯税の実現をめざして――地球規模課題に対する新しい政策提言』国際連帯税推進協議会最終報告書
山本良一編(2003)『1秒の世界』ダイヤモンド社

第19章

平和構築と移行期正義

山根　達郎

1　問題の所在

　武力紛争後の平和の基盤を確立するための諸活動を指す平和構築は，一般に，民主主義や自由主義の理念に沿った国家制度の再構築を前提として展開される。近年，そのような理念に沿った平和構築の性格を「リベラル・ピースビルディング (liberal peacebuilding)」(Newman et al. 2009：29) と称して再検討しようとする学術的論議が平和構築研究者の間で注目されてきている。このような見方が脚光を浴びていることは，冷戦終結後の国際秩序の再編に伴った結果として民主主義や自由主義といった思想基盤がグローバル・ガヴァナンスの統治システムを動かす力として主流化しつつある世界の状況と決して無関係ではない。

　リベラル・ピースビルディングの視点は，単に紛争後の平和構築がグローバル・ガヴァナンスの統治システムに組み込まれる形で実践されている側面だけでなく，そうした活動が「グローバル・ガヴァナンス」の統治システムが及ばない紛争地域の問題解決をいかに導きにくいか，といった側面をも際立たせてくれる (Roberts 2011：1-6)。本章は，このようなグローバル・ガヴァナンスとしての統治システムを推進するリベラルな思想を共有する平和構築の課題について，移行期正義 (transitional justice) をテーマに論じることを目的としている。

　国家建設の全般にかかわる平和構築の内容はさまざまであるが，このなかに移行期正義に関する手法が組み入れられることもあり，移行期正義が紛争後の国家における司法機能の確立に向けた取り組みの文脈で議論されることがあ

る。しかし，平和構築の一部に移行期正義の手法を取り入れる場合には，詳しくは後述するが，たとえば「平和 (peace)」と「正義 (justice)」のどちらを優先するのか，あるいは「司法制度」と「ローカル正義システム」の併存は可能なのか，といった問いに絡む矛盾が既に生じている。平和構築の現場においてこのような矛盾を抱える移行期正義の問題は，果たして移行期正義の手法自体によるものなのであろうか。そうした移行期正義の課題について，本章は，リベラル・ピースビルディングの視点からみつめ直す作業となっている。

　本章は，まず第2節で，平和構築が自由主義や民主主義の思想に沿って展開されていることを強調するリベラル・ピースビルディングに共通する主要な論点について示す。続く第3節は，こうしたリベラル・ピースビルディングの理念に備わる本質的課題について示す。さらに第4節では，平和構築における「一要素」として組み込まれるようになった移行期正義の概要について説明する。そのうえで，第5節では，リベラル・ピースビルディングの論点から見えてくる移行期正義の課題を検討し，第6節の結論部では，民主主義や自由主義といった理念に支えられるグローバル・ガヴァナンスの一手段ともなっている平和構築がまとうリベラルな思想自体が，ローカルな移行期正義との間で起こす本質的な摩擦を避けられずにいる点を指摘したい。

2　グローバル・ガヴァナンスを推進するリベラル・ピースビルディングの視点

　平和構築の概念は，一般に，1990年代初頭に国際連合（以下，国連）の場で具体化された。1992年に開催された国連安全保障理事会（以下，国連安保理）での首脳国サミットでは，国連事務総長報告書『平和への課題』が採択され，人道上の危機に瀕した紛争国に対する平和強制型の平和維持活動を容認するとともに，紛争後の長期にわたる平和構築支援の重要性が提起された。その後，国連は，1995年に『平和への課題・追補』を報告し，2000年には『国連平和活動に関するパネル報告書』を公表するなど，国際社会に対し武力紛争解決を求める関連政策文書を次々と発表した。これらの努力の積み重ねもあり，2005年には，国連総会と国連安保理の双方の決議を経て国連平和構築委員会の設立にまで至った。

以上のような国連での取り組みを通じ国連加盟国間で平和構築の重要性に対する認識が次第に高まるなかで，1990年代以降，カンボジア，旧ユーゴスラヴィア，ハイチ，シエラレオネ，リベリア，ルワンダ，コンゴ民主共和国など，世界各地の紛争後地域で具体的な平和構築が実践されていった。平和構築は，国連加盟国を中心とする支援国だけでなく，国際機構やNGOなど多様な主体によってもローカル・レベルで重層的に実施されている。支援主体間や連携の促進だけでなく，ローカル・オーナーシップの尊重に基づく主体間の調整など，平和構築の現場ではこれまでに多くの経験が積み重ねられてきている。

　平和構築の内容は，国家の制度設計の全般にかかわっている。これらは国家の行政・司法・立法機関の制度構築に絡み，また短期的な治安の回復から長期的な開発支援まで多岐にわたる。そのため平和構築研究はさまざまな視点から論じられ中心的議論が定まりにくい傾向にあったことは否めない。ただし，前述したリベラル・ピースビルディングの議論は，平和構築研究のなかでも，これまでに継続的な討議がみられている。ニューマン（E. Newman），パリス（R. Paris），リッチモンド（O. P. Richmond）による共著『リベラル平和構築の新しい視座』によれば，リベラル・ピースビルディングは，紛争後社会において「民主主義の促進，市場型経済の改革，もしくは『平和』を築くための原動力となる近代国家に備わるその他のさまざまな制度構築」（Newman *et al.* 2009：3）にかかわる概念のことを指している。

　仮に平和構築が民主主義や自由主義の思想的背景に沿ってやみくもに展開されるならば，紛争後もしばらくは国家制度の破綻したままの「失敗国家」ではかえって混乱を招くだけなのではないか——このような疑問を投げかけるリベラル・ピースビルディングの議論を，パリスは1990年代後半から主張し始めていた。多くの事例がそうであるように，紛争により破綻した国家において国家の制度構築が不十分なままに民主化を促進することは容易なことではない。冷戦終結後の国際社会にとってもはや揺るぎない秩序観として容認されるようになった民主主義や自由主義ではあるが，そうした価値目標を外部主体による介入戦略によって十分に達成するには，その正当性や実効性，あるいは持続可能性といった観点から困難がつきまとう。

　パリスが抱いた懸念は，その後論者の間で反響を呼び，リベラル・ピースビ

ルディングの批判的検討へと広がっていった（Newman 2009：2-53）。平和構築がリベラルな思想によって押し進められているがゆえに，現場でのトラブルが絶えないのだというのが批判的検討の共通点である。なるほど過去の平和構築を評価するならば，「平和の基盤が確立された」と断言できるような圧倒的な成功例が存在したと言い切るのは難しい。しかしこれらの批判的検討も，その課題を乗り越えるための解決策までは十分には示しきれていない。リベラルな思想が紛争後地域にもたらす問題を生んでいることを強調するにとどまるこれら論者の指摘について，パリスは，「リベラル・ピースビルディング」についての「誤解」（Paris 2010：347）から生じる考えだとみている。パリスはリアリズム的発想を警戒するが，なかでもリベラル・ピースビルディングが，「侵攻後の征服」のための帝国主義的発想や植民地主義的発想により生じているという批判的考察に反論する。

　確かに理念上の民主主義や自由主義に根差すリベラル・ピースビルディングの実践のなかに，欧米を中心とする国際安全保障上の主導国がグローバル・ガヴァナンスを操ろうとする意図が見え隠れするならば，「リベラル・ピースビルディング」をリアリズム的な発想でみてしまう「誤解」も生じかねない。介入側の平和構築の課題は，冷戦終結後の国際社会がどのようにして国家主権の枠組みを超えて他国に介入し，内的な民主化を推進できるのかという問題と重なっている。歴史的観点から大局的に俯瞰すれば，メイオール（J. Mayall）が指摘するように，主権，民主主義，介入についての3つの論争は冷戦終結後の現代に国際社会に突き付けられた中心的課題となっている（メイヨール 2009：28）。主権を超えて民主化を広めようと正当な手段により介入するリベラルな世界秩序構想の実現は，たとえばイラクやアフガニスタンの事例をみればいかに容易でないかがわかるだろう。

　リベラル・ピースビルディングもまた冷戦終結後の国際秩序構想の課題と切り離されないからこそ同様の困難を抱え，したがってパリスが「誤解」と位置づける批判が表出しやすいのであろうと筆者は考える。パリスがリベラル・ピースビルディングの「誤解」と弁明すればするほど，リベラルな世界秩序構想を推進しようとする手段としての平和構築像の存在を鮮明にさせているようにもみえる。なぜなら，リベラルな思想をもって実践される平和構築は，国益

を確保するために実践される強制的な介入として批判される側面をぬぐいきれずに，実践上の困難に直面することがあるからである。いずれにせよ，リベラル・ピースビルディングとは，リベラルな世界秩序構想を実現しようとするグローバル・ガヴァナンスを推進する状況を創り出しているとは考えられるが，その状況が創り出されている背景を正しく知るには，リベラリズム，リアリズムの両側面から探る必要があろう．

3 リベラル・ピースビルディングの視点からみえてくる平和構築の本質的課題

　国際社会が内戦の脅威にさらされている人々の「人間の安全保障」を確保するために，破綻した国家に代わって「保護する責任」を果たすために主権を超えた介入に踏み切り，紛争後には国家再建を導く平和構築を実践する——このような現代的シナリオは，国連安保理決議を通じた介入の正当性を確保することで容認され，かつその正当性の下で実効力のある行動を関心国が一丸となって取ることで実現の方向に進む．しかし，本章の着目するリベラル・ピースビルディングの視点からみるならば，そのシナリオを通じ，急進的なリベラルな思想が，紛争中に生じていた社会的亀裂を紛争後も際立たせ，むしろ混乱を招くことさえあることに留意しなくてはならない．

　たとえばリベラル・ピースビルディングを支える理念の1つである民主化の観点からは，次のようなことが課題となる．国家制度の枠組みを整備すると同時に紛争後に最初の選挙を実施することは，民主化を推進するうえで重要な試金石だが，武力紛争中の対立構造が解消されない多くの事例では，紛争終結直後の治安の確保に苦慮することになる．紛争時の対立構造を解消できずにいる社会で選挙を実施するならば，対立する立候補者の批判スピーチであっても，それが突発的な暴力を伴い，さらには武力衝突へと発展しかねない．

　他方で，国家建設の一部として治安の回復のために治安部門改革を実施する際に，かつて互いに戦った武装集団の関係者を優先的に新軍・新警察に編入することは，戦後秩序を一時的にでも安定化させ介入する側の意向を多少なりとも満足させるかもしれない．しかし，そこで主流になりきれずに社会の周縁に追いやられた紛争被害者がいたとすれば，彼らが憎悪にも満ちた不平等感を抱

くことは不思議なことではない。戦争犯罪の容疑者が裁かれることで「正義」が追及され紛争後の和解が促進するかもしれないと考えたとしても，一方で紛争首謀者たちの紛争後の身の安全や政治的地位，あるいはそれに伴う経済的利得の保持を認めなければ「平和」の機会を逃してしまうかもしれない。紛争終結のためには，「正義」と「平和」のどちらをより重視するかをめぐるジレンマが存在する。

　紛争終結時に「正義」よりも「平和」をより重視した平和構築政策が選択された場合，「正義」の欠如から国民の間で不平等意識が高まると，再び治安悪化と結びつき，紛争が再発する恐れが生じる。紛争再発を避けるために平和構築が取るべき手法として，「自由主義化以前の制度化 (institutionalization before liberalization：IBL)」(Paris 2004：179-211)，すなわち選挙を通じた民主化や自由化のための実践を進めるよりもまず行政制度・司法制度の確立を急ぐべきだ，というパリスの主張は示唆的である。だが，同時にこのことは，紛争終結直後の時点で十分に能力を持つ国家制度を先行して築くことが本当に可能なのか，という新たな疑問をも提示する。ここに，リベラル・ピースビルディングの逃れようのない本質的問題性がつきまとっていると言えよう。

4　平和構築の一部に位置づけられた移行期正義

　国家の権力者が市民に対して過激な抑圧を行ってきた過去の暴挙について，もしくは内戦によって無辜の人々が受けた重大な人権侵害については，その後に自由で民主的な社会へと変革しても不問に付されるままなのであろうか。このような市民の死活的利益にかかわる問題については，本来「法治国家」であるならば司法制度を通じて正義が追及される場が設けられ，法の支配（篠田 2003：29-60）に従って解決されうる問題である。しかし，体制移行期や内戦終結直後で司法制度が機能不全にある状況下の国々では，このような対処は望めそうもない。そこで，移行期正義には，国内司法制度を構築する取り組みの一方で，真実究明など司法的解決とは全く別のやり方で過去の人権侵害に対する和解や正義を導くことも求められるようになった。国際的な移行期正義の諸問題に対して政策提言などを積極的に行っているNGOである国際移行期正義セ

ンター (ICTJ) によれば,「移行期正義とは,(過去の) 多大な人権侵害の (負の) 遺産をなくすために異なる国々によって履行される一連の司法的もしくは非司法的手法に依拠するものであり,これらの手法には,刑事訴追,真実委員会,補償プログラム,多様な種類の制度的改革が含まれる。」と定義づけられている。[1]

 そもそも移行期正義の考え方は,1980年代からラテン・アメリカ諸国における権威主義体制国家の圧力により発生した過去の人権侵害を救済するために打ち立てられた真実究明のための手法を一端としている。これらの取り組みは,南アフリカ共和国でかつて問題となったアパルトヘイトの撤廃を機に国民間の和解を達成するために作られた南アフリカ共和国真実和解委員会の設立に大きな影響を与え,その後,平和構築の実践にも活用されていったという経緯がある。また,移行期正義を過去に遡って探るならば,第二次世界大戦終結後の「ニュルンベルク裁判」や「東京裁判」にもその源流をたどることも可能である(望月 2012:11)。

 平和構築の関連では,1990年代から国際刑事裁判所での実践が始まるとともに,2000年以降には紛争後地域での真実和解委員会の設置が相次いだ。1990年代後半には旧ユーゴスラヴィアとルワンダにおける内戦後,アドホックな国際刑事裁判所が設立され,国際法上の人道に対する罪など国際規範にのっとって紛争の首謀者たちが訴追された。また国際・国内両方の判事の参加による「混合型」として設立されたシエラレオネ特別裁判所では,隣国のリベリア元大統領のテイラー (C. Taylor) を含め,シエラレオネ内戦で人道上の罪など国際法違反の容疑者たちが裁かれている。他方,真実和解委員会の設置についても,主に2000年以降の動きとして,和平合意の内容に盛り込まれるなどの形式でリベリア,シエラレオネ,ネパールといった紛争後の地域において設置されその経験が積み重ねられている。

 このような動きを受けて,国連は,2004年には国連事務総長報告書『紛争社会ならびに紛争後社会における法の支配と移行期正義』(The United Nations 2004:1-24) を公表し,また2010年には『国連事務総長ガイドライン・ノート:移行期正義に対する国連によるアプローチ』(以下,「ガイドライン」)(The United Nations 2010:1-11) をまとめるなど,国連としての移行期正義に対する指針を構築した。これらの作業を通じて国連は,紛争中や紛争後の地域における司法

制度の不備からくる社会秩序の不安定化を避けるために，国連が実施する移行期正義についての取り組みの指針や具体的内容に加え，これらの取り組みに付随する留意点の概要を整理している。

このように，1990年以降に顕著となった平和構築の取り組みのなかには移行期正義の手法を組み入れる事例がみられるようになった。また，その後の国連による「ガイドライン」の作成を通じて，平和構築の現場においても移行期正義の進め方について共通して留意すべき諸点も明示されるようになった。

5　移行期正義をめぐるリベラル・ピースビルディングの課題

以上の事実からは，移行期正義の手法が平和構築の一部の現場においては活用されていることがわかる。ただし，移行期正義については，紛争後の「正義」の価値，主体，手段などをめぐり多様な論点が交錯していることから，移行期正義と平和構築とがいかなる関係にあるのかを問いただすには，平和構築がその実践にあたって移行期正義のどのような側面を活用しようと考えるのか，という点を振り返っておかねばならないだろう。前述したようにリベラル・ピースビルディングの視点は平和構築の背景にある思想的志向性というものを鋭く指摘してくれる。本章で着目するリベラル・ピースビルディングの思想的視点に依拠するならば，平和構築の実践に移行期正義の手法が活用される場合には，少なくとも次の2つの課題が含まれている。

第一の課題は，紛争解決のための秩序形成を重んじる「平和」か，それとも紛争当事者の戦争犯罪をあくまで追及する「正義」のどちらを優先すべきなのか，といった選択にかかわっている。紛争当事者間で内戦を終結させる場合，大きく分けると，和平合意を結ぶか，あるいは，いずれかの紛争当事者による一方的勝利かの2つのシナリオがありうる。前者の終結の仕方については，国連などの第三者による介入によって後押しされる傾向が最近ではよくみられる。内戦については紛争当事者間での解決は困難であり，紛争当事者に対する紛争後の支援の約束も含め，国際社会による外部介入の道筋を立てることが和平合意の実効性を高めるための鍵となりうる。

このように紛争当事者にとって「取引条件」ともなりかねない和平合意を締

結する際に国際社会が直面する具体的な課題として，専制的な国家指導者や武装集団のリーダーたちへの紛争後の処遇の問題がある。紛争当事者が紛争中に行った正義の名の下に無辜の市民に与えた人権侵害を不問とすべきなのか。それだけでなく，彼らに紛争後の政治活動を認めるのか。このような事柄を条件に紛争後の武装解除を受け入れようとする紛争当事者間で締結される和平合意は果たして「正義」にかなうことなのであろうか。和平合意が元戦闘員の紛争後処罰を免責する妥協の産物とみられるならば，「平和」の選択が「正義」を軽視した結果であるとも評されてしまう。

　もっとも，多数の犠牲者がこれ以上出るのを防ぐことにもつながる和平合意が維持され，真の意味での社会の安定と平和な状態をもたらすのであれば，和平合意を通じた「平和」の選択への理解はより高まるであろう。脆弱な国や地域をめぐり，紛争後の国内における治安や国際における安全保障の課題は，新軍・新警察の再編とともに，地域機構や元武装集団，あるいはローカルな自警団や民間軍事会社など，非国家主体を含む多様な主体間によって形成される「セキュリティ・ガヴァナンス」（山根 2012：2）を通じて維持される場合もある，とみる議論もある。

　そうは言っても「平和」の追求は，紛争当事者の戦争犯罪を暴き「正義」を追及する裁判を実施しようとする行為とは両立しにくい。1999年のシエラレオネでの経験がそうであったように，和平合意の内容に「平和」の見返りとして特定の武装集団に対する人権侵害の免責が盛り込まれるならば，紛争後地域のすべての人々が望む意味での「正義」の追及は難しくなる。もっとも国連は，シエラレオネでの経験も含めその後の対応のなかで，重大な人権侵害にかかわる国際法上の罪に抵触する場合には免責を付与しない立場を強調しているが，紛争当事国によっては主権を背景に国連が望むような解釈から外れるような法執行を実践する場合もある（望月 2012：162-163）。

　また和平合意に限らず，2009年のスリランカで起きたように武装集団に対する政府軍による一方的勝利が実現するようなもう1つのシナリオにおいては，強固な政治権力をもつ「国家」に対し，国際社会が紛争後に求める国際法違反について訴追することはおろか，説明責任に対する返答を政府に求めることさえ難しい状況となる。スリランカのように後者のシナリオが選ばれた場合で

は，もはや外部者がリベラル・ピースビルディングを提示し移行期正義を求めることは，国家主権の壁に阻まれきわめて困難となる。このことは，平和構築という「手段」を通じ，民主主義や自由主義を推進するグローバル・ガヴァナンスにとっては大きな障壁であると言える。

　第二の課題は，国家制度が破綻した状態の紛争後の現場における司法のあり方を考える際に，普遍的な法の支配に基づく国内「司法制度」の手法を制度構築の枠組みとするにしても，将来的に国家制度としての「司法制度」とはなり得ないと考えられる「ローカル正義システム」を当面は活用するのかどうかという点である。前述の国連による「ガイドライン」は，移行期正義プロセスならびにメカニズムは国際規範・基準に従って設計され，かつ履行されなければならないと明記している（The United Nations 2010：2）。他方で，それぞれの社会で伝統的に存在していたとされるローカル正義の「システム」を国際社会がローカル主導の平和構築の一環として選択的に受容し，その慣行を「移行期正義」の一部として活用しようとする事例もある。国際社会は，大規模な人権侵害を行った戦争犯罪者の訴追のための裁判所を設立するものの，それ以外についてはローカル社会の司法制度で訴追・処罰されることを支援するが，中央政府の司法制度が確立され運用されるのには相応の時間と労力を要する。この「移行期」にあって，全く機能していなかった司法制度を整備するプロセスの一方で，国際社会側には，ローカル主導の平和構築と称してこのような伝統的裁きの手法に一定の期待を込めたいという思いもある（クロス 2011：368）。

　また，ローカル主導の平和構築との観点からは「開発」とのかかわりも大きい。人間中心のアプローチを重視し，貧困削減を第一の目的に掲げる傾向のある開発支援は，長期的な平和構築のための重要な要素でもある。その開発プロセスでの経済基盤や社会的統合を促進する前提を考えれば移行期正義の問題を無視できない。たとえば紛争後の混乱によって生じる土地の所有権の問題など，コミュニティの再建には移行期正義を通じた和解のプロセスが不可欠であり，その成否は持続可能な開発の基盤となる。こうした中長期的な「人間中心」の平和構築の考え方は，すべての人々の「人間の安全保障」を確保しようとする思想とも重なっている。

　しかし，リベラル・ピースビルディングの理念を支える民主主義や国家制度

構築,とりわけ司法制度の構築を徹底しようとするならば,「普遍的な司法の規範とローカル(あるいは伝統的な)文化との間には衝突」(Show and Waldolf 2010：5)を招きかねないのも事実である。平和構築の枠組みでシエラレオネやルワンダなどではローカル正義の伝統手法が活用された例もあり,移行期正義の「ローカル主義化(localization)」(Show and Waldolf 2010：5)を重んじる「司法制度」化の期待を寄せる議論も見受けられるものの,平和構築を推し進める国連としては,法の支配を確立しようとするとローカル正義システムをいつまでも尊重し続けることについては慎重な姿勢を示している(The United Nations 2004：18)。たとえばローカルにおける権威的存在である首長の恣意的な意向が加害者側に有利な判断としてローカル正義に反映され,かつそのことが不処罰文化(culture of impunity)(Weah 2012：331)という言説と結びつけるならば,国際社会はローカル・レベルで尊重されるべき「文化」の問題に踏み入ることが難しくなる。

　このようにみると,移行期正義を通じた取り組みには,アンボス(K. Ambos)が「明確なルールや基準の欠如」(Ambos *et al.* 2009：28)と評するように,法的課題というよりも政治的課題として捉えられる傾向があると言える。普遍的な法の支配に基づく規範を参照しつつもローカル正義の手法を用い,あるいはコミュニティの再建を目的に真実の調査や和解のための非司法的手法が採用されるなど,移行期正義は「適切な組み合わせを統合する包括的なアプローチ」(The United Nations 2010：10)を目指すがゆえの本質的課題を抱えていると言える。なおかつこのことは,リベラル・ピースビルディングの理念や手法から逸脱しうる問題性を内側にはらむことになる。結果として司法制度の全国的な確立へと向かうにつれ,真実和解のための諸活動が国民の市民意識を高め,民主化の促進とともに市民間の対立を煽ることにもなれば,リベラル・ピースビルディングを進める国際社会はローカル正義を容認し続けるであろうか。リベラル・ピースビルディングの課題は,平和構築の一要素として捉えられる移行期正義が進めている方向性のなかに既に内在しているのである。

6 平和構築になじみにくい移行期正義の本質

　以上の検討を通じ本章は，平和構築が民主主義や自由主義といった思想的基盤によって実践されているとみるリベラル・ピースビルディングの理念的アプローチの視点から，平和構築の「一要素」に組み込まれる傾向にある移行期正義の課題について再考した。前述したように，リベラル・ピースビルディングの視点からみえてくる平和構築は，同様に民主主義や自由主義の思想的基盤に支えられるグローバル・ガヴァナンスの統治システムの枠組みのなかで推進されているとする見方ができる。したがって，そのような思想を体現する制度構築のプロセスでは民主化や自由化の動きと対立しうる事情が紛争後地域に残されている場合，平和構築を支援する国際社会は，理論的にも実践的にも大きな障壁に直面するのである。この課題は，平和構築の一部として組み込まれる場合の移行期正義の手法についても例外ではない。

　その際の具体的論点の1つには「平和」と「正義」の間に生じる課題があった。多くの平和構築の現場においては，紛争を終わらせ秩序を安定化させるための「平和」が「正義」よりも，まずは優先されがちである。もちろん，紛争を終結させる原点となる和平合意の締結はリベラル・ピースビルディングを推進するための重要な第一歩ではある。しかし，多くの首謀者が紛争中の犯罪を不問にされ紛争後の国家の制度設計にかかわるような場合には，「正義」の観点からはローカル社会に長期的な課題を残すことになる。平和構築の一部として移行期正義の手法が組み入れられると考えたとき，「平和」と「正義」の課題が生じてしまうのである。すなわちその課題は，移行期正義の手法自体の問題と言うよりも，むしろリベラル・ピースビルディングの考えに含まれた民主化や自由主義化優先の志向，あるいはそうした志向が平和構築のプロセスをたどり加速するなかで，平和構築と移行期正義との両者の間に抑えがたい反発が生じたときに起きているのである。

　もう1つの論点としては，「司法制度」と「ローカル制度システム」の併存による矛盾によるものがあった。リベラル・ピースビルディングは「司法制度」の促進を求めるが，同時に多様な意味での正義の追及は，ローカル正義システ

ムの活用も含め,まずローカル主導で行われる。「移行期」として「ローカル正義システム」の活用は,ローカル主導の平和構築を称賛することにもつながるが,場合によっては法の支配から逸脱したローカルの権力関係を背景とした恣意性をも許すことになる。しかしながら,リベラル・ピースビルディングに沿った法の支配を徹底するならば,ローカル正義システムとの矛盾もまた明らかに新たな火種を生むのである。その意味において,「司法制度」と「ローカル正義システム」との問題もリベラル・ピースビルディングが投げかける課題解決の難しさと無関係ではなかった。

だが,こうしたリベラル・ピースビルディングの問題性は,むしろ国際社会側の視点から描かれることが多い。ローカル正義システムから法の支配による司法制度へと「移行」しないのは,「法の支配」を受容しようとしない,もしくはそのような環境に置かれていない人々が存在するからでもある。これに関し,伝統的権威に基づくローカル・リーダーたちが主導するローカル正義システムの活用のほうが「公的」な司法制度よりも圧倒的に信頼される傾向にあるというリベリアでの報告もある (Isser *et al.* 2009:3-7)。ただし同報告書は,その一方で,公的な司法制度の拡充はローカル・レベルの伝統的権威者からの強い抵抗に阻まれがちで,ローカル正義システムについても,民族間の争いやローカル・レベルの女性差別観に根差したレイプの問題などは十分に取り組まれていないという実情も併せて指摘していた (Isser *et al.* 2009:6)。

民主主義や自由主義の思想に基づく社会を実現できずにいる紛争地域に対し,そのような思想を広げるグローバル・ガヴァナンスの潮流を巻き起こし,国際平和を維持する紛争後国家を再構築すること——このような考えが「リベラル・ピースビルディング」と合致するからこそ,平和構築をグローバル・ガヴァナンスの一手段として読み解くことが重要となってくる。本章は,平和構築に組み込まれた場合の移行期正義に着目したが,ローカルな移行期正義がリベラル・ピースビルディングの考えと乖離していくとき,主に「平和」と「正義」の間の問題,ならびに「司法制度」と「ローカル司法制度システム」との間の問題として表出する点を論じた。この限りにおいて,グローバル・ガヴァナンスが直面している「混迷」は,平和構築がローカル主導の移行期正義の手法を組み入れる際に,その1つの様相として表れているのである。

【注】
1) 国際移行期正義センターのウェブサイト内 "What is Transitional Justice?" International Center for Transitional Justice (ICTJ)。(http://ictj.org/about/transitional-justice, last visited 28 August 2012)

〔参考文献〕
Ambos, Kai *et al.* eds. (2009) *Building a future on Peace and Justice: Studies on Transitional Justice, Peace, and Development*, Berlin: Springer.
Isser, Deborah H. *et al.* (2009) *Looking for Justice: Liberian Experiences with and Perceptions of Local Justice Options*, United States Institute for Peace.
Newman, Edward *et al.* eds. (2009) *New Perspective on Liberal Peacebuilding*, Tokyo: United Nations University Press.
Paris, Roland (2004) *At War's End, Building Peace After Civil Conflict*, Cambridge: Cambridge University Press.
Paris, Roland (2010) "Saving Liberal Peacebuilding", *Review of International Studies*, Vol. 36, pp. 347-354.
Roberts, David (2011) *Liberal Peacebuilding and Global Governance: Beyond the Metropolis*, New York: Routledge.
Show, Rosalind and Waldolf, Lars eds. (2010) *Localizing Transitional Justice*, Stanford: Stanford University Press.
The United Nations (2004) *Report of the Secretary-General, the Rule of Law and Transitional Justice in Conflict and Post-conflict Societies*, the UN document S/2004/616.
The United Nations (2010) *Guideline Note of the Secretary-General: United Nations Approach to Transitional Justice*.
Weah, Aaron (2012) "Hopes and Uncertainties: Liberia's Journey to End Impunity", *The International Journal of Transitional Justice*, Vol. 6, pp. 331-343.
クロス京子 (2011)「紛争後社会におけるローカル正義の役割——ルワンダ,東ティモール,シエラレオネにおける和解の諸相」石田勇治・武内進一編『ジェノサイドと現代世界』勉誠出版,367-394頁
メイヨール,ジェームズ (2009)『世界政治——進歩と限界』田所昌幸訳,勁草書房
篠田英朗 (2003)『平和構築と法の支配——国際平和活動の理論的・機能的分析』創文社
望月康恵 (2012)『移行期正義——国際社会における正義の追及』法律文化社
山根達郎 (2012)「『国家の失敗』をめぐる『セキュリティ・ガバナンス』の構築——西アフリカ地域における非国家主体による紛争予防の事例から」HiPeC研究報告シリーズ(広島大学) No.8

第20章

戦争犯罪と国際法

望月　康恵

1　グローバル・ガヴァナンスと国際刑事司法

　重大な国際犯罪を裁く国際的な刑事裁判所の設立と活動は，20世紀後半以降の国際社会の発展である。第二次世界大戦後に，国際連合（国連）をはじめとして，さまざまな国際機構が設立され，国連の主要機関として国際司法裁判所（ICJ）も設置された。常設の裁判所が設立されながら，主権国家によって構成される国際社会において，国家間の法律的紛争を主に扱う裁判所は強制的管轄権を与えられず，また国家も紛争を司法の場で解決することにそれほど積極的ではなかったといえる。司法機関は紛争の平和的解決の一手段ではありながらも，国内の裁判所のようには活用されてこなかったのである。

　グローバル化現象が進むにつれて，国際社会に共通の価値や規範が確認されるようになると，国内で処遇されてきた事項についても国際的な基準が作られ，また国内で対応できない状況を国際社会が扱うようになってきた。冷戦終結を経て内戦が増加し，そこで生じた大規模かつ重大な人権侵害に対処する目的で，国際的な刑事裁判所が設立されたが，その背景には，人権の保護と促進に対する国際社会の意識の高まりもみられた。常設の国際刑事裁判所（ICC）の設立は，統治機構（ガヴァメント）が存在しない国際社会においても，司法的なガヴァナンスの必要性を示した。つまり国家間の合意である国際法の下で，個人が直接の規律対象となり，訴追と処罰が可能となることが確認された。国際社会における個人に対する法の支配が具体的に確認されるようになったのである。

グローバル・ガヴァナンスに関しては，すでにさまざまな研究がなされており，国際的な刑事裁判所の形成過程をグローバル・ガヴァナンスとして説明する研究もみられる（Leonard 2005）。しかしながら刑事裁判所の機能や活動については，グローバル・ガヴァナンスの視点から必ずしも十分に検討されてこなかった。その理由としては次の点が指摘される。

　第一に，時代的，地理的な制約である。第二次世界大戦後にはニュルンベルク裁判や極東軍事裁判が行われたが，それらは戦後処理の一環であり，戦勝国が敗戦国の指導者を犯罪者として訴追する，勝者による裁きという特徴をも有していた。また裁判権の行使は時間的，地域的に限定される。刑事裁判所の設立と活動が国際社会における新しい現象であったとしても，グローバル・ガヴァナンスの分析枠組みにおいて議論することには，いくつかの限界がみられた。

　第二に，刑事裁判所の機能や活動をグローバル・ガヴァナンスにおいて論じることの妥当性である。「政府なき統治」と称されるように，グローバル・ガヴァナンスの対象は，法や秩序の「形成」であり「執行」であった。それゆえに研究の主たる対象は，環境や人権，軍備管理など，地球規模の課題に対する国際社会の取り組みであり，ルールや規範の作成，国際機構による活動であった。つまり，法の解釈を主眼とする刑事裁判所の行動をガヴァナンスの視点から検討することは，着目されてこなかったのである。加えて，国際的な司法機関は少なく，強制的な管轄権を有さない裁判所の機能も限定的と考えられてきた。

　ガヴァナンスの現象は，主権国家が（広義の）ルール形成の議論に参加し，国家間で制定されたルールが共有され援用されることによって明らかになる。グローバル・ガヴァナンスが主な対象としてきた行政的，立法的な活動や機能と比べて，司法的な機能は，技術的かつ専門的であり，また限定的である。しかしながら，国際的な刑事裁判所の設立と活動によって，集団的暴力の形式を国際社会として犯罪と見なす基準が生み出され，それがグローバルな司法システムの基礎を作り，さらには法的，手続的基準や規範を作り出す営為であることを鑑みた場合（エヴァルド 2007：186-204），国際的な刑事裁判所の活動は，国際犯罪に対する国際社会による基準の明確化と国際刑事法の発展をもたらす。つ

まり，国際的な刑事裁判所の機能や活動は，グローバル・ガヴァナンスとしての新たな現象を示すのである。

本章では，グローバル・ガヴァナンスの状況において，国際的な刑事裁判所はどのような機能を担うのか，またその機能は，「政府なき統治」としていかなる特徴を持ち，国際犯罪に関する法と秩序にいかなる変容を迫るのか，さらには刑事裁判所がどのような課題と限界を有するのか，について論じる。なお本章でのガヴァナンスとは，グローバル・ガヴァナンスという国際社会における現象と認識し（河野 2006：9-11；御巫 2006：209）——したがってこの状況は所与としその内容は問わない——国際社会によって設立された刑事裁判所の活動を通じて，司法分野におけるガヴァナンスという状況および効果が生じている，という理解に基づくものである。

2　グローバル・ガヴァナンスにおける国際犯罪への対応

（1）　グローバル・ガヴァナンスの特徴

グローバル・ガヴァナンスの概念が多様であり，その整理・統合が目指されている一方で，そのような試みよりも概念の意味内容が研究において明らかにされることで十分であり，また多くの定義がなされている状況では，その多様性が学問的な議論の発展に貢献していることも論じられてきた（御巫 2006：210-211）。グローバル・ガヴァナンスの分析では，主に次の点が共通の認識として確認されてきた。第一に，グローバル・ガヴァナンスの議論の背景には，国際社会として取り組むことが求められる，対象としての問題群について共通の理解がある。それらは，政治，経済，社会，文化，科学技術，自然などにかかわる，一国では対応できないトランスナショナルな問題であり，国際社会において処理されることが求められる（横田 2006：4-5）。第二に，グローバル・ガヴァナンスにおいては，広い意味でのルールの定立と作用に関心が払われる。グローバル・ガヴァナンス委員会の報告書が指摘するように，ガヴァナンスは，履行を強制する権限を与えられた公的な機関や制度に加え，人々や機関が同意しあるいは自らの利益にかなうと認識される非公式の取り決めも含む（Commission on Global Governance 1995：2）。したがって，国家間合意である条

約，国連で採択される宣言や原則，その他の約束もグローバル・ガヴァナンスの分析対象であり，ルールの定立と作用はグローバル・ガヴァナンスの証左として認識される。第三に，グローバル・ガヴァナンスにおいては，国家，国際機構，NGO，市民社会，個人など多様な主体がさまざまな様式で関与することが確認されている。

（2）　グローバル・ガヴァナンスと刑事司法

　グローバル・ガヴァナンスについての上記の3つの特徴を国際的な刑事司法に当てはめる場合には，次のことが析出される。第一の，国際社会における共通の問題群としては，国際的な犯罪への対応についての進展がみられる。国際犯罪とは，①国内で行われた犯罪行為で国家の法益を侵害するものの，犯罪者やその行為の影響が国境を越えるなど国際性を有するもの，②海賊やテロ活動のように複数の国家に共通する法益を侵害し，国際法上規律されるもの，に峻別される。これらは国内の裁判所で訴追・処罰される犯罪である。さらには第三のカテゴリーとして，国際社会の法益を侵害する国際法上の犯罪として，人道に対する罪や平和に対する罪が定められ，国際的な刑事裁判所で訴追や処罰がなされてきた。このように国際犯罪は3つの意味を包含するが，特に第三の，国際社会に共通する法益を侵害する行為としての国際犯罪に関して，国際的な裁判所が関与する。

　第二の，ルールの定立や作用について，国際的な組織犯罪の防止やテロ活動などに関しては，国内の司法機関で訴追・処罰することが条約上定められている。他方で，ICCは，ローマ規程に基づいて，国際法上の犯罪行為者を訴追・処罰する。また宣言の作成も国際社会の広義のルールとして意義を持つ。国連では「不処罰と闘う行動を通じての人権の保護および促進のための原則」およびその「更新原則」が作成され，犯罪行為者の訴追・処罰や国際社会として不処罰を阻止する必要性などが確認された。

　第三の，多様な主体のかかわりとして，国際的な刑事裁判所の設立過程や活動における非政府組織（NGO）の役割が指摘される。ICCに関しては，1990年半ばにNGOの連合体である国際刑事裁判所連盟（CICC）が設立され，ICCの設立に向けて活動を行った。CICCはローマ規程の起草時に，国家への情報提供

や啓蒙活動に従事し，またICC設立後も，内部規則の作成，ICCの捜査や訴追の手続きにかかわる。検察官に提供される情報の多くはNGOから寄せられ，検察官も国家や国際機構，NGOに情報を求めることが規程上認められている（ローマ規程第15条）。CICCはまた，ICCの取り組みを現地社会に紹介する機会も提供する。この他にも，国際刑事弁護士会（International Criminal Bar）が，裁判の適正手続きや推定無罪を確実とするために，容疑者に対して助言を行っている。このように，NGOの活動は，国際的な裁判所の設立，活動への関与に加えて，被疑者や犠牲者への支援など多方面に及ぶ。

3　国際的な刑事裁判所

（1）　刑事裁判所設立の背景と目的

　国際社会における刑事裁判所の設立と活動には次の経緯がみられる。第二次世界大戦後のニュルンベルク裁判，極東軍事裁判を経て，個人を訴追の対象とする国際的な刑事裁判所の設立が国連で議論された。1948年の集団殺害罪の防止及び処罰に関する条約（ジェノサイド条約）において，管轄権を有する裁判所として，行為国の裁判所に加えて国際刑事裁判所が言及されているように，国際的な刑事裁判所の設立が想定されていた。国際的な裁判所の設立について国連総会で論じられながらも，国家間の意見の対立によって実現に至らなかった。20世紀末に国際的な刑事裁判所が設立されたが，その背景として3つの要因が指摘される。

　第一に，冷戦の終了によって，国際社会での合意形成がより一層可能になった。特に国連の安全保障理事会（安保理）が，国連憲章上の権限を行使できるようになった意義は大きい。安保理は，憲章第7章に基づいて旧ユーゴスラヴィア国際刑事裁判所（ICTY），ルワンダ国際刑事裁判所（ICTR）をアドホックな刑事裁判所として設立した。政治機関である安保理が司法機関を設立する権限を有することについては論争となったが，ICTYは，自らが国連憲章第7章に基づく措置として合法的に設立された機関であると判断した（The Prosecutor v. Duško Tadić：paras. 21-22, 40）。

　第二に，アドホックな刑事裁判所の設立と平和との関連が明確にされた。裁

判所の設立を決定した安保理決議において，旧ユーゴスラヴィアやルワンダの状況が国際の平和の安全と維持に対する脅威を構成すること，安保理が犯罪行為を阻止し責任を有する個人を訴追するために効果的な措置をとること，さらに国際的な刑事裁判所の設立が平和の回復と維持に貢献することが確認された。つまり国際の平和を達成するためには，国際的な犯罪行為を処罰する重要性が明らかにされたのである。

　第三に，刑事裁判所は，個人の訴追を通じて，当該個人によって将来に行われうる人権侵害行為を阻止する機能をも担う。また刑事裁判は加害者に対する訴追，処罰が主たる機能であるものの，裁判における被害者や証人の保護などについても定められた。このことは，国際的な刑事裁判所における被害者に対する措置の発展をも予見させるものであった。

（2）　国際的な刑事裁判所の類型

　国際的な刑事裁判所は，常設のICC，安保理によって設立された，アドホック裁判所（ICTY，ICTR），国際社会が設立や活動に関与し，国際社会からの専門家も関与する混合裁判所（シエラレオネ特別裁判所SCSL，カンボジア特別裁判部ECCC），国連の平和維持活動の一部として設立された裁判所（東ティモール重大犯罪パネル）に分類される[1]。これら刑事裁判所は共通の特徴がある。まず，刑事裁判所は，重大犯罪の行為者である政治的指導者を訴追の対象とする。これには，国際的な犯罪行為に対する不処罰を見逃さない，という国際社会の共通の理解がある。また，裁判所の事項的管轄権は国際法上の犯罪である。国内法上の犯罪について管轄権を行使する裁判所もあるものの，犯罪行為の重大性や深刻さは国際法に基づく。裁判所の最高刑は終身刑であり死刑は科されない。さらに刑事裁判所での犯罪行為者の訴追・処罰は，紛争後の社会の構築という文脈においても意義を持つ。ローマ規程の前文では，「重大な犯罪が世界の平和，安全及び福祉を脅かすことを認識し，国際社会全体の関心事である最も重大な犯罪が処罰されずに済まされてはならないこと並びにそのような犯罪に対する効果的な訴追が国内的な措置をとり，及び国際協力を強化することによって確保されなければならないことを確認し，これらの犯罪を行った者が処罰を免れることを終わらせ，もってそのような犯罪の防止に貢献すること」を述べ

る。

　他方で，刑事裁判所の相違点としては国内の裁判所との関係が指摘される。国際的な裁判所と国内の裁判所の双方が特定の犯罪行為についていずれも管轄権を有しながら，ICTYやICTR, SCSLは国内の裁判所に優越する。これら裁判所は，国内の司法制度が不十分であることを理由として，国内の裁判所に優越することを主張できる。一方で，ICCは，各国の裁判所を補完する機能を担う機関として位置づけられており，国内の裁判所が優越する。

4　法と秩序の変容と限界

　国際的な刑事裁判所は，個人の犯罪行為の訴追・処罰という国際社会におけるガヴァナンス現象を示す。それではこの機能は，国際法や国際社会の秩序に対していかなる変容を迫るのか，また裁判所の機能や役割については，どのような限界や課題が明らかとなるのだろうか。

（1）　法と秩序の変容

　第一に，国際的な刑事裁判所は，個人に対して直接に管轄権を行使する。刑事裁判所の規程は個人を直接に規律することから，主権国家のベールを突き破る効果を持つ（古谷 2008：11）。ICCに関しては，締約国の領域内で行われた国際的な犯罪行為について管轄権が行使されることから，犯罪行為者の国籍国がローマ規程の非締約国であったとしても，当該個人に管轄権が及びうる。

　第二に，国際的な刑事裁判所は，重大犯罪を裁くことを目的とする。つまり政治指導者の訴追と処罰をも可能とし，あらゆる地位にある者の行為を訴追し処罰する，不処罰の阻止を確認する。ICTYではミロシェヴィッチ（S. Milošević）（ユーゴスラヴィア連邦元大統領）やカラジッチ（R. Karadžić）（スルプスカ共和国元大統領）が，SCSLではテイラー（C. Taylor）（リベリア元大統領）が訴追され，ICCはバシール（O. H. A. Al-Bashir）（スーダン大統領）やカダフィ（M. M. A. M. Gaddafi）大佐（リビア最高指導者）など，現職の指導者を訴追してきた。さらに重大な犯罪行為については，国家免除の主張は認められず，いずれの者も法の下にあることが確認された。ICCは，事態の重大性の審査や事件の受理許容性に関し

て，犯罪行為者が重大な人物か否かという基準を採用しており，より高い地位にある重大な犯罪行為者を訴追する政策をとる。

さらに，ICCは補完性の原則に基づきながらも，付託された状況を積極的に受け入れる傾向にある。国家による自発的な付託について，ローマ規程の起草時には，この利用の可能性は最も低いと考えられていた(Schabas 2007：143-145)。しかし最初の3つの事例は，政府からの自己付託であった。2003年12月に，ウガンダ大統領は「神の抵抗軍(LRA)」に関する状況をICCに付託し，翌年3月には，コンゴ民主共和国(DRC)の大統領が同国での犯罪行為について付託した。また2005年1月には，中央アフリカ共和国が付託を行った。

ICCが事件を受理する際には，当該国家が捜査や訴追を真に行う意思や能力を持たないことについて判断する。国家の意思に関しては，刑事責任から被疑者を逃れさせるための手続きの実施の有無，被疑者を裁判に付する意図に反する手続上の不当な遅延の有無，手続の独立性，公平性などについてICCが検討する。また捜査や訴追を行う能力についての判定としては，国の司法制度が崩壊し欠如している事実，被疑者の確保，必要な証拠や証言の取得，その他の理由から手続きをとることの可能性について検討される(ローマ規程第17条)。つまり国家の能力の判断に関しては，まず国家の司法制度の崩壊あるいは欠如について，次に国家による被疑者の身柄の確保や証拠や証言の入手の可能性，その他の理由による手続きの実行可能性，という基準によってICCが判断を行う(Cassese *et al.* 2002：674-678)。

ICCは自らの管轄権を積極的に認める傾向にある。ウガンダによる自己付託は，ウガンダ政府がLRAの指導者の身柄を拘束できないことに基づいており，ウガンダの司法制度の崩壊や欠如を理由とするものではなかった(Jurdi 2010：85-86)。ICCは政府の能力に関して，同国政府が被疑者を確保できないことを理由として自らの受理許容性を認めたと考えられる。しかしウガンダに司法制度は存在しており，同国がICC規程に定められた状況であったのかという疑問も残る。

DRCは2004年3月に状況をICCに付託した。容疑者のカタンガ(G. Katanga)は，2005年3月に政府によって身柄が拘束されていたが，ICCは逮捕状を発行し，カタンガはICCに移送された。カタンガは国内で逮捕されており，DRC

の司法機関は崩壊も欠如もしていなかった。したがって，ICCによる逮捕状発行と訴追のプロセスは，厳密には，補完性の原則に基づいた措置とは言えない。またICCによる措置について，それがDRCの司法制度を強化する取り組みと捉えることは困難であろう。

　第三に，被害者への対応についてである。ICTYとICTRにおいては，被疑者と証人の保護に関しては一般的な規定にとどまり，また証人としての参加のみが認められていた。これに対してICCは，被害者の保護，公判手続きへの参加，賠償など，より具体的に規定する。まず被害者の安全や健康，損害，プライバシーを保護するために，ICCは適切な措置をとらなければならない。その場合には，性的暴力や子供に対する暴力などの要因を考慮しなければならない。被害者や証人を保護するために，公判手続きを非公開とすることもできる。裁判所の書記局には被害者証人室が設置され，公判での証言によって危険にさらされうる証人や被害者に対しては，保護や安全のための措置，カウンセリングが提供される。

　被害者はまた，自らの利益が影響を受ける場合には，裁判所の手続きに参加できる。その形態は，予審裁判部に対する陳述，意見や懸念の表明，審理手続への出席と発言，証人や被告人に対する審問などである。ただし被害者の参加は当事者としてではなく，ICCの許可に基づいた，被害者の法律上の代理人によってなされる。

　さらに，ICCは被害者に対する賠償も定める。ICTYやICTRは，犯罪行為者がその行為によって得た財産を正当な所有者に返還することを公判で命令できたが，賠償については各国の手続きに委ねられていた。これに対して，ICCは，有罪となった者に対して，被害者に対する賠償（原状回復，補償，リハビリテーションの提供など）を特定した命令を発することができる。ICCはまた，被害者と家族のために信託基金を設置した。信託基金に含まれる財産は，国家からの拠出金（28カ国が信託基金に拠出，2011年11月末現在），裁判所の命令による罰金または没収によって徴収された金銭などである。

　以上の通り，国際的な刑事裁判所の手続きや判例の確認と法の集積は，国際社会における刑事裁判所の法制度の確立につながると考えられる。

(2) 限界と課題

　国際的な刑事裁判所の設立と活動は、以上の通り、国際刑事司法の分野におけるグローバル・ガヴァナンス現象を示していると言える。国際的な刑事裁判所の公判を通じて、判例法が蓄積され、判例法の発展を促し、さらには国際的な刑事裁判所の新しい制度の確立をもたらすと評価される。同時に、この現象は国際社会において、刑事裁判所が機能するうえでの限界と課題をも提示した。

　第一は、法の断片化現象との関連である。法の断片化という問題関心は、国際社会に内在する事項として、1980年代から論じられている（Koskenniemi and Leino 2002：559-561）。さまざまな刑事裁判所から下される判断は、関連する規定について多様な解釈や判断を可能とすることにより、法の断片化という現象を生み出し、国際的な刑事司法や国際社会を無秩序に陥らせるとも論じられる。このように、さまざまな分野における国際法の制定、国家の実行、紛争解決の手段としての裁判所の設立と判断を通じて、国際法の多様な解釈が行われることにより国際法が無秩序になる状態が懸念される。その一方で、国際犯罪、人権、海洋法などの分野で国際的な裁判所が設立されたことは、むしろ国際的な法制度の統一を達成するとも論じられる（Rao 2004）。各裁判所における判断や手続きを通して国際社会が統一された法体系の確立に向かうのか、あるいは法の断片化が進むのかについては、国際社会の秩序化をどのように認識し確認するのか、また国際社会における司法手続きや判断をどのように評価するのか、その分析手法とも関連する議論となる。これについては国際的な刑事裁判所の制度および国際刑事司法に関する法体系、さらにはより一般的に国際法体系の課題として、今後の検討が求められる。

　第二に、国家主権との関係である。国際的な刑事裁判所の設立および活動は、安保理決議によるものにせよ条約によるものにせよ、国家の同意を前提とする。このことは、裁判所の機能について重要な意味を持つ。まず国家と裁判所との関係が犯罪行為者の訴追と密接にかかわる。上述の通り、政府によってなされたICCへの自己付託は、政府と対立する紛争当事者に関する状況についてであった。このような形での自己付託は紛争当事者の勢力を弱めるために政府がとる手段でもある。そうであればICCへの付託は、国の司法機能の強化に結びつくとは必ずしも言えないであろう。

また捜査，被疑者の逮捕，身柄の引き渡し，刑の執行において，ICCは加盟国との協力が必要不可欠である。国家の協力義務は，裁判所規程に定められているものの，国家からの実質的な協力は保証されない。ICTYの設立において既に指摘されているように，警察などの法執行機関を有しない国際的な裁判所は「手足のない巨人」である。国際的な刑事裁判所の捜査や逮捕において国家の協力が得られなければ，裁判所は機能不全に陥る。スーダンのように，安保理決議に基づいてICCに状況が付託された場合には，スーダン政府からの協力を得ることは難しく，現地での調査も被疑者の逮捕も実現の可能性は低い。
　ICCにおける補完性の原則は，国内の司法機関が機能できないことを前提とする。国家の統治機構の一部が機能しない状況において，国家の協力を得ることが実際に可能と言えるのか，ICCの活動の前提となる主権国家の内実についても問題とされよう。
　第三に，犠牲者への措置についてである。犠牲者への措置について定められたことは評価されるものの，その内容は国内の司法機能と比較して制限的であって，裁判所は犠牲者の期待に応える十分な措置や手段を有していない。国際的な司法機関の機能上の制約について，犠牲者が十分に理解しない場合には，裁判所に対する信頼性も失われる。たとえば，ECCCはポル・ポト政権下での犯罪行為について，犠牲者への補償を確定する権限を有していなかった。最初の事件において，ECCCは補償に関する犠牲者からの要望に対する判断を退けたところ，犠牲者からの批判を受けた。これは裁判所の機能と人々の過度な期待との違いによって生じたものであるが，そのギャップが大きければ大きいほど，裁判所に対する信頼性が損なわれる可能性も高い。

（3）　司法による正義の追及の限界

　国際的な刑事裁判所が処遇する犯罪行為は，紛争下で行われたものが多い。そうであれば訴追や処罰は，紛争（後）の情勢に影響を及ぼし，紛争（後）の情勢が裁判に影響しうる。ところで国際的な刑事裁判所は，犯罪行為者の訴追や処罰を行う機関として罪状の確定を行う。したがって，裁判所は，重大な犯罪行為が生じた政治的，社会的，経済的，文化的な背景について論じ，犯罪行為の根本原因を探る機関ではない。つまり犯罪行為の特定化と処罰は，過去に生

じた事件への対処であって、これが不処罰の防止や犯罪の再発の防止と結びつくのかについては、必ずしも証明されてはこなかった。さらに刑事裁判所は自らの判決についてその社会的、政治的な影響や意義を考慮する機関ではない。つまり逮捕状の発行、被疑者の身柄の拘束に至る政治的状況と訴追、さらには判決の現地社会への影響については、十分に検証がなされてこなかったのである。重大犯罪の行為者を訴追し処罰する刑事裁判所の機能上のガヴァナンスが、紛争が生じた社会において、状態としてのガヴァナンスをもたらすのかについては、改めて問われなければならないであろう。

　また、国際的な刑事裁判所における公判は、国際社会に共通する重大犯罪を確認することから、国際社会に共通の認識が確認されると考えられている。しかし国際的な刑事裁判所の判断について、個別の国家や社会においても同様に共通の理解がなされ、受け入れられるのかについては必ずしも明らかではない。特定の集団に属する指導者が訴追されたり、安保理の決定に基づいてICCに状況が付託されたりする場合には、国際的な刑事裁判所の機能や活動は独立性と中立性を有さず、政治的な手段であるという認識を与えかねないのである。

　以上の通り、国際的な刑事裁判所の機能や活動は、国際社会において個人を直接に訴追し処罰するガヴァナンス現象を表してきた。ただし刑事司法体制が既存の国際社会のあり方を前提とする状況においては、刑事裁判所の活動は主権国家との関係において制限を受けざるを得ない。刑事裁判所は、国家からの協力によってようやく機能する。また政府による自己付託は、反政府勢力に対する司法を通じての「合法的な」攻撃ともなり得るのであって、裁判所が国内の政治対立の道具として用いられることにもつながる。

　国際的な刑事裁判所の活動を通じてのガヴァナンスの現象が、機能または制度としてのガヴァナンスとして、国際社会に加えて現地社会においても認識されるようになるのか、またそのためには、今後どのような取り組みが必要となるのか、国際社会の課題として残されている。

【注】
1) 国際的な刑事裁判所として分類されるものとしては、レバノン特別裁判所（STL）と、コソヴォの裁判所がある。STLは、国連とレバノン政府との合意文書に基づいて設立さ

れる予定であったものの，国内政治の混乱により，合意文書が国内で承認されなかった。レバノン首相からの要請に基づき，安保理は合意文書の発効を決定した。STLは，レバノンの国内法に基づいて，ハリリ (R. B. E. D. Al-Hariri) 元首相の暗殺事件の責任者を裁くことを目的とした (二村 2009)。コソヴォについては，当初は独自の刑事裁判所の設立が想定されていた。しかし，アルバニア系住民が多数を占める状況で，独立かつ中立の裁判所を設立することは困難であったことから，既存の裁判制度に国際社会が選出した判事や検察官が赴任した。またコソヴォの刑事法が適用された。したがってSTLもコソヴォの裁判所も，本章の検討対象である国際的な刑事裁判所には該当しないと考えられる (Shraga 2004：34；Cerone and Baldwin 2004：41-44)。

〔参考文献〕

Cassese, Antonio *et al.* eds. (2002) *The Rome Statute of the International Criminal Court: A Commentary*, Oxford: Oxford University Press.

Cerone, John and Baldwin, Clive (2004) "Explaining and Evaluating the UNMIK Court System", in Romano, Cesare P. R. *et al.* eds., *Internationalized Criminal Courts and Tribunals: Sierra Leone, East Timor, Kosovo, and Cambodia*, Oxford: Oxford University Press.

Commission on Global Governance (1995) *Our Global Neighourhood: The Report of the Commission on Global Governance*, Oxford: Oxford University Press.

Jurdi, Nidal Nabli (2010) "The Prosecutorial Interpretation of the Complementarity Principle: Does It Really Contribute to Ending Impunity on the National Level?", *International Criminal Law Review*, Vol. 10, pp. 73-96.

Koskenniemi, Marti and Leino, Päivi (2002) "Fragmentation of International Law? Postmodern Anxieties", *Leiden Journal of International Law*, Vol. 15, pp. 553-579.

Leonard, Eric K. (2005) *The Onset of Global Governance: International Relations Theory and the International Criminal Court*, Aldershot: Ashgate.

Rao, Pemmaraju Sreenivasa (2004) "Multiple International Judicial Forums: A Reflection of the Growing Strength of International Law or Its Fragmentation?", *Michigan Journal of International Law*, Vol. 25, pp. 929-960.

Schabas, William A. (2007) *An Introduction to the International Criminal Court, Third Edition*, Cambridge: Cambridge University Press.

Shraga, Daphna (2004) "The Second Generation UN-Based Tribunals: A Diversity of Mixed Jurisdictions", in Romano, Cesare P. R., *et al.* eds., *Internationalized Criminal Courts and Tribunals: Sierra Leone, East Timor, Kosovo, and Cambodia*, Oxford: Oxford University Press.

The Prosecutor v. Duško Tadić, Decision on the Defence Motion for Interlocutory Appeal on Jurisdiction, Case No. IT-94-1, 2 October 1995.

エヴァルド，ウヴェ (2007)「グローバル・ガバナンス，国際刑事司法，そしてICTYの法実行から浮かび上がる被害者の態様」五十嵐元道・城山英明訳，城山英明ほか編『紛争現場からの平和構築　国際刑事司法の役割と課題』東信堂

河野勝 (2006)「ガヴァナンス概念再考」河野勝編『制度からガヴァナンスへ　社会科学における知の交差』東京大学出版会

二村まどか (2009)「国際刑事裁判の発展と安保理の働き——レバノン特別法廷の設立に関する一考察」国際安全保障37巻3号，103-120頁

古谷修一 (2008)「国際刑事裁判権の意義と問題——国際法秩序における革新性と連続性」村瀬信也・洪恵子共編『国際刑事裁判所　最も重大な国際犯罪を裁く』東信堂

御巫由美子 (2006)「「ガヴァナンス」についての一考察」河野勝編『制度からガヴァナンスへ　社会科学における知の交差』東京大学出版会

横田洋三 (2006)「グローバル・ガバナンスと今日の国際社会の課題」総合研究開発機構（NIRA）ほか編『グローバル・ガバナンス「新たな脅威」と国連・アメリカ』日本経済評論社

第21章

「人間の安全保障」の危機と「保護する責任」

清水奈名子

1 「保護する責任」が提起する構造的問題

　2011年3月，国連安全保障理事会（安保理）は内戦状態にあったリビアにおける文民の保護を目的として，安保理決議 (1973) によって加盟国に武力行使を授権した。この授権決議の前文には，「リビア住民を保護するリビア政府の責任 (the responsibility of the Libyan authorities to protect the Libyan population)」が明記されたことから，2005年の世界サミット成果文書（国連総会決議 (60/1)）に明記された「保護する責任 (responsibility to protect)」の実施例として評価する議論がみられる (Powell 2012：298)。その一方で，決議採択後に開始された北大西洋条約機構 (NATO) 軍による空爆は200日以上の長期にわたり，カダフィ政権の崩壊まで続けられたことから，武力行使の目的は人道という大義を装った政権転覆であったとする批判も行われてきた。なかでも，安保理常任理事国であるロシアと中国は，リビアへの介入の事例が「保護する責任」の先例となることを憂慮して，政府軍による大規模な人権侵害が続くシリアに対する強制措置には拒否権の行使を繰り返しており，国連による有効な対応はとられていない。その結果，2013年4月の時点で9万人を超えると報告された犠牲者数は，その後も増え続けている (Price et al. 2013：1)。

　これら2つの事例だけをみても，「保護する責任」は国連加盟国からの一致した支持を得るには至っておらず，また一貫して実施されているわけではないという現状が浮かび上がってくる。ジェノサイドや人道に対する罪の犠牲となっている人々を保護する必要性までは同意が得られるものの，いかなる基準

のもとに誰が，誰を，どの制度や手段を用いて保護するのかという，その実施にかかわる論点をめぐって各国の意見は収斂していない。

　本章は，「保護する責任」の実施を困難にしている要因を検討するために，なぜ同概念の評価が分かれているのかについて考察を行う。「保護する責任」に注目する理由は，この概念が掲げる国際社会 (international community) による人道危機下の犠牲者の救済という目的が，21世紀のグローバル・ガヴァナンスにとって主要な政策目標となっているだけでなく，国際社会の共通規範として提唱されている点にある。すなわち，「保護する責任」は単なる政策論として議論されているのではなく，普遍的な受容と遵守を求める規範的な要請として唱えられてきたのである。それはグローバル・ガヴァナンスの担い手として，21世紀の国連がどのような価値を内包する規範に基づいて，誰のためにいかなる機能を果たすのか，という問いに深くかかわる問題である。特に2005年の成果文書採択以降，安保理が国際社会を代表してこの責任を果たすのか否かに注目が集まってきた。しかし，現時点の安保理の実行から判断すれば，「保護する責任」が求める犠牲者の救済機能を実効的に果たせていないと言わざるを得ない。

　さらに，「保護する責任」に対する各国の警戒感を示す事例としては，同概念と「人間の安全保障 (human security)」の相違を強調する近年の国連総会における議論がある。「保護する責任」と同様に，国家ではなく人間の安全に注目した概念として，1994年に国連開発計画 (UNDP) がその詳細を示した同概念は，「恐怖からの自由」と「欠乏からの自由」を核とし，今後の国連活動の方向性を打ち出すものとして注目を集めてきた。にもかかわらず，「保護する責任」との相違が強調される背景には，いかなる要因が働いているのであろうか。

　これらの問いを突き詰めて考察していくと，国連をはじめとする国際機構，ならびにその活動の原則や法的根拠を提供する国際法が抱える構造的な問題に直面することになる。すなわち「保護する責任」が抱えるより根源的な問題とは，「保護する責任」を遂行する意思や能力のない国家は，主権平等や不干渉原則を乗り越えてでも強制的な制裁の対象となりうるとする，「保護する側」と「される側」の間の権力性と暴力性にかかわる問題である。一見，理想主義的に聞こえる「保護する責任」言説に内在する権力性は，5大国が特権的地位

を占める安保理という制度によって具現されており，強者の支配の道具として国際機構や国際法が用いられるという，グローバルな秩序の権力性と暴力性に由来する問題を象徴しているのである。

　主権国家間の外交の道具として国際機構や国際的な規範が利用される限り，この問題は克服しがたいアポリアのままであり，被害者の救済は各国の国益実現との関係において常に従属的な要素であり続けるのであろうか。本章では「保護する責任」への批判的な議論の検証を通して，グローバルな秩序に内在する構造的な問題についての考察を試みたい。

2　「保護する責任」の国連体制における位置づけ

（1）　「人間の安全保障」と「保護する責任」——相違の強調

　21世紀のグローバル・ガヴァナンスの担い手として，国連が今後の活動の中心的な分野を「開発」，「平和と集団安全保障」，そして「人権と法の支配」の3つに定めたのが，前述した2005年の世界サミット成果文書である。この文書において，「人間の安全保障」（第143段落）と「保護する責任」（第138から140段落）の双方が取り上げられ，以降それらの定義や実施方法をめぐって国連内外での議論が続けられてきた。

　2012年10月には，「人間の安全保障」の定義について継続的に議論してきた国連総会が，同概念を整理する決議（66/290）を採択した。そこで注目されるのは，決議第3段落のなかで「保護する責任」との相違が以下のように強調された点である。

　(d) 人間の安全保障という考え方は，保護する責任とその実施とは区別される。
　(e) 人間の安全保障には，武力による威嚇または武力行使，もしくは強制的な手段は含まれない。人間の安全保障は，国家安全保障を代替するものではない。

　このように両者を明確に区別しようとする見解は，決議の内容を審議した同年6月4日の総会での議論のなかでも，エジプト，キューバ，ロシア，インド，ブラジル，マレーシア，パキスタン，シリアなど，多くの加盟国代表が表明していた。また同決議の採択のために中心的に働きかけていた日本政府代表も，

両者の相違を強調した発言を行っている（A/66/PV.112 2012：6, 7, 9, 12, 15, 16, 18-20）。この両者の区別を強調する認識は，決議に先行して2012年4月に提出された「人間の安全保障」に関する事務総長報告書のなかでも，明確に示されていた。一方で「保護する責任」はジェノサイドをはじめとする限定された事態にのみかかわる概念であるのに対して，「人間の安全保障」は人々が直面する多次元の脅威にかかわる概念であり，武力の行使といった手段は予定されておらず，両者は区別されるというのである（A/66/763 2012：4, 6, 8）。

実際に決議の第3段落(c)では，「人間の安全保障」は平和，開発，人権という国連活動の中心に置かれた3分野の連関に注目しつつ，人々の生存や生活，尊厳にとって脅威となる，より広範で分野横断的な問題にかかわる概念として定義されている。この概念を打ち出したのがUNDPという国連の開発機関であり，「恐怖からの自由」に加えて「欠乏からの自由」をも重視していたことを想起するならば，「人間の安全保障」が開発分野も含めたより広義の概念であると定義されることは，当然の成り行きであろう（長 2012：88-92）。

むしろ注目されるのは，「恐怖からの自由」と密接に関連するはずの「保護する責任」との区別をわざわざ強調し，武力行使などの強制的な措置を除外することを明示した点である。こうした総会決議の文言の並べ方からは，「保護する責任」が，リビアの事例のような強制的な軍事介入のみを意味しているとの印象を受ける。現に上述した審議の過程では，少なからぬ加盟国が「保護する責任」を強制的な軍事介入と同義に扱っていた。しかしながら，「保護する責任」概念が登場した背景と，その後国連体制に取り入れられた経緯を概観すれば，このような狭義の解釈は必ずしも精確ではないことがわかる。

（2）「保護する責任」の補完的性質と幅広い対処方法

「保護する責任」が2001年に「介入と国家主権に関する国際委員会（ICISS）」によって提唱される直接のきっかけとなった事件が，1999年のNATO軍によるコソヴォ空爆であったことはよく知られている。コソヴォにおいてアルバニア系住民への組織的な攻撃が続くなか，安保理常任理事国間で一致した対応を取ることができなかった事態を受けて，NATO軍は安保理決議による武力行使の授権を受けることなく空爆を実施した。人道的な目的のための軍事介入と

主張されたものの，それは国連憲章第2条4項で禁止している個別国家による武力行使に該当するがゆえに，その法的評価をめぐって議論を巻き起こした事例である (The Independent International Commission in Kosovo 2000 : 163-198)。

「人道的介入」として引き合いに出されることの多いこの空爆が突きつけた難問は，現代の国際法体系の中心的な規範間の緊張関係であった。すなわち，第二次世界大戦以降の国際人権法，国際人道法，さらには冷戦後の国際刑事法の急速な発展が示す，人権侵害や違法な攻撃からの人々の保護という原則と，国連憲章の基本原則として維持されてきた各国の主権平等と武力行使禁止原則との間に対立が見られる場合に，それらはどのように解消されるべきかという問題である (最上 2001 : 121-124)。一方で，基本的な人権の保障が現代の平和の不可欠な基盤を形成していることは，多くの国連文書によって繰り返し確認されてきた。しかし他方で，欧米列強による軍事力を背景とした植民地支配を経験した南側諸国にとって，主権平等を根拠とする不干渉原則や武力行使禁止原則の遵守こそが，その住民を北側諸国による搾取と隷属から解放するために不可欠な要請であり続けてきたのである (Luck 2011 : 20, 21)。

ICISS報告書にも明記されていたように，「保護する責任」はこれらの法規範の対立構造を解消する目的で提案されていた。「人道的介入」から「保護する責任」へと概念が置換されることで，外部主体が他国の国家主権を一方的に乗り越えて介入するための概念ではなく，領域内の住民を保護する責任が第一義的には国家にあることを確認している点がその特徴とされている。こうして「責任としての主権」概念を明確化することで，当該国家がその責任を遂行する意思や能力のない場合にのみ，外部主体による責任の遂行を認めるという，ある種の補完性の原則を導入したのである (ICISS 2001 : 13, 16-18)。さらに，人道危機が発生してから遂行する「対応する責任」のみでなく，「予防する責任」と「再建する責任」をもその主要な構成要素としていた点で，武力行使に限定しない幅広い方法による対処を目指していた。

（3） 国連安全保障体制への取り込み

しかしICISSによって提案されたこの「保護する責任」もまた，人道的介入がさらされてきた批判を回避することはできなかった。なぜなら同報告書で

は，国家が責任を遂行しない場合に，国連や地域機構に加えて，個別国家による介入の可能性を完全には否定しない立場を示していたためである（ICISS 2001：54, 55）。それは，コソヴォ空爆の際にも安保理事国が一致した行動をとることができなかったことへの，同委員会による現実的な回答であったと解釈できるだろう。しかし，現代の国際法体系の根幹にある主権平等と武力行使禁止原則の乗り越えを容認しうる点において，「やはり『保護する責任』とは人道的介入の言い換えに過ぎないのではないか」との懐疑的な見方を払拭することができなかったのである（Evans 2008：56-59）。

　折しも，ICISS報告書が提出された2001年には米国同時多発テロ事件が発生し，同年10月からのアフガニスタン侵攻，さらに2003年3月からのイラク侵攻など，欧米諸国による単独主義的な武力行使が続くことになった。欧米諸国による介入主義への批判を裏付けるような武力行使が現実のものとなるなか，「保護する責任」もまたこれらの大国による一方的な武力行使の根拠とされるのではないか，という疑念を招くことになったのである。特にその違法性が多くの論者によって指摘されていたイラク戦争の法的正当化事由として示された，「フセイン体制による人権侵害からイラク国民を救済する」との主張は，「保護する責任」論への懐疑論を裏打ちすることになった（最上 2004：99-103）。「人道を口実とした大国による軍事介入」という現在に至るまで継続している批判は，こうして「保護する責任」の登場とともに始まっていたのであるが，それは単なる憶測に基づくものではなく，現実の世界における主権平等原則ならびに武力行使禁止原則の相次ぐ違反行為を受けた結果であった。

　これらの批判を受けて，個別国家による武力行使の可能性に道を開く内容をそぎ落とし，国連憲章体制との整合性を図った形で再定式化されたのが，2005年のサミット成果文書にある「保護する責任」である。そこではまず「保護する責任」が発生する事態はジェノサイド，戦争犯罪，民族浄化，人道に対する罪の4つに限定されることになった。またICISSの提案を取り入れて，住民をこれらの違法行為から保護する第一義的な責任を負うのは国家であることを確認したうえで，その国家が責任を遂行しない限りにおいて国際社会が当該国家を「支援する（help）」ことも明記された。さらにその実施には，国連憲章第6章の平和的手段を含む幅広い方法が想定され，また強制的な措置の場合であっ

てもICISS報告書とは異なり，安保理決議を根拠とする措置の範囲内にとどめることが確認されたのである（総会決議 (60/1) 第138, 139段落）。

以上のような経過をたどって国連安全保障体制に取り込まれた「保護する責任」は，当初抱えていた問題を，少なくとも法的には解消したようにみえる。すなわち，もし強制的な手段を選択する必要が発生した場合であっても，国連憲章第7章の下での安保理による強制措置として実施されるのであれば，不干渉原則ならびに武力行使禁止原則のいずれにも抵触することはなくなるからである。[1] こうして国際社会による「保護する責任」の実施は，安保理に委ねられることになった。しかし実際には，「人間の安全保障」と「保護する責任」を区別する議論にみられるように，現在に至るまで加盟国による「保護する責任」への批判的な見解が続いている。この批判が再び強まるきっかけとなったのが，2011年のリビア空爆であった。

3　グローバルな秩序の権力性と暴力性——方法と主体をめぐる問題

(1) 安保理によるリビア空爆と「保護する責任」への批判

先に見た2012年の「人間の安全保障」の定義をめぐる総会の議論において，「保護する責任」との区別を強調していた国々は，2011年の安保理によるリビア空爆の決定とその実施に批判的であった点で共通している。批判の要点は，介入の対象国の同意を得ずに実施される「強制性」，空爆作戦の避けがたい結果としてリビア住民の「付随的被害」が発生することに由来する手段の「暴力性」(Human Rights Watch 2012 : 27-55)，武力行使授権に際してその期間や手段に制限が付されなかった「非限定性」の3点である。安保理において武力行使授権決議が一旦は採択されたものの，空爆作戦の期間や規模は多くの加盟国の予想をはるかに超えたものとなり，結果として各国からの批判を集めることになった（清水 2012 : 68-71）。

これらの「保護する責任」が抱える「強制性」「暴力性」「非限定性」への批判を集約したのが，武力行使授権決議の採決時には棄権票を投じた安保理非常任理事国であるブラジルによって，2011年9月の国連総会において示された「保護に際する責任 (responsibility while protecting)」という新しい概念である

(A/66/551-S/2011/701 (2011)：2-4)。それは，「保護する責任」の全面的な否定を意図するものではなく，その実施方法にかかわる問題を低減させようとする改良主義的な提案であると解釈できるだろう。たとえば「強制性」の問題に関しては，介入がむしろ紛争の悪化やテロの拡散を招き，新たな暴力の応酬を生んで文民をさらに脆弱な立場に追い込む可能性があること（第9段落），政権転覆などの別の目的のために濫用される恐れがあること（第10段落），予防や平和的解決手段が優先されるべきこと（第11段落 [a][b]）などが指摘されている。また「暴力性」に関しては，その措置が防ごうとしている事態以上の危害を加えることのないよう，またその措置の結果発生する暴力や不安定化は最小限とするよう求められている（第11段落 [e]）。さらに「非限定性」に関しても，武力行使の授権は法的にも，作戦面や時間的にも制限され，安保理によって設定される任務の文言と精神に制約されること，さらに国際人道法や武力紛争法をはじめとする国際法規範に厳格にのっとって行われること（第11段落 [d]），これらの制限は決議の採択からその活動の終了まで守られるべきこと（第11段落 [g]），さらにこの「保護に際する責任」が果されることを監視するための安保理の手続の制定が求められているのである（第11段落 [h]）。

　この「保護に際する責任」概念は，組織的な人権侵害から人々を保護するという「保護する責任」の目的は容認されうるとしても，その実施方法に関してはいまだに多くの課題が残っていることを示している。そしてこの方法をめぐる問題は，「保護する責任」を国際社会の名の下に安保理が実施することに正当性があるのか，という実施主体をめぐる問題にもつながっていく。

（2）　安保理による実施と遵法的正当性をめぐる問題

　現代の国際法体系のなかで，合法的に国家主権を乗り越えて内政に介入し，武力行使を行う，もしくは授権することができる主体は，前述したように安保理のみである。しかしその安保理は，第二次世界大戦終結時に戦勝国であった大国が主導権を握る政治的機関でもあるため，その「保護する責任」の実施に関しては，選択性や二重基準の問題が指摘されてきた。特に「保護する責任」が，国際人権法や人道法の履行確保を目指す普遍的な規範として主張されてきたことから，安保理は単に政治的機関として個々の事態に限った個別的判断を

下すのではなく，対象となる加盟国による違反行為を非難し，関連する法規範の遵守を求めることになる。そうである以上，安保理自身の活動もまた，遵法主義的な正当性を求められる点が，この「保護する責任」の特徴である。「保護する責任」が普遍的な責任として提唱されるがゆえに，常任理事国をはじめ介入する側の国々にも，自己拘束的にその責任の遂行が求められることになるのである。すなわち，「保護する責任」が単なる政策論として主張されるのであれば，個別事例ごとに使い分ける選択性を前提とした政治的な政策実施手段の1つとみなすこともできよう。しかし国連総会決議への取り込みを進め，普遍的な規範としての設定を目指す以上，一貫性のある実施を求める規範的要請へと変化する結果，実際には大国の国益に従属して選択的に実施されるという政治的現実と「保護する責任」の間にみられる齟齬が，際立つことになる。

　現実の国際関係における「保護する責任」の実施の非一貫性は，中東地域だけに目を向けても多くの事例が指摘されてきた。たとえばリビアへの武力行使授権決議が採択された2011年の3月に，湾岸地域にある小国バーレーンで起きた反政府運動への弾圧事件とこの事態への不介入である。バーレーン政府がサウジアラビアをはじめとする湾岸協力会議の加盟国に軍隊の派遣を要請したことを受けて，関係諸国は1,000名規模の軍隊を派遣，反政府運動の弾圧を続けるバーレーン政府を支援した。人権NGOによれば，その後大規模な恣意的な逮捕，拘束中の拷問や虐待による死亡などの深刻な人権侵害が起きていることが報告されている (Amnesty International 2011：4-7)。ところが，この事態に関与したバーレーン，サウジアラビア，カタール，アラブ首長国連邦は，いずれも欧米諸国の同盟国であるが，この軍事的な弾圧や介入は国連において非難されることはなかった。さらに常任理事国である米国は，リビアへの武力行使授権に賛成した1カ月前にあたる2011年2月18日には，イスラエルの入植活動の停止を求める安保理決議案に，他の14の理事国の賛成票に反して単独で拒否権を行使している (S/2011/24：18 February 2011)。これらの事例は，常任理事国を中心とする理事国の政治的利益が，「保護する責任」の公正で一貫した実施を阻害しているという「選択性」の問題を，如実に示していると言えるだろう (Mahdavi 2012：263-267)。

　こうした一貫性を欠く実施状況に加えて，さらに深刻な問題を提起している

のが，安保理常任理事国自身による国際人権法や人道法の違反行為である。米国だけをみても，米国同時多発テロ事件以降の，アブグレイブやグアンタナモの収容所で多くの拷問が実施されたことが明らかになっている (Strasser 2004：1-14)。ロシアも欧州人権裁判所において違法判決を受ける件数が多く，特にチェチェン紛争関連では重大な人権侵害が認定されてきた (Lapitskaya 2011：485-490)。さらに英仏を除く米国，ロシア，中国はいずれも現在に至るまで国際刑事裁判所 (ICC) 規程の当事国となっていない。こうした安保理常任理事国自身による深刻な人権侵害の違反行為やICCへの不参加は，「保護する責任」の実施の「二重基準」批判の根拠を提供しているのである。

このような安保理事国の政治的利益に由来する「選択性」や「二重基準」は，「保護する責任」がいまだに国連加盟国の広範な支持を得ることのできない要因として働いていると考えられよう。国際的な法規範の定立や国際機構によるその実施は，あくまでも「強者」である大国の国益実現のための手段に過ぎず，「保護する責任」もまた「強者」に都合の良い規範を強制する流れのなかで理解されるべきだ，という批判的な評価につながっていくからである。

4 「人間の安全保障」が照らし出す主権国家体制の限界

「保護する責任」論への支持が今日に至るまでまとまらず，懐疑的な議論が続いている要因として，国際法や国際機構が大国によってその国益追求のために手段化されているとの認識があることは既にみた。実際に，特定の価値が規範として普遍的な受容を目指す過程は常に政治的であり，討議や説得によって規範としての地位が時には認められ，また時代の変化に伴って規範の内容も変わりうることは多くの論者が指摘している (Orford 2012：264-267)。

なぜ各国による国益追求と「保護する責任」の実施との間に対立が生じるのかと言えば，それは「保護する責任」が領域や帰属を問わない普遍的な価値の実現を目指している一方で，主権国家体制下の各国はその領域内の問題への対処を最優先課題にするという，普遍性と領域性の間の乖離が存在するためである。そこでは，国境線によってモザイク状に分断された世界において，遠く離れた場所で発生するジェノサイドや人道に対する罪の犠牲者のために，誰が何

をどこまで引き受けるのか，という，主権国家体制の分断的な構造に由来する課題が浮かび上がってくる。国境線を越えて避難する難民に対する障壁が高くなっているように，通常主権国家は，他国の住民を積極的に保護する動機づけに乏しい（阿部 2010：184-187）。普遍的な価値の実現と国益の追求は，非連続的であることが多いのである。主権国家体制の下で，国境を越えた人間間の平等を実現し，1人ひとりの人間の安全を保障することがいかに困難であるかを，「保護する責任」は示していると言えよう。

　他方で，冷戦後の世界では自由主義的な価値を指標とした統治基準が欧米諸国によって設定され，その基準を満たさない国家は外部主体による介入を受けることもやむを得ないとする，国家間の階層化現象がみられることもまた事実である（山田 2010：20-22）。こうした視点からは，人道的介入や「保護する責任」論もまた，介入する意思と能力，そして資格を備えた国々を中心とする国際社会による権力行使の一形態として認識されるがゆえに，国連もこうした権力行使主体として批判される立場に置かれることになる。介入の手段は多岐にわたるが，リビア空爆によって軍事的介入が「保護する責任」を代表する手段であるとの印象を強めた結果，介入する側とされる側の間の権力性や暴力性が際立ち，「保護する責任」への批判が増しているのが現状である。

　実際に，住民の保護の方法の合法性，均衡性，最終手段性，今後の事例への影響など，14年前のコソヴォ空爆が積み残した課題の多くは未解決のままである。またリビアの事例は安保理による武力行使の授権を得たものの，政権転覆に至るまで続けられた空爆作戦が批判を集めることとなり，その後のシリアの事態の解決を困難にしている。リビア空爆に伴う問題を克服するために，新たに「保護に際する責任」概念が提案されてはいるが，いかに客観的で精緻な「介入の基準」を準備しようとも，加盟国の意思と能力にその実施体制が依存している現在，公正で一貫性のある実施を阻む障壁は相変わらず多く残されている。

　「最終的には加盟国の意思と能力にかかっている」という，人道的介入の議論から続く同じ制約に，「保護する責任」も直面せざるを得ない理由は，分断的な主権国家体制という，グローバルな秩序構造が抱える限界にある。そしてこの分断的な秩序の権力性と暴力性を浮び上がらせる「保護する責任」は，やはり「人間の安全保障」とは区別されるべき概念なのであろうか。

国連が歩んできた70年近くの歩みを振り返るならば，国家中心的な主権国家体制の限界を乗り越えるための足がかりは，むしろ「人間の安全保障」と「保護する責任」の区別にではなく，それらの接近のなかに見出されるように思われる。冷戦中の安保理において，人間の次元の安全が議論される，もしくは紛争の犠牲となる女性や子供の声に耳が傾けられることは，ほとんどなかった。それらの「声なき声」を拾い上げていく契機となったのは，「国家の安全」に限定されない「人々の安全」を目指す新しい理論と法規範の蓄積であり，それらを活用する多くの主体の働きかけであった（清水 2011：82-117）。その成果の一部が，「人間の安全保障」や「保護する責任」といった，国家の安全保障のみに議論を限定せず，予防的かつ平和的手段を含む多様な方法をもって人々の安全を保障しようとする認識枠組みだったのである。「保護する責任」が照射したグローバルな秩序の権力性と暴力性を，人間性の尊重という視覚から批判しつつ，実際に救済を必要としている人々に必要な政策とは何であり，誰がいかなる基準で実施するのかを問い続けていくためにも，包括的な概念である「人間の安全保障」の一部を構成しうる「保護する責任」の再構築が求められている。

　武力行使が被害者を保護する最も効果的な手段ではない以上，むしろ「予防する責任」を中心とした平時からの長期的な対策こそが必要であろう。こうした観点から，人々の安全を保障するための規範と構造を備えた21世紀のグローバル・ガヴァナンスを批判的に構想し，実現することが，「保護する責任」の実施に際して困難を抱える国際社会に要求されている課題なのである。

【注】
1）　国連憲章2条7項は，国連が加盟国の国内管轄事項に干渉することを禁止しているが，その例外として第7章に基づく安保理の強制措置を認めている。

〔参考文献〕
A/66/551-S/2011/701: 11 November 2011, Letter dated 9 November 2011 from the Permanent Representative of Brazil to the United Nations addressed to the Secretary-General.
A/66/763（2012）Report of the Secretary-General, *Follow-up to General Assembly resolution 64/291 on human security,* April 5.
A/66/PV.112（2012）General Assembly 66th Session, 112th Plenary Meeting, June 4.
Amnesty International（2011）Briefing Paper, Bahrain: A Human Rights Crisis, April 21.

Evans, Gareth (2008) *The Responsibility to Protect: Ending Mass Atrocity Crimes Once and For All*, Washington, D. C.: Brookings Institution Press.

Human Rights Watch (2012) *Unacknowledged Deaths: Civilian Casualties in NATO's Air Campaign in Libya*.

International Commission on Intervention and State Sovereignty (ICISS) (2001) *The Responsibility to Protect: Report of the International Commission on Intervention and State Sovereignty*, Ottawa: International Development Research Centre.

Lapitskaya, Julia (2011) "ECHR, Russia and Chechnya: Two is not Company and Three is Definitely a Crowd", *International Law and Politics*, vol. 43, pp. 479-547.

Luck, Edward C. (2011) "Sovereignty, Choice and the Responsibility to Protect", in Bellamy, Alex J. ed., *The Responsibility to Protect and International Law*, Leiden/ Boston: Martinus Nijhoff.

Mahdavi, Mojtaba (2012) "R2P in the Middle East and North Africa", in Knight, W. Andy and Egerton, Frazer eds., *The Routledge Handbook of the Responsibility to Protect*, London and New York: Routledge.

Orford, Anne (2012) "Lawful Authority and the Responsibility to Protect," in Falk, Richard ed., *Legality and Legitimacy in Global Affairs*, Oxford and New York: Oxford University Press.

Powell, Catherine (2012) "Libya: A Multilateral Constitutional Moment?", *American Journal of International Law*, vol. 106, pp. 298-321.

Price, Megan *et al.* (2013) *Updated Statistical Analysis of Documentation of Killings in the Syrian Arab Republic*, Commissioned by OHCHR, Human Rights Data Analysis Group, June 13.

S/2011/24: 18 February 2011.

Strasser, Steven, ed. (2004) *The Abu Ghraib Investigations: The Official Reports of the Independent Panel and Pentagon on the Shocking Prisoner Abuses in Iraq*, New York: Public Affairs.

The Independent International Commission in Kosovo (2000) *Kosovo Report: Conflict, International Response, Lesson Learned*, Oxford/ New York: Oxford University Press.

阿部浩己 (2010)『国際法の暴力を超えて』岩波書店

長有紀枝 (2012)『入門　人間の安全保障──恐怖と欠乏からの自由を求めて』中央公論新社

清水奈名子 (2011)『国連安全保障体制と文民の保護──多主体間主義による規範的秩序の模索』日本経済評論社

清水奈名子 (2012)「国連安保理による重大且つ組織的な人権侵害への対応と保護する責任──冷戦後の実行とリビア，シリアの事例を中心として」法律時報84巻9号，66-71頁

最上敏樹 (2001)『人道的介入──正義の武力行使はあるか』岩波書店

最上敏樹 (2004)「多国間主義と法の支配──武力不行使規範の定位に関する一考察」世界法年報23号，93-123頁

山田哲也 (2010)『国連が創る秩序』東京大学出版会

終 章

グローバル・ガヴァナンスへの視座

首藤もと子

　本書は，4部に分けてグローバル・ガヴァナンスを考える枠組みと主要な論点を提示してきた。周知の通り，冷戦の終焉後，市場のグローバル化が進展しており，情報通信の技術革新も急速に進んでいる。1990年代以降の新興諸国，特にアジア地域における顕著な経済成長は，市場のグローバル化によるところが大きく，2030年までに世界中で約49億人（Pezzini 2012：64）に達すると推測される膨大な中間層もまた，基本的にグローバル化の受益層である。グローバル化がこのように急速に進展するにつれて，国境を越えた価値やルールの共有が必要となり，本書で取り上げたように，市場の自由化や地球環境に関する諸問題，国際刑事裁判や平和構築等の問題領域において新たな制度が設計され，人権をめぐるさまざまなレジーム形成にも進展がみられる。

　一方，市場のグローバル化が進展する反面，その恩恵に浴さない社会階層や途上国との格差拡大を批判するグローバル化批判もまた，グローバルに展開している。確かに，グローバル化する市場は，それがもたらす格差を自ら是正することはない。むしろ，中長期的に成長が見込まれる地域とそうでない地域との地域間格差や国内格差の拡大は，グローバルな社会問題となる可能性が高い。しかし，反グローバル主義を唱えるだけでは，現在の国際社会が直面する問題の改善には有用性が乏しい。むしろ，国際社会が直面する大きな問題の本質を把握し，批判を超えた代替策や将来構想を考えることが有益であろう。

1　直面する危機

　そこで，今なぜグローバル・ガヴァナンスを議論し，その実現を追求するこ

とが急務なのかという本書の出発点に立ち返り，本書の論点を再確認することで，終章としたい。まず確認しておくべきことは，1980年代末からグローバル・ガヴァナンスが提唱され，1990年代以降それが広範に追求されるようになったのは，グローバル化自体が原因というより，21世紀半ばまでの中長期的な展望でみると，国際社会全体が深刻な危機に向かっていると判断されるからである。しかも，グローバル化がその傾向をさらに加速させ，誰もそれを止めようがないという時代に，われわれは生きている。そこで，国際社会が直面する危機的な問題としては，主に次のような問題が挙げられる。

第一に，世界人口の急増であり，それがもたらす国際的な人口動態の変化である。1990年に53億人であった世界人口は，2011年には69億人となり，2030年には83億人に達して，その後も一層の増加が続くと推測される（National Intelligence Council 2012 : 21）。そのうち，途上国の人口は，先進国の7倍以上の増加率で増え続け，2030年までに世界人口の85%を占めるとみられる。一方，先進国の人口は少子高齢化の傾向を強め，先進国の60歳以上の人口は，2030年までに29%になると予想される。

このように先進国社会で急速な少子高齢化が続いて労働力が不足する反面，途上国では急速な人口増加が続き，よりよい雇用を求めてグローバルな規模で越境労働移動が加速してきたことは，周知の現象である。しかも，この現象は今後さらに加速するとみられる。こうした人口動態の長期的な変動と人の越境移動の増加は，人が出ていく側も受け入れる側でも，地方レヴェルで新たな対策が必要となるだけでなく，国政レヴェルの経済的，社会的政策が必要となり，さらに人の移動にかかわる地域的な取り決めの実施が必要となる。

第二に，市場のグローバル化が加速するなかで，途上国のいくつかのグループが急速な経済成長を続けてきたことに伴う国際体系の構造変化がある。特に，BRICS (Brazil, Russia, India, China and South Africa) は世界人口の約4割，世界経済の2割を占め，そのうち中国は他の4カ国の経済規模に匹敵する。中国が今後20年間に年8%前後で経済成長を続けると，そのGDPは2026年頃にアメリカを抜いて世界第1位になると推測されている。そして，中国が軍事費を増加し続ければ，いずれ軍事力の国際構造も大きく変化するのは必至である。このように経済的，軍事的に台頭する新興諸国が，さまざまな国際機構の意思

決定中枢に活発に参加しようとするのは不可避である。それは第二次世界大戦以後に欧米諸国の主導で設立され運営されてきた国際機構が、大きな転換期を迎えているということに他ならない。

さらに、たとえば2013年3月にBRICSの第5回首脳会議がBRICS開発銀行の設立について合意したが、これはむしろ従来の国際開発レジームの枠外で、自らの開発援助レジームを構築しようとする行動である。第二次世界大戦後の開発援助は世界銀行を中心とする先進諸国が主導してきたが、今は古参の先進国とBRICSに代表される新興国との間で対外援助競争が顕在化している。経済協力開発機構（OECD）加盟国の開発支援に対して、かつては環境破壊や汚職増長等の批判もあったが、冷戦後、日本を含めOECD諸国は、そうした批判にも対応しながら、援助政策を多様化し援助行政も多面化した。それと同時に、民間資本導入を促進してきた。アジア開発銀行は、市場グローバル化が進むなかで途上国の発展のためには「包括的な成長」の重要性を強調して、貧富の格差是正を重視している。一方、BRICSはこうした先進国主導のレジームに対抗する点では姿勢が一致しているが、たとえば地球温暖化政策など個別の政策では、各国独自の路線をとっており、相互の協調的な姿勢は乏しい。そのため、グローバル・ガヴァナンスの運営において、BRICSはこれまで構築されてきた国際規範やルールを尊重し、その枠組み内で国際的責任を担う意思があるのかどうかが、今後一層問われることになろう。

第三に、こうした旺盛な欲望と購買力を持つ中間層が急増する一方で、地球規模で供給可能な水資源や食糧には限界がある。年間の水需要は2030年までの20年間で53％増加する見込みであるが、世界の約半数の人口は慢性的な水不足の状況に置かれると言われる。そうなれば、水資源の管理をめぐる対立が深刻化し、恒常化する恐れがある。現にメコン川等の国際河川流域では、水資源管理の地域協力がないまま、深刻な被害を受けている地方があり、水資源管理に関する隣接諸国との情報共有や国内的ガヴァナンスの欠如は、沿岸地域に人為的な災害をもたらしている。一方、エネルギー需要も2030年までの20年間で1.5倍に増える見込みである。そのため、国際的なレヴェルで、新しい資源開発や省エネの技術革新を伴わなければ、今後急増するエネルギー需要に対応し続けていくことは容易ではない。

第四に，上記の２つの点と関連するが，国際社会にとって長期的に深刻な危機は地球温暖化であり，それに伴う環境問題である。2030年までの20年間で地球の平均温度は１～1.5度上昇し，海面上昇による土地水没，自然災害の規模が大型になり，生物の絶滅が加速することが危惧されている。毎日私たちが目にする情報は，通貨の不安定や財政危機の問題，核開発疑惑や領有権にかかわる問題等，その時々の展開が中心であり，世界は今，目の前にある危機への対応で手一杯であるかのようである。しかし，長期的にみて，国際社会が直面する深刻な危機は，地球温暖化に伴うさまざまな環境悪化の問題である。私たちは，これまでのような方法で成長政策を追求し続けていくことが，地球環境の持続性に深刻な危機をもたらすことを認識せねばならないだろう。

　第五に，冷戦後の世界で，核の脅威はむしろ拡散している。オバマ（B. H. Obama）大統領は2009年のプラハ演説で「核兵器なき世界」を提唱して世界から称賛を得たが，米ロの核弾頭削減交渉は進まず，インド，パキスタン，中国は核兵器を増やした。さらに，北朝鮮も事実上の核保有国となった。こうした核兵器の拡散に伴い，核流出やテロ攻撃の危険性も，むしろ冷戦時より強まった。また，核管理を誤作動させる意図を持つサイバー攻撃も現実にありうる時代となった。その一方，国家安全保障のために核兵器の保有を正当化する世論は，今も根強く残っている。

　こうした問題は，いずれも部分的な対症療法では間に合わない規模のグローバルな問題である。それらの問題にどう対応すればよいのだろうか。グローバル化を突き進めていく先に，国際の平和と人間の安全保障にかかわる改善や発展はあるのだろうか。グローバル・ガヴァナンスを考察するということは，国際社会が直面するこうした危機に対する知的努力として，かつ国家や国際機構等による政策的対応として不可欠である。それは問題解決の万能薬ではないかもしれないし，優れた構想や政策であっても，期待したように機能しないことも十分ありうる。しかし，加速するグローバル化を放置しておくのではなく，それがもたらす問題に対する対応策を取り続けていくこと，持続可能で公平な成長をもたらし，基本的な人間の尊厳が制度的に保障され，法の支配と透明性が担保される国際社会を構築していくという高い目標を掲げて，政策の形成と運用の質を改善することが必要である。それがグローバル・ガヴァナンスを考

えることに他ならないであろう。そこで，本書の主な論点を整理すると，次のような点が挙げられる。

2　混迷するグローバル・ガヴァナンスへの視座

　グローバル・ガヴァナンスを考えるアプローチには，大きく分けて，国際法や国際機構，レジーム等の公的な制度構築やその機能に注目するアプローチと，市民社会の活動や企業などの非国家主体が「下からの公共性」を形成する動態的側面に注目するアプローチがある。本書の視点としては，第一に，上記の2つのアプローチを通して，グローバル・ガヴァナンスにかかわるアクター間には，国際機構から地域機構や主権国家のレヴェル，さらには国内の地方，社会団体レヴェルに至るまで，何層もの重層的な関係性があることを実証的に明らかにしている。国際機構や地域機構のような公的なレジームから市場や市民社会のネットワークまで，何層もの異なるレヴェルにおいて多種多様なアクター間に問題認識や価値が共有されていくことで，公共の秩序が形成されていくという考え方が，グローバル・ガヴァナンスの議論である。

　こうしたグローバル・ガヴァナンスの議論は，主権国家のみが国際秩序を形成できる主体であるとするリアリズムに対して，国家以外の多様な主体も国際公共財の形成に関与しており，レジームの形成に参加できると強調する点で，リベラル制度論や規範理論に近い議論である（庄司 2004：2-5）。それはまた，国家以外の多様な主体も視野に入れた相互依存関係から成る国際秩序に注目する点で，古典的な国際政治パラダイムとは異なっている（渡辺・土山 2001：1-10）。それは，いわば公共政策における公的領域と私企業や非政府組織等による私的活動領域との融合化を強調する議論であり，本書はこうした視点からグローバル・ガヴァナンスを論じている。

　しかし，第二に，いかにグローバル化が進展しても，国際社会は依然として主権国家を前提としている。その意味で，グローバル・ガヴァナンスの質を規定する重要な主体は国家である。ただし，主体としての国家の役割は肯定的なものだけではなく，国家は国際社会に向けて規範の適用を妨げたり，情報の隠匿や歪曲等の否定的な行為もする。世界銀行が発表している「法の支配」「透明

性」「効率性」等の国別のガヴァナンス指標からでも一目瞭然であるが，同じ地域内でも，そのガヴァナンス指標がきわめて低い評価の国もあれば，その10倍から20倍近い高い評価を得る国もある。[1] この国家間のガヴァナンスの極端な格差は，その地域のガヴァナンスの構造的な支障になるし，グローバル・ガヴァナンスを妨げる問題でもある。このように，良くも悪くも，グローバル・ガヴァナンスにおける国家のガヴァナンスの影響は大きい。

　ただし，グローバル化が進む21世紀の国際社会において，その基本である「国家」とは何かという問いは重要である。そして，それは政府自体ではなく，政府と国民の総合体を指しているというのが，グローバル・ガヴァナンス論の前提である。また，どのような時間枠で誰にとっての「国益」を指すのかによって，「利益」の内容は異なることがある。もし，ある特定の階層にとっての目先の利益が，長期的にみて国民全体にとって不利益になるという矛盾があれば，何を基準に「利益」を選択すべきかが問われる。無論，長期的な視点から公共の利益のために政策を選択するのが理想であるが，多様な利害関係者（stakeholders）がいるなかで，理想の「普遍性」が担保される保証はない。確かに，侵略や武力による威嚇で国益を追求し国際秩序を変革することは許されないという規範の体系は，国際社会に広く受け入れられている。こうした広く国際社会に受け入れられている規範の体系が国際法であり，国際的規範である。国際社会は無政府状態という意味でアナーキーではあるものの，多数の国家の合意によって成立した国際法は普遍的な規範の体系であり，それに基づく国際機構は，規範的な意味でグローバル・ガヴァナンスの重要な主体である。ただ，その実践において，多数の利害関係者が関与する多元性のなかで「普遍的」な利益を選択することは，多大な困難を伴う。

　第三に，ガヴァナンスの主体は多様化しており，多様な利害関係者の役割が増加している。しかし，多くの利害関係者の合意を得ることと，その合意が実効性を持つこととは別である。本書でも指摘されたように，人道規範を重視するガヴァナンスには，広範な道徳的支持が不可欠であるが，パワーに支えられなければ実効性が伴わない反面，パワーが突出すると，広範な道徳的支持が続かない可能性がある。

　また，参加する利害関係者が多ければ多いほど，ガヴァナンスの質が向上す

るという保証もない。民主主義国家に行政・立法・司法の独立が不可欠であるのと同様に，市場のガヴァナンスには企業経営者と公認会計士の権限の独立性が不可欠である。企業監査システムが欠如していれば，独裁的経営や不正や腐敗が蔓延して，市場は信用を失うことになる。要するに，行政も市場も，基本的に信用の上に成り立つものであるから，利害関係者の間で必要な情報が常に共有されており，相互に意見表明する自由がなければ，信用が十分に形成されないであろう。そうした信用が欠如した状態で，利害関係者が増えても，数に比例してガヴァナンスの質が向上するとは考えにくいことである。

　第四に，インターネットを通して形成される新しい公共圏は，ガヴァナンスにどのような影響をもたらすのだろうか。この点について，本書の複数の章が異なる視点から論じている。たとえば「アラブの春」が示したように，サイバー空間での共感と連帯は，社会勢力の形成に大きな力になりうる。しかし，一方で，市民的自由の制約が大きな体制では，そうした通信内容は政府が絶えず監視している。それは，膨大な数の個人や企業，市民社会グループのネットワークで形成されるサイバー空間と伝統的な国家権力構造という異次元レヴェルの力関係である。さらに，政府もサイバー空間を活用して新たなパブリック・ディプロマシーを展開している。そこには，誇張や虚偽もあり，軍のサイバー部隊が主導して相手のシステムを機能不全にして損害を及ぼす組織的なサイバー・テロもありうる。このように，サイバー空間はガヴァナンスに大きな影響を与えうる新しい領域であるが，それがガヴァナンスの質的向上をもたらすか否かは，技術の問題ではなく，アクターの意図と行動の質によると言えよう。

　第六番目として，国境を越えて移動する人々によって構成されるディアスポラは，グローバル・ガヴァナンスにどうかかわっているだろうか。アンダーソン (B. Anderson) は「想像の共同体」である国家の特質として，想像性，限定性，主権性，共同体を指摘したが，グローバル化が加速するとともに，この特徴も変容している。ディアスポラのネットワークも民族アイデンティティも脱領域的な性質を帯びるようになる一方で，国家もディアスポラへのサービスの制度化を進めており，国家の主権性が古典的な国際政治パラダイムのように厳密に領土性に基づくものだけではなくなっている。そこには，外国に在留するディアスポラとの「想像の共同体」を介して，グローバル化時代の国民「再想像」の

過程という面もある一方，第Ⅲ部で論じているように，そうしたネットワークを通した祖国の影響力強化の外交戦略という面もある。

ところで，このような顕著なグローバル化の現象は，地域によって多様に異なる様相を呈している。それでは，地域主義はグローバル・ガヴァナンスの手段となりうるだろうか。少なくとも，もしある問題領域において地域ガヴァナンスが確立できないようであれば，その領域でのグローバル・ガヴァナンスは容易ではないだろう。その意味で，一般に地域主義の発展はグローバル・ガヴァナンスへの有効な手段となりうるし，両者は補完的な関係でありうる。

しかしながら，第Ⅱ部でうかがえるように，地域機構とグローバル化はそれほど短絡的な関係にはない。第Ⅱ部では欧州，中東，東南アジア，中央アジア，中南米，アフリカの地域機構を対象に，それぞれの地域機構がグローバル化にどのように対応または対抗しているかを個別に論じており，地域主義を支える制度的，機能的要因について興味深い比較の知見を提供している。そこからは，地域主義がグローバル化に適応するためには，異なる機能を持つ地域的枠組みが重層的に形成されること，また域内社会の要請に対応する意図と組織力が重要であることがうかがえる。

一方，中央アジアや中東の章で論じられているように，地域主義の動機が一元的である場合や，国内のエリート層が既得権の維持を最優先する場合，制度的多元化や機能的発展は一般に難しい。確かに，それらの地域社会でも人々の価値規範や行動様式にはグローバル化の影響がみられるが，誰の利益のために地域機構が必要なのか，どのような人々がその地域機構によって恩恵を実感しているかによって，地域機構の制度化の度合いは大きく異なっている。

一方，他の地域機構に比べると，EUは規範力に基づく求心力が強く，制度と機能にも安定性がある。それは所与として存在していたのではなく，第二次世界大戦後に欧州諸国が国家間戦争の原因を除去しようとして継続的に行った外交努力の成果である。ただし，冷戦後EUへの加盟申請が相次ぎ，地理的拡大が続いたなかで，EUは新規加盟要請に対して受容か排除かを決める際，「われわれ」とは誰のことかという問題に直面してきた。その点で，地域機構の拡大は受容可能なアイデンティティの拡張である一方，拡大がもたらす財政的リスクや負可に対する不満も近年は表面化している。特に，統一制度によって得

られる経済効果と，それを維持するコストのバランスが困難になり，内部から不満や批判が聞かれるようになった。このように，高い水準の制度化を達成し，求心力としての規範力を持つ地域機構でも，域内不安定化の要因を抱えている。そうした不安定化要因に対応するには，地域制度の適応性と強靭性が必要であるが，それを規定するのは地域制度のガヴァナンスの質と，その地域制度を支えようとする社会的な意思および国内ガヴァナンスの質である。

　上記のような国際社会に内在する制約や限界のなかで，地球規模の課題に今後どのように対処することが必要であり，かつ可能なのだろうか。少なくとも確かなことは，アメリカが単独で国際秩序を主導していた時代は過ぎたということである。グローバル化する世界は，突出したリーダー不在のなかでグローバル・ガヴァナンスの構築を模索し続けることになろう。

【注】
1)　「世界ガヴァナンス指標」では，意見と説明責任，政治的安定と暴力の不在，政府の効率性，規制の質，法の支配，および汚職の管理の計6項目が取り上げられている。http://info.worldbank.org/governance/wgi/index.asp, last visited 1 May 2013.
2)　アジアのディアスポラについては次を参照されたい。駒井洋監修・首藤もと子編 (2010)『東南・南アジアのディアスポラ』明石書店。

〔参考文献〕
National Intelligence Council (2012) *Global Trends 2030: Alternative Worlds,* Dec. 2012, p. 21. http://globaltrends2030.files.wordpress.com/2012/12/global-trends-2030-november2012.pdf, last visited 1 May 2013.
Pezzini, Mario (2012) "An emerging middle class", *OECD Yearbook 2012: Better Policies for Better Lives,* Paris: OECD Publishing, p. 64.
アンダーソン，ベネディクト (1997)『想像の共同体――ナショナリズムの起源と流行』(増補版) 白石さや・白石隆訳，NTT出版。
庄司真理子 (2004)「序文　グローバルな公共秩序の理論をめざして――国連・国家・市民社会」国際政治137号，2-5頁
渡辺昭夫・土山實男編 (2001)『グローバル・ガヴァナンス――政府なき秩序の模索』東京大学出版会

索　引

あ　行

ISAF（国際治安支援部隊） … 184
ISO26000 … 227, 229
アイデンティティ … 187, 188, 191, 193, 194, 196, 197
　──政治 … 162
「悪の枢軸」 … 178
アジア欧州会議（ASEM） … 98
アジア太平洋経済協力 … 127
アジア太平洋国家人権機関フォーラム（APF） … 226
アジェンダ2000 … 74, 77
ASEAN→東南アジア諸国連合
　──拡大外相会議（PMC） … 98
　──共同体 … 95
　──協和宣言 … 94
　──憲章 … 95, 96, 99, 100, 225
　──政府間人権委員会（AICHR） … 96, 100, 101, 225
　──地域フォーラム（ARF） … 95, 103
　──プラス3 … 94, 98
　──方式 … 97
新しい戦争 … 162, 187
新しいヨーロッパ … 76
アドホック裁判所 … 277
アナン（K. A. Annan） … 228
アフガニスタン戦争 … 183
アフリカ人権委員会 … 224
アフリカ人権憲章 … 223
アフリカ統一機構（OAU） … 131-133, 137-139
アフリカの年 … 164
アフリカ連合（AU） … 130-141, 223
アムステルダム条約 … 77
アメリカ広報文化庁（USIA） … 204, 206

アラブ・ナショナリズム … 83, 85-88, 90, 92
アラブ主義 … 82-85, 87, 88, 92
アラブ首脳会談 … 86
アラブ人権委員会 … 224
アラブ人権憲章 … 224
アラブの春 … 30, 31, 91, 114, 305
アラブ連盟（LAS） … 82-92, 224
アラブ連盟憲章 … 84
アルカイダ … 178, 183
アレクサンドリア綱領 … 83
安全保障共同体（security community） … 10, 70, 71, 75, 76, 79, 80, 99
アンホルトGMI … 205
移行期正義（transitional justice） … 62, 258, 263-265
イスラーム過激派 … 182
イスラーム協力機構 … 224
イベロアメリカ首脳会合 … 122, 126
イラク戦争 … 123, 128, 173, 202
ウェストファリア体制 … 31
ウズベキスタン・イスラーム運動（IMU） … 112
埋め込まれた自由主義 … 14, 17, 19, 20, 24-26
AU制定法 … 133
AU平和維持部隊（AMISOM） … 135
英国学派（English School） … 44
SCO・アフガニスタン連絡グループ … 112
SCO憲章 … 106, 107
NGO（国際NGO） … 52, 144, 147, 235-237, 239, 275
FCPF（森林炭素パートナーシップ基金） … 252
欧州安全保障 … 70
　──協力会議（CSCE） … 75, 149
　──協力機構（OSCE） … 70, 72, 75, 108, 128, 209, 222, 223
欧州回帰 … 70
欧州協定 … 73, 74

欧州債務危機 ………………………… 21-23, 25
欧州社会憲章 ………………………………… 223
欧州審議会 (CoE) ……… 70, 74, 75, 77, 78, 107, 222
欧州人権裁判所 …………………………… 223
欧州人権条約 …………………………… 75, 78, 222
欧州大西洋パートナーシップ (EAPC) ……… 73
欧州通常兵力条約 ………………………… 234
欧州復興開発銀行 (EBRD) ……………………… 70
欧州連合 (EU) ……………………… 21, 23, 70-79, 127, 202, 209, 210, 222
欧州連合基本権憲章 ………………………… 223
オウム真理教 …………………………… 183, 185
オーナーシップ ………………………………… 137
オスロ・プロセス ……………………… 209, 210
オタワ・プロセス ………………… 209, 210, 235
オックスファム (Oxfam) ……………………… 154
オバマ (B.H.Obama) …………………… 208, 302
オフリド和平合意 …………………………… 192

か 行

カー (E.H. Carr) ………………………… 5, 203
介入と国家主権に関する国際委員会 (ICISS)
 ………………………………………… 289-292
カイロ人権宣言 ……………………………… 224
ガヴァナンス ………………………… 2, 4, 74
化学兵器禁止条約 ……………………… 230, 234
拡散に対する安全保障構想 (PSI) ……… 238, 240
核不拡散条約 (NPT) ……… 232, 233, 237, 238, 240
核兵器ガヴァナンス ………………… 233, 239
加盟基準 ………………………… 71-74, 78, 79
加盟のための行動計画 (MAP) ……………… 75, 76
ガリオン (E. Gullion) ………………………… 204
カンクン合意 …………………………………… 248
関税および貿易に関する一般協定 (GATT) ……
 19, 21
環太平洋パートナーシップ (TPP) ……… 127
カント (I. Kant) ……………………………… 44
気候変動ガヴァナンス ………… 246, 247, 249, 251
気候変動に関する政府間パネル (IPCC) …… 244
北大西洋条約機構 (NATO) … 70-79, 119, 206, 209
北大西洋理事会 (NACC) …………………… 73

規 範 ……………………… 8, 42, 46, 273
――に基づく統治 ………………………… 50
――の受容主体 ………………………… 46, 48, 50
――の創造主体 ………………………… 46, 47, 50
――の波及主体 ………………………… 46-48, 50
――力 (normative power) ……………… 47
旧ユーゴスラヴィア国際刑事裁判所 (ICTY)
 ……………………………………… 58, 276
教育的プロセス ………………… 71-73, 78, 79
協調的安全保障 ………………………… 71-73
共同体構築 (community building) ……… 71-74, 76, 78
京都議定書 ………………… 244, 245, 247-252
極東軍事裁判 ……………………………… 273
近代主権国家 ……………………… 161, 164
グッド・ガヴァナンス ………………………… 9
クラウゼヴィッツ (C.P.G. von Clausewstz)
 ………………………………………… 160, 161
クラスター弾 (禁止) 条約 (オスロ条約) … 209, 210, 211, 230, 236, 242
クラスター弾連合 …………………………… 210
グラント (R. Grant) …………………………… 48
クリーン開発メカニズム (CDM) ……… 251, 252
グリーン気候基金 (GCF) ………… 248-251, 255
グリーンピース (Green Peace) ……………… 154
グローバリズム ……………………………… 2
グローバル・ガヴァナンス委員会 ………… 216
グローバル・タックス ……………… 247, 254-256
グローバル・テロリズム ……………………… 175
グローバル化 …… 1, 2, 3, 94, 99, 126, 127, 146, 299, 300, 302-306
グローバル市民社会 ……………………… 7, 152
グローバル社会正義 ………………………… 11
グローバルな公衆 (global public) ……… 48
経済協力開発機構 (OECD) ………………… 301
刑事司法 …………………………………… 275
権力政治 …………………………………… 7
公共圏 ……………………… 28, 33, 34, 39
小型武器行動計画 ………………………… 235
国際軍事裁判 ………………………………… 57
国際刑事裁判所 (ICC) ……… 210, 272, 295

国際刑事裁判所連盟 (CICC) ……… 275
国際刑事司法 ……… 272
国際刑事法 ……… 273, 290
国際司法裁判所 ……… 97
国際社会 ……… 4, 43, 56, 287
国際人権規約 ……… 75
国際人権レジーム ……… 219, 221
国際治安支援部隊 (ISAF) ……… 112, 113
国際通貨基金 (IMF) ……… 19-21, 122
国際的(な)刑事裁判所 ……… 59, 272
国際テロリズム ……… 173-185
国際反核兵器法律家協会 ……… 237
国際犯罪 ……… 275
国際標準化機構 (ISO) ……… 226-229
国際レジーム ……… 216, 217
国内テロ ……… 179
国民国家 ……… 187-190, 198
国連安全保障理事会(安保理) ……… 276, 286
国連開発計画 (UNDP) ……… 287, 289
国連環境計画 (UNEP) ……… 147
国連気候変動枠組条約締約国会議 (COP) ………
　245, 247
国連グローバル・コンパクト ……… 229
国連軍備登録制度 ……… 234
国連憲章 ……… 290-292
国連人権高等弁務官 ……… 220, 228
国連人権理事会 ……… 220, 221
国連人間環境会議 ……… 150
コソヴォ危機 ……… 77
コソヴォ紛争 ……… 206
国家安全保障 ……… 8, 9
国家建設 ……… 168, 169, 170
国家主権 … 15-17, 19, 20, 22, 25, 188, 193, 198, 199
国家人権機関 ……… 226, 228
国家の破綻 ……… 159, 163, 165-167
国家免除 ……… 278
国境なき医師団 ……… 147
コヘイン (R. O. Keohane) ……… 48
コペンハーゲン基準 ……… 74, 77
コペンハーゲン合意 ……… 248
混合裁判所 ……… 277

コンディショナリティ ……… 74, 78

さ 行

サルバドール宣言 ……… 125
サンクト・ペテルブルク宣言 ……… 231
サンサルバドル社会権追加議定書 ……… 223
CBRNテロ ……… 175
ジェノサイド ……… 286, 289, 291, 295
シェンゲン協定(シェンゲン条約) ……… 177, 193
失地回復 ……… 196
　——主義 ……… 189-191
失敗国家 (failed states) ……… 159, 178
ジャクソン (R. H. Jackson) ……… 165
上海協力機構 (SCO) ……… 106-116
自由主義 ……… 44, 46, 260, 261, 263, 269
集団安全保障条約機構 (CSTO) ……… 110
集団殺害罪の防止及び処罰に関する条約(ジェ
　ノサイド条約) ……… 276
集団殺害犯罪 ……… 56, 59
主権国家 ……… 187, 199
主権尊重 ……… 99, 101
出入国管理 ……… 51
勝者による裁き ……… 273
触媒外交 ……… 209
植民地独立付与宣言 ……… 164
地雷禁止国際キャンペーン (ICBL) ……… 156, 209
人　権 ……… 71, 74, 75, 148
人権(の)尊重 ……… 9, 51
真実和解委員会 ……… 264
信託基金 ……… 280
人道規範 ……… 234, 237, 240
人道的介入 ……… 290, 291, 296
人道に対する犯罪 ……… 56, 59
侵略犯罪 ……… 59
森林ガヴァナンス ……… 251, 252
森林管理協議会 (FSC) ……… 253
森林原則声明 ……… 251, 252
森林認証制度 ……… 251, 253, 255
森林認証プログラム ……… 253
森林の持続可能な経営 (SFM) ……… 252, 253
西欧国際政治体系 ……… 6-8

政府間開発機構（IGAD） ……………… 134
政府なき統治 ……………………… 273, 274
世界銀行 ……………………………… 122
世界サミット成果文書 ………… 286, 287, 291
世界人権会議 ………………………… 220, 224
世界人権宣言 ………………………… 218
世界貿易機構（WTO） ………………… 107
セキュリティ・ガヴァナンス ………… 266
説明責任 ……………………………… 28, 35
セミナー外交 …………………………… 71, 72
戦争犯罪 ……………………………… 56-59
「想像の共同体」 ……………… 194, 197, 305
ソーシャルメディア ………… 30, 32, 37, 38
祖国 ……………………… 188, 189, 191-198
ソフト・パワー ……………… 201, 211, 212

た 行

ダーバン・プラットフォーム特別作業部会
　………………………………… 248, 249
対人地雷禁止条約 …………… 230, 235, 242
対人地雷撤廃条約（オタワ条約） … 209, 211
第二ASEAN協和宣言 …………………… 95, 99
太平洋同盟 ………………………… 126-129
TACIS ………………………………… 73
タリバーン …………………………… 113
弾道弾迎撃システム制限条約（ABM条約）
　………………………… 233, 238, 240
治安部門改革（SSR） ………………… 168, 262
地域ガヴァナンス …………………… 306
地域機構 ……………………… 82, 84, 88, 92
地域主義 ……………………………… 82, 91
地域反テロ機構（RATS） ……………… 108
地位法 ……………………………… 193-196
地球環境ファシリティ（GEF） ……… 246
中・東欧諸国 ………………… 70, 71, 73, 74
中　東 ………………………………… 82
　──和平 ………………………… 88, 89
通貨統合 ……………………………… 21-23
ディアスポラ ………………… 187-199, 305
低強度紛争 …………………………… 162
帝　国 ………………………………… 45

テロ …………………………………… 89, 90
　──対策 ……………………… 180, 202
　──の未然防止に関する行動計画 … 184
動員の革命 …………………………… 30, 31
韜光養晦 ……………………………… 103
東南アジア諸国連合（ASEAN） … 94-104, 218, 224
東南アジア非核兵器地帯条約 ………… 95
東南アジア友好協力条約（TAC） … 94, 97, 98, 103
特定通常兵器使用禁止制限条約（CCW）
　………………………………… 232, 235
トランスナショナル 188, 189, 198, 199, 192, 194
　──化 ……………………………… 146
　──関係 ……………………………… 7
　──（な）経済 …………………… 145-147
トランスニストリア ………………… 191, 197
トリアノン条約 ……………………… 191
トリレンマ …………………………… 14

な 行

ナイ（J. Nye） ……………………… 201, 211
内政不干渉 ………… 43, 99-101, 113, 130, 132, 133
ナゴルノ・カラバフ ………………… 189
NATO拡大研究（Study on NATO Enlargement）
　………………………………………… 75
南米諸国連合（UNASUR） …………… 127, 128
南米南部共同市場（メルコスル） … 121, 122, 124, 128
二重国籍 ……………………………… 194, 196
ニュルンベルク裁判 ………………… 273
人間の安全保障（human security） … 8-10, 262, 267, 287-289, 292, 296, 297

は 行

ハード・パワー ……………………… 202
パウエル（C.Powell） ………………… 207
破綻国家（collapsed states） ……… 178
パナマ侵攻 …………………………… 119
パブリック・ディプロマシー（public diplomacy）
　…………………………… 201-212, 305

パリ原則 …………………………… 226, 228
パリ行動計画 …………………… 248, 249, 252
パリス (R. Paris) …………………………… 260
パン・アフリカニズム ……………………… 131
ハンチントン (S. Huntington) ……………… 201
ビアーズ (C. Beers) ………………………… 207
東アジア首脳会議 (EAS) …………………… 98
ファン・クレフェルト (M. Van Creveld)
 ………………………………………… 161, 163
ファン・ハム (P. Van Ham) ………………… 211
武器貿易条約 ………………………………… 236
フクヤマ (F. Fukuyama) ……………… 201, 208
ブザン (B. Buzan) ……………………………… 45
不処罰の阻止 ………………………………… 278
不処罰の文化 ………………………………… 63, 64
ブトロス・ガリ (B. Boutros-Ghali) ………… 216
普遍主義 ……………………………… 58, 62, 63, 64
普遍的定期的審査 (UPR) ……………… 220, 221
BRICS ……………………………………… 300, 301
ブル (H. Bull) ………………………………… 4, 44
ブレア政権 …………………………… 205, 209
文明の衝突 …………………………………… 201
米印原子力協力協定 ………………………… 239
兵器ガヴァナンス ……… 230, 231, 233, 234, 236,
 240, 241
米国同時多発テロ事件 (9.11) ……… 121, 123, 128,
 202, 204, 207, 291, 295
米州機構 (OAS) ……… 118-123, 125, 127-129, 222,
 223
米州機構憲章 (ボゴタ憲章・OAS憲章) …… 118,
 121
米州サミット ………………………… 121, 123, 124
米州自由貿易地域 (FTAA) ……………… 121-125
米州人権委員会 ……………………………… 223
米州人権裁判所 ……………………………… 223
米州人権条約 (サンホセ規約) ……………… 223
米州人権宣言 ………………………………… 223
米州相互援助条約 (リオ条約) ………… 118, 123
米州ボリバル同盟 (ALBA) ……………… 124-128
米州民主憲章 ………………………… 121, 127, 128
平和構築 …………………………… 167, 168, 260, 299

平和のためのパートナーシップ (PfP) …… 73, 76
『平和への課題』 ……………………… 10, 167, 259
ヘルシンキ最終合意文書 (ヘルシンキ合意・ヘ
 ルシンキ宣言) ………………… 75, 149, 223
法の支配 ……… 45-47, 51, 71, 74, 75, 96, 137, 263, 264
ホームグロウン・テロ ………………… 179, 180
ポーランドとハンガリー向けの経済・技術支援
 プログラム (PHARE) ……………………… 73
補完性の原則 ………………………… 279, 282
北米自由貿易協定 (NAFTA) ……… 121, 123, 204,
 206
保護する責任 ……………………… 262, 286-297
「保護する責任」論 ………………………… 168
ホスト国家 …………… 188, 189, 192, 195, 196, 198
ボスニア・ヘルツェゴヴィナ ………… 167, 169
ボスニア紛争 ………………………………… 206
ホルスティ (K. J. Holsti) …………………… 163

ま 行

マナーズ (I. Manners) ……………………… 47
ミドル・パワー ……………… 202, 206, 209, 211
南シナ海領有権問題 …………………… 102-104
民主化 ………………… 19, 26, 83, 91, 120, 121, 137
民主主義 … 15-17, 19, 20, 22, 25, 44, 47, 51, 71, 74-
 76, 96, 118, 120, 121, 123, 148, 260, 261, 269
 ──国家 ………………………………… 148
 ──政治 …………………………………… 20
民主的責任 (democratic accountability) …… 47
民主的説明責任 ……………………………… 48
メイオール (J. Mayall) ………………… 53, 261
メリッセン (J. Melissen) ………………… 205
モラヴチック (A. Moravcsik) ……………… 47

や 行

ユーロ ………………………………………… 21, 22
ヨーロッパ的 (な) 秩序 ……………………… 44, 51

ら 行

ラギー (J. Ruggie) ………………………… 227
ラジオ・サワ ………………………………… 207
ラテンアメリカ・カリブ諸国共同体 (CELAC)

索　引　313

｜............................... 125-128
リオ・グループ.............................. 120, 125
リスボン条約 223
立憲主義.. 55
リベラル・ピースビルディング（liberal peacebuilding）........................... 258, 261
領土保全 88, 113, 130, 189
ルーデンドルフ（E.F.W.Ludendorff）............ 161
ルワンダ国際刑事裁判所（ICTR）......... 58, 276
レジーム 233, 234, 236, 239, 241, 242

REDD（途上国の森林減少・劣化からの温室効果ガス排出削減）................ 251-253, 255
REDD+ 253
ローカル主義化（localization）............. 268
ローマ規定.. 275

わ 行

ワッセナー・アレンジメント 234
湾岸協力会議（GCC）..................... 87, 92
湾岸戦争 83, 88, 89

執筆者紹介 （執筆順，＊は編者）

＊吉川　元（きっかわ げん）	広島市立大学・広島平和研究所教授	はしがき，序章
藤田　泰昌（ふじた たいすけ）	長崎大学経済学部准教授	第1章
三上　貴教（みかみ たかのり）	広島修道大学法学部教授	第2章
岡部みどり（おかべ みどり）	上智大学法学部准教授	第3章
洪　恵子（こう けいこ）	三重大学人文学部教授	第4章
岩田　将幸（いわた まさゆき）	神戸学院大学法学部准教授	第5章
北澤　義之（きたざわ よしゆき）	京都産業大学外国語学部教授	第6章
＊首藤もと子（しゅとう もとこ）	筑波大学人文社会系教授	第7章，終章
湯浅　剛（ゆあさ たけし）	防衛省防衛研究所地域研究部主任研究官	第8章
澤田　眞治（さわだ しんじ）	防衛大学校防衛学教育学群 安全保障・危機管理教育センター教授	第9章
戸田真紀子（とだ まきこ）	京都女子大学現代社会学部教授	第10章
野宮大志郎（のみやだいしろう）	上智大学大学院 　グローバル・スタディーズ研究科教授	第11章
武内　進一（たけうち しんいち）	日本貿易振興機構アジア経済研究所 　アフリカ研究グループ長	第12章
宮坂　直史（みやさか なおふみ）	防衛大学校総合安全保障研究科教授	第13章
＊六鹿　茂夫（むつしか しげお）	静岡県立大学大学院国際関係学研究科教授	第14章
齋藤　嘉臣（さいとう よしおみ）	京都大学大学院人間・環境学研究科准教授	第15章
勝間　靖（かつま やすし）	早稲田大学大学院アジア太平洋研究科教授	第16章
足立　研幾（あだち けんき）	立命館大学国際関係学部准教授	第17章
上村　雄彦（うえむら たけひこ）	横浜市立大学学術院国際総合科学群教授	第18章
池田まりこ（いけだ まりこ）	京都大学大学院地球環境学舎博士後期課程	第18章
山根　達郎（やまね たつお）	広島大学大学院国際協力研究科准教授	第19章
＊望月　康恵（もちづき やすえ）	関西学院大学法学部教授	第20章
清水奈名子（しみず ななこ）	宇都宮大学国際学部准教授	第21章

Horitsu Bunka Sha

グローバル・ガヴァナンス論

2014年2月5日　初版第1刷発行

編　者　　吉川　元・首藤もと子
　　　　　六鹿茂夫・望月康恵

発行者　　田靡純子

発行所　　株式会社 法律文化社

〒603-8053
京都市北区上賀茂岩ヶ垣内町71
電話 075(791)7131　FAX 075(721)8400
http://www.hou-bun.com/

＊乱丁など不良本がありましたら，ご連絡ください。
　お取り替えいたします。

印刷：中村印刷㈱／製本：㈱吉田三誠堂製本所
装幀：前田俊平
ISBN 978-4-589-03549-3
ⓒ2014　G. Kikkawa, M. Shuto, S. Mutsushika,
Y. Mochizuki Printed in Japan

JCOPY　＜(社)出版者著作権管理機構　委託出版物＞

本書の無断複写は著作権法上での例外を除き禁じられています。複写される
場合は，そのつど事前に，(社)出版者著作権管理機構（電話 03-3513-6969,
FAX 03-3513-6979, e-mail: info@jcopy.or.jp）の許諾を得てください。

三上貴教編

映画で学ぶ国際関係Ⅱ

A5判・220頁・2400円

映画を題材に国際関係論を学ぶユニークな入門書。国際関係の歴史・地域・争点における主要なテーマをカバーし、話題作を中心に50作品を厳選。新しい試みとして好評を博した『映画で学ぶ国際関係』の第2弾。

佐藤幸男編

国際政治モノ語り
―グローバル政治経済学入門―

A5判・280頁・2400円

木材，コーヒー，自動車…，生産から消費まで世界中を移動する「モノ」の交換ダイナミズムを鳥瞰し，リアルな世界の力学を捉えたグローバル政治経済学の入門書。資本主義経済が不平等を前提に発展したことの功罪を考察。

小林 誠・熊谷圭知・三浦 徹編

グローバル文化学
―文化を越えた協働―

A5判・208頁・2300円

グローバル化と異文化共生について多角的・学際的かつ実践的に学ぶための入門書。地域研究，多文化交流，国際協力などの局面で文化の違いをこえて協力・共存していく方法を探求する視座と思考を提示する。

毛利聡子著

NGOから見る国際関係
―グローバル市民社会への視座―

A5判・236頁・2300円

国家からではなく市民の視点から捉えなおしたもう一つの国際関係論。地球規模の問題を解決するにあたって，NGOや市民社会がグローバルな規範形成能力を持つ重要なアクターであることを理論的・実証的に考察する。

山田 浩・吉川 元編

なぜ核はなくならないのか
―核兵器と国際関係―

A5判・256頁・2800円

その存在が否定されながらも廃絶されないのはなぜか。核を取りまく国際関係のなかにその問題状況をさぐる。Ⅰ：核抑止と核不拡散体制の現状／Ⅱ：核抑止を取りまく国際関係／Ⅲ核なき国際平和を求めて／Ⅳ：21世紀の日本の選択

望月康恵著

移 行 期 正 義
―国際社会における正義の追及―

A5判・388頁・8000円

地方自治の日本的特質を歴史的に明らかにする本格的研究書。戦前の地方行政制度を展望することで，現在の地方自治発展の可能性に一石を投じる。自治と主権論とをからめて考えることで，地方制度史研究の発展に資する。

―法律文化社―

表示価格は本体（税別）価格です